国家自然科学基金重点项目（71733003）：
全球价值链视角下的国内区域分工与市场一体化研究

李善同　潘晨　何建武　陈杰／等编著

2017年中国省际间投入产出表：
编制与应用

2017NIAN ZHONGGUO SHENGJIJIAN TOURU CHANCHUBIAO: BIANZHI YU YINGYONG

中国财经出版传媒集团
经济科学出版社
Economic Science Press

图书在版编目（CIP）数据

2017 年中国省际间投入产出表：编制与应用/李善
同等编著 . —北京：经济科学出版社，2021.12
ISBN 978 - 7 - 5218 - 3339 - 3

Ⅰ. ①2… Ⅱ. ①李… Ⅲ. ①投入产出表 - 编制 - 中
国 - 2017②投入产出分析 - 中国 - 2017 Ⅳ. ①F223

中国版本图书馆 CIP 数据核字（2021）第 253757 号

责任编辑：张 蕾
责任校对：王苗苗
责任印制：王世伟

2017 年中国省际间投入产出表：编制与应用

李善同 潘 晨 何建武 陈 杰 等编著
经济科学出版社出版、发行 新华书店经销
社址：北京市海淀区阜成路甲 28 号 邮编：100142
编辑工作室电话：010 - 88191375 发行部电话：010 - 88191522
网址：www. esp. com. cn
电子邮箱：esp@ esp. com. cn
天猫网店：经济科学出版社旗舰店
网址：http://jjkxcbs. tmall. com
北京季蜂印刷有限公司印装
787×1092 16 开 13.75 印张 360000 字
2021 年 12 月第 1 版 2021 年 12 月第 1 次印刷
ISBN 978 - 7 - 5218 - 3339 - 3 定价：98.00 元
（图书出现印装问题，本社负责调换。电话：010 - 88191510）
（版权所有 侵权必究 打击盗版 举报热线：010 - 88191661
QQ：2242791300 营销中心电话：010 - 88191537
电子邮箱：dbts@ esp. com. cn）

编写组成员

姓　名	单　位
李善同	国务院发展研究中心发展战略和区域经济研究部
何建武	国务院发展研究中心发展战略和区域经济研究部
陈　杰	国家统计局国民经济核算司
吴三忙	中国地质大学（北京）经济管理学院
王　菲	北京信息科技大学经济管理学院
张红梅	北京语言大学商学院
唐泽地	中国光大集团战略研究部
潘　晨	中国社会科学院数量经济与技术经济研究所
周玲玲	清华大学公共管理学院
张一兵	首都经济贸易大学经济学院
安　琪	中国地质大学（北京）经济管理学院
黄　怡	北京信息科技大学经济管理学院
张雨桐	北京语言大学国际关系学院

前　言

　　仔细想来，这应该是我们团队出版的第5本关于中国多区域投入产出表的书了。从第一本书的出版至今已20年有余。这期间虽困难重重，但我们始终坚持做好同一件事，即每5年与国家统计局合作编一次中国多区域投入产出表（或者称为"省际间投入产出表"），并在此基础上开展一系列分析。时至今日，这项工作的意义可谓更加重大。近年来，党中央多次强调要构建以国内大循环为主体、国内国际双循环相互促进的新发展格局。不仅如此，2021年12月17日中央全面深化改革委员会第二十三次会议上审议通过了《关于加快建设全国统一大市场的意见》。可见，推动国内市场一体化、畅通国内大循环既是今后很长一段时期的政策重点，也将成为学界研究的热点。多区域投入产出表是研究这一问题最直接、最系统的数据基础，其重要性自是不言而喻的。

　　一直以来，我们坚持连续一贯的编表方法，采用有可靠来源的数据，尽可能减少后期估计对原始数据造成干扰，并通过内部多轮检测和调试，力图为学术同仁们提供高质量、系统一致的多区域投入产出表。本书介绍的是我们编制的2017年省际间投入产出表以及基于我们编制的1997年、2002年、2007年、2012年和2017年省际间投入产出表所做的相关分析。

　　第一章和第二章主要介绍编表方法。其中，第一章阐述了2017年全国和各省投入产出表编制过程，特别是所采用的方法和数据与以往相比的主要变化。第二章则阐述了如何在各省投入产出表的基础上编制省际间投入产出表。同时也对国际、国内编制区域间投入产出表的方法予以梳理，让学术同仁们更好地对比和了解我们的编表方法。

　　第三章和第四章重点基于我们编制的省际间投入产出表分析区域产业结构和产业的区域布局。其中，第三章重点研究不同省份的产业结构差异，试图找出区域产业结构演变和升级的一般规律和趋势，为新时期推动区域产业结构优化和区域经济发展提供政策启示；第四章则是从空间布局的角度研究区域整体经济的重心以及不同产业的重心，重点是通过重心的分析形象地刻画区域经济格局的演进和产业的区域转移趋势。

　　第五章和第六章则是围绕省级贸易开展分析研究。其中，第五章重在研究省际贸易自身特点和演变的趋势，为推动省际贸易发展提供政策建议；第六章则是通过省际贸易测度国内市场一体化变化，分析边界效应的演变趋势以及背后的深层次原因，为新时期推动国内市场一体化提出政策建议。

　　第七章和第八章则是基于省际间投入产出表开展碳排放研究。其中，第七章的重点是从"生产者"和"消费者"两个不同的视角测度各省的碳排放，并在此基础上分析驱动碳排放的结构化因素，探讨碳排放"已达峰"和"未达峰"省份驱动因素的差异，为推动区域碳减排提出政策建议；第八章则是从贸易视角分析省际贸易背后隐含的碳排放，探寻不同贸易形式（传统贸易、单次跨境生产贸易和多次跨境生产贸易）和不同贸易流向（本省、外省和国外）对省际贸易隐含碳排放的影响，并据此最终对推动双碳目标提出政策建议。

　　第九章则是从区域贸易背后的经济收益和资源环境影响出发，研究黄河流域与其他地区之间贸易往来拉动的经济收益与隐含的虚拟水资源消耗（资源环境成本）的平衡性（或者说是公平性），在此基础上提出缓解黄河流域水资源紧张局面的政策建议。

　　最后，希望这本书能够为学界的各位同仁们开展国内市场一体化、畅通国内大循环以及其他区域经济问题研究提供数据支持和研究参考。另外，我们也想借此机会感谢国家统计局的合作伙伴们一直以来对这项工作的大力支持。同时，也想感谢我们团队的各位成员，感谢你们无论身居何处、身居何职都能一如既往地支持和参与这项工作。

目　　录

第一章 国家和地区投入产出表的编制

第一节 2017 年编表的主要变化

投入产出调查和编制投入产出表是经国务院批准的一项周期性工作。根据《国务院办公厅关于进行全国投入产出调查的通知》精神，国家统计局牵头布置并组织开展了 2017 年全国投入产出调查，在此基础上编制完成中国 2017 年投入产出表，同时编制并公布了符合国际标准的 2017 年中国供给使用表。

中国 2017 年投入产出表和供给使用表的编制采用 2016 年中国国民经济核算体系。根据 2008 年 SNA 国际标准，新核算体系引入了"研发支出资本化"和"经济所有权"等概念。按照"研发支出资本化"的概念和经济活动同质性的要求，将各部门开展的研发活动，统一调整到研发部门进行处理。同时，根据新核算体系"经济所有权"概念，以及 2008 年 SNA 的处理建立，对海关统计的来料加工进出口数据进行了调整。

在参照《国民经济行业分类》（GB/T4754–2017）的基础上，中国 2017 年投入产出表将国民经济生产活动划分为 149 个产品部门。其中，农林牧渔业 5 个部门，工业 95 个部门，建筑业 4 个部门，服务活动分为 45 个部门。2017 年投入产出表部门分类比 2012 年投入产出表部门分类增加 10 个，是 1987 年以来部门分类最细的一张投入产出表。

为更加准确地反映建筑和服务部门产品供给的情况，2017 年投入产出调查新增了"主要业务活动收入"调查，获取"四上"建筑业和服务业企业生产的不同类型产出的数据。在此基础上编制的建筑和服务部门供给表，改变了以往建筑和服务部门供给表（矩阵）只有主对角线有数据的情况。

2017 年投入产出表和供给使用表编制过程中，利用供给和使用平衡关系，在国民经济核算整体角度，针对相关不协调不衔接问题进行了分析处理，实现了生产法、收入法和支出法核算的国内生产总值数据衔接。因此，2017 年全国投入产出表不再单独设置误差列（其他项），供给使用表也实现了总供给和总使用的平衡，初步发挥了投入产出核算的协调框架作用。

第二节 基本结构和主要概念

一、全国投入产出表基本表式和结构

投入产出表，也称部门联系平衡表或产业关联表，它以矩阵形式描述国民经济各部门在一定时期（通常为一年）生产活动的投入来源和产出使用去向，揭示国民经济各部门之间相互依存、相互制约的数量关系，是国民经济核算体系的重要组成部分。

中国 2017 年投入产出表由三部分组成，称为第Ⅰ、Ⅱ、Ⅲ象限。表式如表 1 - 1 所示。

表 1 - 1　　　　　　　　**中国 2017 年投入产出表表式**

（按生产者价格计算）　　　　　　　　　　　　　单位：万元

产出　　　　　　　投入	中间使用				最终使用									进口	总产出
	农产品	……	公共管理和社会组织	中间使用合计	最终消费					资本形成总额			出口	最终使用合计		
					居民消费			政府消费	合计	固定资本形成总额	存货增加	合计				
					农村居民消费	城镇居民消费	小计									
中间投入　农产品　⋮　公共管理和社会组织	第Ⅰ象限				第Ⅱ象限											
中间投入合计																
增加值　劳动者报酬　生产税净额①　固定资产折旧　营业盈余	第Ⅲ象限															
增加值合计																
总投入																

注：投入产出表是中国的生产者价格，生产税净额中包括了 SNA 定义的全部生产税（净额）。

（一）第Ⅰ象限

第Ⅰ象限是由名称相同、排列次序相同、数目一致的若干产品部门纵横交叉而成的中间产品矩阵，其主栏为中间投入，宾栏为中间使用。矩阵中的每个数字都具有双重意义：沿行方向看，反映某产品部门生产的货物或服务提供给各产品部门使用的价值量，被称为中间使用；沿列方向看，反映某产品部门在生产过程中消耗各产品部门生产的货物或服务的价值量，被称为中间投入。

第Ⅰ象限是投入产出表的核心，它充分揭示了国民经济各产品部门之间相互依存、相互制约的技术经济联系，反映了国民经济各部门之间相互依赖、相互提供劳动对象供生产和消耗的过程。

（二）第Ⅱ象限

第Ⅱ象限是第Ⅰ象限在水平方向上的延伸，主栏的部门分组与第Ⅰ象限相同；宾栏由最终消费、资本形成总额、出口等最终使用项目组成。沿行方向看，反映某产品部门生产的货物或服务用于各种最终使用的价值量；沿列方向看，反映各项最终使用的规模及其构成。

第Ⅰ象限和第Ⅱ象限连接组成的横表，反映国民经济各产品部门生产的货物或服务的使用去向，即各产品部门的中间使用和最终使用数量。

（三）第Ⅲ象限

第Ⅲ象限是第Ⅰ象限在垂直方向的延伸，主栏由劳动者报酬、生产税净额、固定资产折旧、营业盈余等各种增加值项目组成；宾栏的部门分组与第Ⅰ象限相同。第Ⅲ象限反映各产品部门的增加值及其构成情况。

第Ⅰ象限和第Ⅲ象限连接组成的竖表，反映国民经济各产品部门在生产经营过程中的各种投入来源及产品价值构成，即各产品部门总投入及其所包含的中间投入和增加值的数量。

投入产出表三大部分相互连接，从总量和结构上全面、系统地反映国民经济各部门从生产到最终使用这一完整的经济活动过程中的相互联系。投入产出表有以下几个基本平衡关系：

1. 行平衡关系

中间使用 + 最终使用 = 总产出 + 进口

2. 列平衡关系

中间投入 + 增加值 = 总投入

3. 总量平衡关系

每个部门：总投入 = 总产出；

所有部门：中间投入合计之和 = 中间使用合计之和

二、地区投入产出表基本表式和结构

地区 2017 年投入产出表在结构上与全国表相似，也由三部分组成，称为第Ⅰ、Ⅱ、Ⅲ象限，但在具体细节上有些差异，特别是在第Ⅱ象限。地区 2017 年投入产出表表式如表 1 - 2 所示。

地区表的产品部门分类少于全国表。第Ⅱ象限主栏是产品部门分类；宾栏由最终消费、资本形成总额、出口、国内省外流出等最终使用项目组成，部分地区保留了误差项目。沿行方向看，反映某产品部门生产的货物或服务用于各种最终使用的价值量；沿列方向看，反映各项最终使用的规模及其构成。

地区投入产出表不同于全国表的平衡关系，地区投入产出表的行平衡关系为：

中间使用 + 最终使用 + 其他 = 总产出 + 进口 + 国内省外流入

地区 2017 年投入产出表表式

（按当年生产者价格计算）

表 1−2

单位：万元

产出 \ 投入	中间使用				最终使用									出口	国内省外流出	进口	国内省外流入	其他	总产出
					最终消费					资本形成总额									
	农林牧渔产品和服务	……	公共管理和社会组织	中间使用合计	居民消费			政府消费	合计	固定资本形成总额	存货增加	合计	最终使用合计						
					农村居民消费	城镇居民消费	小计												
农林牧渔产品和服务	第 I 象限				第 II 象限														
……																			
……																			
……																			
公共管理和社会组织																			
中间投入合计																			
劳动者报酬	第 III 象限																		
生产税净额																			
固定资产折旧																			
营业盈余																			
增加值合计																			
总投入																			

（左侧行分组：中间投入、增加值）

注：地区 2017 年投入产出表是中国的生产者价格，生产税净额中包括了 SNA 定义的全部生产税（净额）。

三、主要指标解释

（一）总产出

指常住单位在一定时期内生产的所有货物和服务的价值。总产出按生产者价格计算，它反映常住单位生产活动的总规模。常住单位是指在我国的经济领土内具有经济利益中心的经济单位。

（二）中间使用

指常住单位在本期生产活动中消耗和使用的非固定资产货物和服务的价值，其中包括国内生产和国外进口的各类货物和服务的价值。

（三）最终使用

指已退出或暂时退出本期生产活动而为最终需求所提供的货物和服务。根据使用性质分为三部分：

1. 最终消费支出

指常住单位在一定时期内为满足物质、文化和精神生活的需要，从本国经济领土和国外购买的货物和服务的支出。它不包括非常住单位在本国经济领土内的消费支出。最终消费支出分为居民消费支出和政府消费支出。

（1）居民消费支出：指常住住户在一定时期内对于货物和服务的全部最终消费支出。它除了常住住户直接以货币形式购买货物和服务的消费支出外，还包括以其他方式获得的货物和服务的消费支出：单位以实物报酬及实物转移的形式提供给劳动者的货物和服务；住户生产并由本住户消费了的货物和服务，其中的服务仅指住户的自有住房服务；金融机构提供的金融媒介服务；保险公司提供的保险服务。居民消费支出划分为农村居民消费支出和城镇居民消费支出。

（2）政府消费支出：指政府部门为全社会提供的公共服务的消费支出和免费或以较低的价格向住户提供的货物和服务的净支出，前者等于政府服务的产出价值减去政府单位所获得的经营收入的价值，后者等于政府部门免费或以较低价格向住户提供的货物和服务的市场价值减去向住户收取的价值。

2. 资本形成总额

指常住单位在一定时期内获得的减去处置的固定资产和存货的净额，包括固定资本形成总额和存货增加两部分。

（1）固定资本形成总额：指常住单位在一定时期内获得的固定资产减去处置的固定资产的价值总额。固定资产是通过生产活动生产出来的，且其使用年限在一年以上、单位价值在规定标准以上的资产，不包括自然资产。可分为有形固定资本形成总额和无形固定资本形成总额。有形固定资本形成总额包括一定时期内完成的建筑工程、安装工程和设备工器具购置（减处置）价值，商品房销售增值，以及土地改良，新增役、种、奶、毛、娱乐用牲畜和新增经济林木价值。无形固定资本形成总额包括矿藏勘探、计算机软件等获得（减处置）价值。

（2）存货增加：指常住单位在一定时期内存货实物量变动的市场价值，即期末价值减期初价值的差额，再扣除当期由于价格变动而产生的持有收益。存货增加可以是正值，也可以是负值，正值表示存货上升，负值表示存货下降。它包括购进的原材料、燃料和储备物资，以及产成品、在制品等存货。

3. 出口和进口

出口包括常住单位向非常住单位出售或无偿转让的各种货物和服务的价值；进口包括常住单位从非常住单位购买或无偿得到的各种货物和服务的价值。由于服务活动的提供与使用同时发生，因此服务的进出口业务并不发生出入境现象，一般把常住单位从非常住单位得到的服务作为进口，非常住单位从常住单位得到的服务作为出口。

4. 流入流出

流出是指核算期内本地区常住单位向国内其他地区以及国外销售的各种货物或服务的价值，包括出口和国内省外流出。流入是指核算期内本地区常住单位向国内其他地区以及国外购买的各种货物或服务的价值，包括进口和国内省外流入。

（四）总投入

指一定时期内我国常住单位进行生产活动所投入的总费用，既包括新增加值，也包括被消耗的货物和服务价值以及固定资产转移价值。

（五）中间投入

指常住单位在生产或提供货物与服务过程中，消耗和使用的所有非固定资产货物和服务的价值。

（六）增加值

指常住单位生产过程创造的新增价值和固定资产转移价值。它包括劳动者报酬、生产税净额、固定资产折旧和营业盈余。

1. 劳动者报酬

指劳动者因从事生产活动所获得的全部报酬。包括劳动者获得的各种形式的工资、奖金和津贴，既包括货币形式的，也包括实物形式的，还包括劳动者所享受的公费医疗和医药卫生费、上下班交通补贴、单位支付的社会保险费、住房公积金等。对于个体经济来说，其所有者所获得的劳动者报酬和经营利润不易区分，这两部分统一作为劳动者报酬处理。

2. 生产税净额

指生产税减生产补贴后的差额。生产税指政府对生产单位从事生产、销售和经营活动以及因从事生产活动使用某些生产要素（如固定资产、土地、劳动力）所征收的各种税、附加费和规费。生产补贴与生产税相反，指政府对生产单位的单方面转移支付，因此视为负生产税，包括政策性亏损补贴、价格补贴等。

3. 固定资产折旧

指一定时期内为弥补固定资产损耗按照规定的固定资产折旧率提取的固定资产折旧，或按国民经济核算统一规定的折旧率虚拟计算的固定资产折旧。它反映了固定资产在当期生产中的转移价值。各类企业和企业化管理的事业单位的固定资产折旧是指实际计提的折旧费；不计提折旧的政府机关、非企业化管理的事业单位和居民住房的固定资产折旧是按照统一规定的折旧率和固定资产原值计算的虚拟折旧。原则上，固定资产折旧应按固定资产当期的重置价值计算，但是目前我国尚不具备对全社会固定资产进行重估价的基础，所以暂时只能采用上述办法。

4. 营业盈余

指常住单位创造的增加值扣除劳动者报酬、生产税净额、固定资产折旧后的余额。

第三节　2017 年全国投入产出表编制流程

在编制中国 2017 年投入产出表和供给使用表时①，按照国际核算标准，根据我国基础资料的实际情况，采用投入产出表和供给使用表同步编制和平衡原则，通过"五步法"开展编制工作。第一步先编制供给表初表，利用各产业部门产品生产信息，以及产品进口、税收和流通费用等数据进行编制。第二步编制投入产出表初表，利用投入产出调查资料，得到各产品部门生产过程中对产品的消耗。第三步编制使用表初表，通过整合供给表和投入产出表，得到产业部门生产对产品的消耗信息。第四步对投入产出表和使用表进行同步平衡调整，利用投入产出表和使用表关联性，在平衡调整投入产出表时，同步调整使用表数据。第五步独立编制完成投入产出表和供给使用表，在投入产出表基本平衡时，断开投入产出表和使用表的关联，利用其他资料和信息分别独立平衡投入产出表和供给使用表，完成投入产出表和供给使用表编制。以下主要介绍投入产出表相关的编制流程。

一、供给表的编制

供给表的编制，通过专业统计资料和行政记录，分别从国内供给、进口、进口税和不可抵扣增值税、流通费用等模块进行编制，组合起来形成供给表。

国内供给部分。分产业部门产出的初步数据，利用生产核算的各产业部门的产出，剔除国内增值税数据，得到各产业不含增值税的产出数据。产品国内供给部分，农业部门采用纯部门假定计算，工业部门利用分行业产品产值汇总表作为结构进行推算。建筑业和服务业分别利用"主要业务活动收入"（108 表），分为"四上"企业和"非四上"单位进行计算。

进口。利用海关分商品进口数据转换为投入产出部门计算得到。

进口税和不可抵扣增值税。进口税利用海关提供的进口关税、消费税等资料进行计算。不可抵扣增值税利用国内增值税、进口增值税和出口退税资料进行推算。

流通费用。利用投入产出调查的运输费和商业毛利额等资料，结合产出数据计算得到。

二、投入产出表编制

（一）总投入构成编制

总投入包括中间投入和增加值（初始投入）。中间投入是指生产或提供货物与服务过程

---

①　本书中的全国统计数据均不包括港澳台地区。

中，消耗和使用的所有非固定资产货物和服务的价值。中间投入也称为中间消耗，一般按购买者价格计算。各产品部门增加值是反映在生产过程中创造的新增加价值和固定资产转移价值的重要指标，是各产品部门生产活动的最终成果。

对投入产出各产品部门成本和费用构成表进行转换分解，将成本费用指标转化为投入产出部门指标，得到具有代表性的中间投入和增加值结构。中间投入结构是投入产出表的核心部分。利用投入产出重点调查取得的中间投入和增加值结构，结合总量指标推算总投入构成。

（二）最终使用及其构成

最终使用总量数据取自按支出法计算的国内生产总值核算资料，包括农村居民消费、城镇居民消费、政府消费、固定资本形成总额、存货变化、出口、进口项，部分项目需要进行适当调整，如在出口和进口数据上分别加上我国运输企业为进口商品提供的运输服务价值、进口关税和进口产品消费税，并调整来料加工装配进口和出口。

各最终使用项的构成主要利用农村住户调查、城市住户调查、财政决算、预算外支出、固定资产投资构成专项调查、海关统计、国际收支统计和有关部门的财务统计等资料计算。

（三）数据平衡与修订

在得到按购买者价格计算的中间投入构成、增加值构成、最终使用构成和总产出初步数据后，对不同资料来源计算的上述指标进行平衡和修订。平衡修订工作分为以下三个步骤：首先从最终使用项出发，研究各项构成是否合理，对不合理的数据进行调整修订；其次是研究中间使用的部门比例是否合理，对不合理的数据进行修订；再次是研究中间投入中的主要消耗是否合理，对不合理的数据进行修订。以上平衡和修订步骤，反复进行多次。如有必要还在达到基本平衡的基础上，通过数学方法进行最终平衡，得到平衡的购买者价格的投入产出表。

（四）编制生产者价格投入产出表

由于编制投入产出表的资料，大部分的核算价格为购买者价格。为了编制生产者价格投入产出表，需要编制流通费用矩阵。将流通费用矩阵和购买者价格投入产出表结合起来，进行流通费的扣除和调整，得到生产者价格投入产出表。

三、使用表的编制

使用表初表的第 Ⅰ、Ⅲ 象限，利用投入产出表和产出表，通过产品工艺假定推算得到；第 Ⅱ 象限来自投入产出表的最终使用部分。使用表的初表平衡，第一步是通过投入产出表联动平衡，然后断开两表的关联，参考行业协会数据以及其他宏观经济数据等进行最终的平衡。

第四节　投入产出表有关说明

一、投入产出表的价格

本表按（中国）生产者价格编制，等于购买者价格扣减流通费用（包括商业附加费和运输费）。

二、研发的处理

2017 年投入产出表编制遵循 2008 年国民账户体系和 2016 年中国国民经济核算体系的原则，将能够为所有者带来经济利益的研究与开发支出，计入固定资本形成。在投入产出调查中获取的研发支出数据，不再转换到中间投入或者初始投入，也就是各部门转换分解的数据结果已排除了研发的支出。同时将各部门的研发活动产出归并到研究和试验发展部门，各部门研发活动的产出数据来自生产核算。各投入产出部门体现的产出数据，是不包括原附属的研发产出，这也符合投入产出表对产品部门同质性的要求。

三、进口和出口

货物的进口采用到岸价格；货物出口采用离岸价格，在生产者价格表中扣除了流通费用。货物进出口构成数据利用海关商品贸易统计资料编制，对来料加工贸易的商品进行了调整。服务进出口构成数据主要依据国际收支平衡表及其有关资料加工计算。

四、废品废料

表中"废品废料"部门范围与 2012 年基本相同，它由两部分组成：一是《国民经济行业分类（2017）》中的"废弃资源综合利用业"，二是投入产出核算中的"虚拟废品废料"。各部分的核算方法不同："废弃资源综合利用业"部分，核算方法与其他工业部门相同；投入产出核算中的"虚拟废品废料"，中间投入为零，增加值等于总投入；增加值构成只包括营业盈余一项。

五、增加值数据

表中的增加值合计与 2017 年生产法 GDP 数据略有差异，主要是废品废料部门的特殊处理所引起的。

（本章作者：陈杰）

第二章 2017 年中国省际间投入产出表的编制

编制省际间投入产出表能够为研究中国经济发展问题提供丰富的数据基础，也为相关政策分析提供了定量分析的工具。到目前为止，我们已编制完成 1997 年（8 个区域及 30 个省、区、市）、2002 年（30 个省、区、市）、2007 年（30 个省、区、市）、2012 年（31 个省、区、市）、2017 年（31 个省、区、市）的中国地区扩展投入产出表/省际间投入产出表（MRIO）①，并于 2007 年、2010 年、2016 年、2018 年相继出版了《中国区域投入产出表的编制及分析（1997 年）》《2002 年中国地区扩展投入产出表：编制与应用》《2007 年中国地区扩展投入产出表：编制与应用》《2012 年中国地区扩展投入产出表：编制与应用》4 本专著。

为尽量确保所编制的投入产出表数据的可靠性，并且不同年份之间具有可比性，在我们的编表过程中，一贯遵循以下几个基本原则：

一是在编制各个年份的省际间投入产出表时，尽量保持编制方法的一致。二是尽可能地利用和保留具有准确来源的信息：（1）尽量少地调整原始地区投入产出表。（2）在利用数学模型对投入产出表或省际贸易进行平衡之前，尽可能多地搜集可用于补充或估计国际及国内贸易的数据。例如，利用海关和铁路运输数据调整或估计地区国际和国内贸易，利用京津冀区域间贸易调查数据修正北京的省际贸易数据等。（3）在平衡投入产出表以及地区间贸易时选择交叉熵方法，使得平衡后的数据与平衡前的数据所含信息量偏差最少。三是采用"自下而上"的方法。一些学者在编制地区间投入产出表时，通过调整使得各地区投入产出表的加和与国家投入产出表的数据相吻合，但我们的研究未采用这种"自上而下"方法。这主要是考虑到我国统计数据的特点，以及所编制的省际间投入产出表与其他数据指标（如能源消费）的契合性。我们会在本章编表方法部分对此进行详细说明。

2017 年省际间投入产出表的编制工作与以往相比更进一步：我们在一贯采用的地区扩展投入产出表的基础上进一步编制了省际间投入产出表，以方便读者使用本书所提供的数据。本章主要描述 2017 年中国省际间投入产出表的编制方法。为使得读者更好地理解我们对于方法的选择，本章首先概述目前编制地区间投入产出表的国际经验和国内现状，同时梳理和综述相关编表方法。进而介绍本次编表的主要方法以及数据基础，详细说明本次编表的具体步骤，并展示 2017 年省际间投入产出表的构建结果。

---

① 以往我们所发布的是"地区扩展投入产出表"，该表与本章所称"省际间投入产出表"本质上是一致的。为方便叙述，以下统称省际间投入产出表。

第一节 国际经验、国内研究现状及编制方法综述

一、区域间投入产出表编制的国际经验及国内现状

（一）区域间投入产出表编制的国际经验

随着经济的发展，各国内部的生产活动越来越丰富，国家内部区域之间的分工也越来越细化，进而区域之间的贸易也越来越活跃。为更好地了解国家内部区域之间的经济联系，不少国家都编制了次国家层面的区域间投入产出表。但由于各国统计数据基础不同，编制方法不同，所编制表的基本情况也不尽相同。这一小节，我们将梳理美国、加拿大、意大利、日本、澳大利亚、巴西等六个国家的区域间投入产出表的编制情况，以期为我们的编表工作提供参考和依据。

1. 美国

投入产出分析起源于美国，美国对区域间投入产出模型的研究自然也起始最早且发展较为成熟。在众多的区域间投入产出模型的研究中，规划的经济影响分析（IMPLAN[①]）是美国使用较为广泛的投入产出数据库，该数据库由美国林务局（USDA Forest Service）开发于20 世纪 70 年代中期，现由明尼苏达 IMPLAN 集团（Minnesota IMPLAN Group）维护和经营。IMPLAN 数据库的覆盖面极为广泛，部门数据尤其是美国本土数据的详细程度非常高。目前，其覆盖的地域范围包括美国、加拿大、欧洲等 60 个国家，时间跨度最长为 15 年（年度数据），其中美国的数据可以在地域维度细分到单独的邮政区域，在部门维度细分到 546 个部门。

该数据库中美国部分的主要数据来源为美国经济分析局（U. S. Bureau of Economic Analysis，BEA）、美国劳工统计局（U. S. Bureau of Labor Statistics，BLS）及美国人口普查局（U. S. Census Bureau）。在上述数据的基础上，IMPLAN 还加入了估计数据，如邮政区域层面的详细数据、非普查年份的数据及区域间贸易流量数据等。其中对于贸易流量数据的估计采用了使用较为普遍的引力模型，该模型的估计中对距离数据着重进行了探讨，采用旅行成本来表征区域之间的距离（IMPLAN Group，2015）。此外，该投入产出数据的一个重要特征是使用便捷、灵活性高，使用者不但可以根据需求建立区域间投入产出模型，也可以引入自有数据，建立满足独特需求的模型。

2. 加拿大

加拿大区域间投入产出表的编制起步较早，且其官方定期发布详细的、高质量的区域投入产出表及区域间贸易数据，为该国区域间投入产出表的研究提供了良好的基础。早在1969 年，哈特威克（Hartwick，1969）就运用区域间投入产出分析的方法研究了加拿大东部大西洋区的经济开放度，以及联邦政府的相关政策在这些省份经济活动结构上的体现。该研究采用了钱纳里—莫瑟（Chenery-Moses）模型，涵盖 4 个大西洋区省份及加拿大其他区域，共包含 16 个产品部门；对于区域间乘数的估计则采用了实验的方法：逐个保留每个地区的

---

① Economic Impact Analysis for Planning，网址为 https：//implan. com/.

最终使用，同时将其他地区的最终使用设为零，由此试验各区域最终产出对中间投入的乘数效应。

加拿大统计局（Statistic Canada）定期发布加拿大年度区域投入产出表/供给使用表，该表所提供的数据非常详尽，包含 300 个产业、727 种商品以及 170 个最终使用类别，覆盖加拿大 13 个省份和地区；表的编制采用"自上而下"的原则，各区域表的加总以及区域表 GDP 之和与国家表相吻合（Berger，2010）。加拿大统计局还同期发布与区域投入产出表相适应的、基于调查的区域间贸易数据。具体地，对于制造业、农业、采矿业商品以及商务服务采用生产者调查法，即向产品或服务的生产者询问产品或服务销往何处；而对于零售以及由出省旅客所产生的跨区域贸易则采用消费者调查法，即向商品或服务的购买者询问商品或服务从何处来（Généreux et al，2002）。上述区域投入产出表和区域间贸易数据两个数据库构成了加拿大的区域间投入产出数据库，为其基于区域间投入产出表的研究提供了非常好的数据基础。

3. 意大利

意大利的托斯卡纳经济计划区域研究所（IRPET，regional institute of economic planning of tuscany）自 20 世纪 90 年代以来，一直致力于研制覆盖意大利所有区域的区域间投入产出模型。其第一个模型为意大利 1988 年区域间投入产出模型，共包含 20 个地区，运用了里昂惕夫和斯特劳特于 1963 年提出的 Pool 法来估计区域之间的贸易联系，并基于这个模型研究了财政政策的区域影响（Casini Benvenuti et al，1995）。

在此基础上，该研究所对该投入产出模型进行了持续更新，同时，根据可获取数据的变化以及理论研究，对编制方法也不断加以改进。在对区域间贸易数据的估计上，该团队主要采用了基于衰减函数的引力模型，其中对于距离数据最初采用了同一地区不同省份之间的平均距离——物理距离（Casini Benvenuti et al，2003），在后续研究中，更改为两地间公路运输的运行时间——经济距离（Cherubini et al，2013）；在对投入产出表的平衡上采用了 SCM（stone，champernowne and meade）模型，一个主要原因是 SCM 模型允许研究者对各数据源的可靠性加以判断，从而使平衡后的数据更符合问题本身。该数据库最近的更新中，纳入了两个区域的区域间贸易调查数据，为其引力模型的估计提供了更可靠的数据基础。该研究所利用该区域间投入产出表做了一些研究，例如，将它与环境数据相关联，观察不同区域的环境效率，并从消费者角度研究隐含于区域贸易中的环境影响（Bertini et al，2008）。

4. 日本

日本对于区域间投入产出表的研制主要以官方机构为主。从 1960 年起，为描述国家投入产出表无法准确反映的区域经济特征，日本经济产业省（Ministry of Economy, Trade and Industry）联合其研究与统计部和经济产业省的县域机构，以及内阁办公室冲绳总局和冲绳地区，开始编制日本区域投入产出表。该表将日本划分为 9 个区域，并构建了与之相适应的区域间投入产出表（inter - regional input - output，IRIO）。该数据库包含逢尾数为 0 和 5 的年份的区域间投入产出表，1960 ~ 2005 年，已发布 10 个年份的区域间投入产出表（除 2000 年为非官方估计表之外，其他均为官方发布），最多涵盖 53 个产品部门。该投入产出表的区域间贸易数据采用了调查的方式，且各个区域表的加总与日本国家表相吻合，即"自上而下"的原则（Ministry of Economy et al，2010）。

除官方发布的 9 区域间投入产出表之外，也有学者尝试编制日本 47 个县的区域间投入产出表，用以研究 47 个县之间的经济联系。这些研究均基于官方发布的日本 47 个县的单区域投入产出表（SRIO），但估计县域间贸易的方法有所不同。石川等（Ishikawa et al, 2003）及石川等（Ishikawa et al, 2004）主要利用分配普查数据估计了区域间贸易系数，并进一步基于"自上而下"的原则对区域间贸易系数加以调整，使各县域总产出之和与日本全国总产出相符合。长谷川等（Hasegawa et al, 2015）则采用日本 47 县之间的发货数据来估计区域间贸易，构建了包含 80 个产业部门的 2005 年县级区域间投入产出模型（MRIO），并利用该模型研究了日本 2005 年的县域碳足迹。

5. 澳大利亚

澳大利亚区域间投入产出模型（MRIO）的研究和开发同美国的一个共同特征是数据使用的便捷性、灵活性和高效性。由悉尼大学的曼弗雷德·伦曾（Manfred Lenzen）主要领导的研究团队开发的基于云计算的澳大利亚工业生态虚拟实验室（IELab）是一个编制大规模环境扩展区域间投入产出表的研究平台，其主要特点有二：一是采用了"母子原则"，即一旦一个区域及部门非常详细的投入产出表（"母"表）建立完备，使用者可以根据其所研究的具体问题直接从"母"表获取特定需求的投入产出表（"子"表）；另外，使用者也能够无须进行额外的数据处理，即建立自己独特的"母"表。二是该实验室为一个基于云计算的高度自动化的合作研究平台，从而能够极大地加速工作流程，并使得计算资源与使用者共享（Lenzen et al, 2014）。

除此之外，早期其他学者的研究也值得一提。例如，马登（Madden, 1990）曾尝试构建了一个塔斯马尼亚与澳大利亚其他地区的 2 区域、9 部门投入产出表，用于研究澳大利亚经济；亚当斯等（Adams et al, 2000）基于澳大利亚统计局（Australian Bureau of Statistics, ABS）发布的区域投入产出表，结合其他研究者发布的区域间贸易数据（Quinlan, 1991），编制了澳大利亚 57 个区域、37 部门的区域间投入产出表，并在此基础上构建了一般均衡模型，用于分析澳大利亚的环境问题。威特等（Wittwer et al, 2010）通过采用小区域普查数据，基于"自下而上"的原则构建了覆盖 150 个联邦政府单议席选区的可计算的一般均衡模型（CGE）。

6. 巴西

巴西圣保罗大学经济学院（FIPE, Department of Economics, The University of São Paulo）及与之相关联的区域与城市经济实验室（NEREUS, Regional and Urban Economics Lab, The University of São Paulo）做了一系列有关巴西区域间投入产出模型的研究。其中年份最早的区域间投入产出模型为巴罗斯（Barros et al, 2011）所研制的 1959 年巴西洲际投入产出模型。该模型主要基于巴西 1959 年的国家投入产出表，同时采用基于调查的产量分配（源头）、增加值分配（源头）、居民消费分配（去向）、政府消费分配（去向）、投资分配（去向）、出口分配（去向）、进口分配（去向）等 8 个数据集估计区域间投入产出模型（MRIO），进一步基于等比例分配假设估计区域间贸易矩阵，从而构建巴西洲际投入产出模型（IRIO）。该模型共包含 25 个洲，33 个部门。

除此之外，该机构还编制了巴西其他年份或特定地区的区域间投入产出表，并基于这些投入产出模型做了一系列研究。例如，费尔南多等（Fernando et al, 2006）利用 FIPE 编制的 1996 年巴西区域间投入产出表研究了巴西洲间经济相互依赖性；爱德华多等（Eduardo et al，2011）采用巴西 2007 年区域间投入产出模型研究了不同地区的旅客消费模式；阿达等（Haddad et al，2012）特别针对巴西国家能源电力机构供应区域（Concession Areas of ANEEL），编制了区域间投入产出模型，模型包含与该区域紧密相连的 58 个地区，110 种产品及 15 个产品部门。

7. 国际经验小结和讨论

由以上梳理可见，上述国家对区域间投入产出模型的研究发展程度因研究基础、起步早晚、研究支持等因素而呈现不同的成熟度。主要体现为：（1）基础数据的可靠性和丰富性不同，例如加拿大官方统计提供了基于调查的区域间贸易数据，这是不多见的；（2）区域间投入产出模型的数据覆盖面有较大差异，如美国的投入产出数据库将区域细分至邮政区层面，而日本和意大利则以大的区域为主；（3）部门划分的详细程度差别较大，如美国和加拿大分别提供了 500 多和 300 多个部门的数据，而其他国家则多小于 100 个部门。

在编制区域间投入产出的过程中，各国面对的一个主要问题是区域间贸易数据的获取或估计。即使是加拿大这样由官方提供调查贸易数据的国家，也难以避免地将这项工作作为区域投入产出数据库构建的重点之一。对于大多数没有官方贸易数据，或调查数据不足的国家来说，则不可避免地要引入估计数据。其中使用最为广泛的方法是引力模型，如美国、意大利等。而在引力模型的估计中，采用什么指标来表征区域间距离则成为探讨的焦点。总体来说，在引力模型的估计中采用的距离指标主要分为两类，一类是物理距离，如意大利的研究团队早期所采用的同一地区不同省份之间的平均距离；另一类是经济距离，如美国研究团队所采用的综合旅行阻力，以及意大利研究团队目前所采用的旅行时间。目前来看，在数据可得的前提下，更多的研究选择采用经济距离来进行引力模型的估计。

值得一提的是，互联网和计算机技术在区域间投入产出模型中的应用为区域投入产出分析的使用和推广起到了不可忽视的作用。其中最具代表性的当属澳大利亚的 IELab 平台和美国的 IMPLAN 平台。这两个平台的共同特征是基于互联网，为数据的使用者提供灵活、快捷的建模方案，甚至可以将用户自有数据库加入平台数据中，快速构建满足使用者需求的投入产出模型。高度数字化的数据平台使原本复杂、耗时的投入产出分析变得快捷和容易，在当今迅速变化的社会经济环境下，对这一平台的利用使得对新的重大变化进行快速响应成为可能，这将成为区域间投入产出模型开发的一个新趋势。

（二）我国区域间投入产出表的编制现状

有关我国区域间投入产出表编制的研究始于 30 多年前。1990 年，在联合国区域发展中心（UNCRD）的资助下，由市村真一和王慧炯教授负责，国家统计局、国务院发展研究中心和清华大学联合研制了 1987 年中国经济 7 区域、9 部门的区域间投入产出表。到目前为止，国内已经有多个不同的研究团队编制和研究中国国内的地区间或区域投入产出表，具体编制的投入产出表如表 2 - 1 所示。

表 2 - 1

中国区域间投入产出表编制现状

数据库名称	机构	投入产出表模型基础	贸易数据的估计方法（模型数据）	时间、区域及部门	首次发表时间	文献
中国省级多区域投入产出表	国务院发展研究中心等	多区域投入产出模型（MRIO）	引力模型；利用铁路货物运输数据，铁路线路距离等数据估计引力模型；	1987 年 - 7 区域 - 9 部门；1997 年 - 30 省份 - 33 部门；2002 年 - 30 省份 - 42 部门；2007 年 - 30 省份 - 42 部门；2012 年 - 31 省份 - 42 部门	2003 年	市寸真一等（2006）；许宪春等（2007）；李善同等（2010）；李善同等（2016）；李善同等（2018a）
中国区域间投入产出表	国家信息中心	区域间投入产出模型（MRIO）	工业企业调查数据与非调查方法相结合；非调查数据部分基于最大熵利用引力模型，以货运时间距离表征区域间距离，估计贸易系数；	1997 年 - 8 区域 - 30 部门；2002 年 - 8 区域 - 17 部门；2007 年 - 8 区域 - 17 部门	2005 年	国家信息中心（2005）；张亚雄等（2012）
中国 30/31 省区市区域间投入产出表	中科院区域可持续发展分析与模拟重点实验室	区域间投入产出模型（MRIO）	引力模型；引入空间依赖因素，考虑区域间的竞争、合作关系估计引力模型；	2007 年 - 30 省份 - 30 部门；2010 年 - 30 省份 - 30 部门；2012 年 - 31 省份 - 42 部门	2012 年	刘卫东等（2012）；刘卫东等（2014）；刘卫东等（2018）
中国省区间投入产出模型	中科院虚拟经济与数据科学研究中心	区域间投入产出模型（IRIO）	引力模型，衰减函数数据（铁路、水运、航空）估计摩擦系数；	2002 年 - 30 省份 - 60 部门	2012 年	石敏俊等（2012）
CEADs MRIO	中国碳核算数据库	区域间投入产出模型（IRIO）	引力模型；	2012 年 - 31 省份 - 42 部门；2015 年 - 31 省份 - 42 部门；2017 年 - 31 省份 - 42 部门	2018 年	Mi 等（2018a）

注：①按照首次发表时间排序，以正式出版物或正式公布为准。

②这里列示的研究团队所在地都包含了多家机构，这里为了区分只列举各团队中部分机构。尤其需要强调的是，几乎所有版本的地区间或多区域投入产出表都有国家统计局参与。

1. 国务院发展研究中心

国务院发展研究中心在编制完成中国第一个区域间投入产出表之后，又先后编制了 1997 年、2002 年、2007 年、2012 年等年份的省际间投入产出表，该数据库涵盖除西藏以外的 30 个（或 31 个）省（区、市），共包括 33 个（或 42 个）产品部门，是中国最早研制，数据时间跨度最大的区域间投入产出数据库。同时，该数据库也是较为尊重国家统计局原始表的数据库：基本保持原始投入产出表的中间投入矩阵不变，从而保留了基于调查数据的原始表的信息。在区域间贸易数据的估计上，该数据库主要采用了引力模型，利用行政区间铁路货物运输量数据、省会城市间的最短铁路运输距离等数据估计引力模型参数，进而估算各产品的区域间贸易量；对于建筑业、服务业等部门，还采用了建筑业外省完成产值、旅游部门调查统计数据等辅助估算。

2. 国家信息中心

国家信息中心所编制的中国区域间投入产出表为基于中国 8 个经济区域（东北、京津、北部沿海、东部沿海、南部沿海、中部、西北、西南）的投入产出数据库。其自 2005 年首次发布以来，相继编制了 1997 年、2002 年及 2007 年，涵盖 17 个产品部门（1997 年为 30 个）的中国区域间投入产出表。在区域间贸易数据的估计上，与其他几个数据库最大不同是，该数据库采用工业企业产品来源与去向的调查数据对运用非调查法估算的区域间贸易矩阵进行了修正，虽然由于调查数据年份的限制，仅对 2007 年进行了调整，但这也是唯一一个引入调查数据估计区域间贸易数据的数据库。另外，在利用非调查法的估算中，其采用省会城市间的最短铁路交通运输时间来代表区域间的空间经济距离，这也是该数据库与其他数据库的一个不同点。然而，由于大经济区域的划分掩盖了省区之间的贸易往来，使得该数据库的应用受到了一定限制。

3. 中科院区域可持续发展分析与模拟重点实验室

中科院区域可持续发展分析与模拟重点实验室从 2012 年开始，相继出版了中国 2007 年、2010 年及 2012 年区域间投入产出表，该数据库涵盖除西藏以外的 30 个省（区、市），有 6 部门和 30 部门两个版本。是中国区域间投入产出数据库中唯一一个包含 2010 年延长表的数据库，其 2010 年数据的编制基于其 2007 年的区域间投入产出表以及 2010 年部分省区编制的投入产出延长表（非调查表）。该数据库对区域间贸易数据的估计同样基于引力模型，但其对基础的引力模型做出了修正：一是考虑空间相互依赖因素，引入空间滞后模型对引力模型的参数进行地理加权回归；二是考虑区域之间的竞争与合作关系，对引力模型进行同业影响修正。在此基础上，进一步估计省区间的贸易数据，并构建区域间投入产出模型。

4. 中科院虚拟经济与数据科学研究中心

中科院虚拟经济与数据科学研究中心于 2012 年出版了 2002 年中国省区间投入产出模型，该模型同样涵盖了除西藏以外的 30 个省份，包含 60 个产品部门，为中国区域间投入产出数据库中产品部门数量最多的数据库。在贸易数据的估计上，该数据库同样基于引力模型。首先针对不同的产品部门采取不同的方法估计其摩擦系数：对制造业部门采取设定产品运输量随距离变化的衰减曲线的方法，对非制造业物质生产部门利用区域间运输数据进行估计，而对非物质生产部门则采用电网数据、科技活动数据、高考数据等其他相关数据辅助估计。进而利用区域间引力模型估计区域间贸易量，从而构建省区间投入产出模型。

5. 国内现有研究小结和讨论

通过上述梳理可以发现，我国区域间投入产出模型的构建均基于国家统计局发布的各省单区域投入产出表，因而部门数量、区域细分程度较为相似（基本上除国家信息中心外都为省级层面）。不同数据库之间的区别主要体现在贸易数据的估计方法和是否以国家表为约束上。

我国几个区域间投入产出模型开发团队均采用基于引力模型的方法作为估计区域间贸易数据的方法，但在模型细节的设定以及数据的选取上则有所不同（见表 2 – 2）。一个最为重要的因素是对区域间距离的选择，对距离的测度大致可以分为两类：一类是简单地按两地物理距离（球面距离）测算；另一类是测算两地之间的经济距离，即综合考虑两地之间交通的便捷性以及运输成本等经济因素。在具体的估计过程中，国内研究多采用经济距离。表 2 – 2 列举了我国上述研究中引力模型所涉及两地距离的测算方法。

表 2 – 2　　　　　　　　　关于引力模型两地距离测算方法综述

相关研究	引力模型	距离测算方法
李善同 等（2010），即 2002 年中国省级多区域投入产出表：编制与应用	$x_i^{gh} = e^{\alpha} (x_i^{go})^{\beta_1} (x_i^{oh})^{\beta_2} \dfrac{(G^g)^{\beta_3} (G^h)^{\beta_4}}{(d^{gh})^{\beta_5}}$	各省份省会城市之间的距离为铁路网上的全国铁路主要站间货运里程
张亚雄 等（2012），即 2002 年、2007 年中国区域间投入产出表	$T_i^{rs} = A_i^r B_i^s X_i^{ro} X_i^{os} f(^k D_i^{rs})$	认为比较理想的空间经济距离变量应该是不同省份之间最短的货运时间。在实际计算中，采用各省省会城市间最短的铁路客运时间（剔除动车和直达客车）作为替代，并假设公路和水路的空间经济距离与此相等
刘卫东 等（2012），即中国 2007 年 30 省市区区域间投入产出表编制理论与实践	$y_i^{gh} = e^{\beta_0} \dfrac{(x_i^{go})^{\beta_1} (x_i^{oh})^{\beta_2}}{(d^{gh})^{\beta_3}}$	在两省省会城市距离的基础上引入空间相互依赖因素来估计模型参数
石敏俊 等（2012），即中国省区间投入产出模型与区际经济联系	$t_i^{RS} = \dfrac{x_i^R d_i^S}{\sum_R x_i^R} Q_i^{RS}$	对于不同部门，区域间的产品交流量随距离的衰减速率差异很大，据此来构建并推算衰减曲线，从而调整和确定物流矩阵

在中国区域间投入产出表的编制中，另外一个重要考虑是选择"自上而下"（即以当年的全国表作为约束）还是"自下而上"（即放弃全国表的约束）。在上述中国区域间投入产出数据库中，有的数据库选择了"自上而下"的原则，如国家信息中心编制的中国区域间投入产出表，这主要是出于从理论上，各省投入产出表之和应与全国投入产出表相吻合，即各省总体的生产技术应与全国整体生产技术相同的考虑。然而，由于各省统计数据之间存在较大程度的重复计算，实际统计数据并不支持这一理想状态，且由于缺乏企业层面详细的数据支撑，也很难剔除各个省份之间重复计算的部分。因此，也有数据库选择了"自下而上"的原则，放弃了全国表的约束，如国务院发展研究中心编制的中国省际间投入产出表。

二、区域间投入产出表的编制方法综述

区域间投入产出表的编制主要包括两部分内容，一是区域间贸易数据的获取或估计，二是投入产出表的平衡。其中，区域间贸易关系（数据）是一国内部不同区域投入产出表联系的纽带，编制区域扩展投入产出表最重要的、难度也往往最大的工作就是估计各产品在区域间的贸易关系。这也是此处综述的重点。

对区域间贸易流量的估计方法主要分为基于调查的直接法和基于模型的间接法。直接估计法基于大量的调查数据，可靠性高但需要花费大量的人力、物力，因而仅有个别研究采用了该方法。例如，加拿大统计局（Statistic Canada）一直沿用调查方法获得区域间贸易数据（Généreux et al，2002）。日本经济产业省（Ministry of Economy et al，2010）也曾采用调查方法获取日本的区域间贸易流量。我国国家信息中心（张亚雄等，2012）也曾采用工业企业产品来源与去向的调查数据对运用非调查法估算的区域间贸易矩阵进行修正（虽然严格地说，这并非完全意义上的调查法）。

间接估计法则是根据可得的相关数据，采用一些模型进行估计。具体来讲，由于采用的基础数据和模型不同，而产生出不同的区域间贸易流量的间接估计方法，如伊萨德（Isard）模型、行系数模型、列系数模型（Chenery-Moses model）、列昂惕夫（Leontief）模型、池方法（Pool-Approach）模型及引力模型（Gravity model）等。其中引力模型的使用最为广泛，如 IMPLAN 集团（IMPLAN Group，2015）和凯鲁比尼等（Cherubini et al，2013）采用引力模型分别估计了美国和意大利的区域间贸易流量，又如我国的几个区域间投入产出模型研究团队——国务院发展研究中心（许宪春等，2007；李善同等，2010；李善同等，2016）、中科院区域可持续发展分析与模拟重点实验室（刘卫东等，2012）、中科院虚拟经济与数据科学研究中心（石敏俊等，2012），国家信息中心也主要采用了引力模型进行区域间贸易流量的估计。接下来我们对上述间接估计模型的基本原理加以一一介绍。

伊萨德（Isard，1951）首先建立了区域间非竞争输入型投入产出模型，称为区域间投入产出（IRIO）模型，又称为伊萨德模型。该模型的基本形式要求把所有产业按区域进行划分，将每一个区域的每一个部门的投入、产出结构都分别进行研制。该模型的方法比较简单，但是对基础数据的需求量非常大，因而编制比较困难。

之后，许多学者又提出了各种简化的需要较少数据的多区域投入产出模型[①]。其中，影响较大、精度也较高的是钱纳里（Chenery，1953）和莫瑟（Moses，1955）先后独立提出的列系数模型，又称为钱纳里—莫瑟（Chenery-Moses）模型。该模型的特点是，把一个地区对某种产品的消耗量按照各个地区（包括本地区）向该地区所供应的该种产品的百分比进行拆分（即在列的方向），以此作为编制模型的出发点。行系数模型和列系数模型有很多相似之处，前者被认为是后者的镜像（Bon，1984）。不同之处在于，如上所述列系数模型是把一个地区对某种产品的需求量由各个地区（包括本地区）供应的百分比固定下来，而行系数模型则是把一个地区生产的某种产品向各个地区的分配比例固定下来（即在行的方向）。

---

① 随着时间的推移，我国学界逐渐将区域间投入产出模型与多区域投入产出模型两个概念统称为区域间投入产出模型。

里昂惕夫模型由美国经济学家里昂惕夫（Leontief）提出，对模型的测算做了具有独到见解的简化假设（Leontief，1953）。模型中假设各个地区所有生产部门都分为两大类，第一类为地区性部门，这些部门的产品只在地区内部进行流通和消费，因而只要求在本地区范围内达到供求平衡；第二类为全国性部门，其产品在全国范围内进行流通，满足其他地区需要，包括出口，因而要求在全国范围内保持供求平衡。其次，假设不同地区的直接消耗系数矩阵都是相同的，因此，一般都统一采用国家投入产出表的直接消耗系数矩阵，这一点极大地方便了模型的测算工作，但同时也使模型的结果与实际情况偏离较大。

池方法模型（又称 Leontief – Strout 模型），是由列昂惕夫和斯特劳特（Strout）于 1963 年提出的（Leontief et al，1963）。该模型的核心思想是：对某一地区的使用者来说，其所消耗的货物来自何处并不重要，可以看作从其所在地区的需求池（demand pool）订货和取货，同时假设每个地区内某一种货物或者服务的生产者把他们的产出统统汇集在一个单一的地区供给池（supply pool）内。因此在一个多地区经济中，某种货物或服务的所有地区间流动均可以看作该种货物的地区供给池向地区需求池的供货。

引力模型是区域间投入产出模型中非常重要，使用也最为广泛的模型。最早将引力模型应用到国际贸易领域的是廷伯根（Tinbergen，1962）和波伊霍宁（Pöyhönen，1963）。该模型来源于物理世界中的万有引力，即两个星体之间的引力与这两个星体的质量成正比，而与它们之间的距离成反比。借用万有引力理论，假设两个地区的贸易与两个地区的经济规模和距离有关，即两个地区的经济规模越大，贸易量可能越大，而距离越远则贸易量越小，这就是区域间贸易的引力模型。

利用引力模型估计区域间各部门产品的贸易量只需要各区域分部门的总供给和总需求数据，以及贸易系数/摩擦系数，这给贸易量的估计带来了较大便利。其中对于引力模型中的关键参数贸易系数/摩擦系数的估算，里昂惕夫和斯特劳特提出了在不同的基础数据条件下相应的方法。如果可以获得较为完整的基年统计资料，既包括区域的产出和投入，又包括区域间贸易流量，则能够直接计算出贸易系数。然后假定基年到计划年的贸易系数不变，即可直接用于计算计划年的流量矩阵。这种方法称为"单一点估计"。反之，则需要根据基年的区域总投入和总产出来间接估算贸易系数。对此，井原（Ihara，1979；Ihara，1996）引入了运输量分布系数来推算不同商品的贸易系数。该方法假定从某一区域向其他区域的物资输送量的分配比例与物资中重要产品的分配比例存在近似性，因而该重要产品的分布系数可以作为区域间产品流动的贸易系数。孟和安藤（Meng et al，2005）在"经济人假设"的基础上，结合钱纳里—莫瑟模型和阿明顿（Armington）假设（Armington，1969），通过利润最大化或成本最小化推算区域间贸易系数。布罗克纳（Bröcker，1989）指出所有形式的引力模型都可以用区域间贸易的空间价格均衡来简化，利用改进的萨缪尔森空间价格均衡模型（Samuelson，1952）来实现，并提出了研究区域间贸易流量的空间相互作用矩阵。

尽管学者们对于贸易系数提出了不同的估计方法，但总体来看目前使用最多的还是将其作为地区间距离的函数予以估计，即利用距离的幂函数来估计贸易系数。布拉克（Black，1972；Black，1971）利用 1967 年美国 24 个主要运输集团的数据分析了引力模型中的距离参数的幂指数，得出以下结论：（1）市场份额越大的生产商或者供货商总运输量比例越大，幂指数越低；（2）某地区的流量占全国总流量的比例越高，幂指数越高。这使得地区间距离的定义显得十分重要。卡西尼·本韦努蒂（Casini Benvenuti et al，2003）指出在估算引力模型的衰减函数时应首先考虑距离因素，认为地区（region）由不同的区域单元（按欧盟统一规定的 NUTS－3）构成，因此两个地区之间的距离等于两地区包含的所有区域单元之间（不包括同一地区内的区域单元）的距离的平均数。又如凯鲁比尼（Cherubini et al，2011）指出在估算引力模型的衰减函数时，需首先考虑的因素应该是距离，而距离主要依赖于地区间交通网络的连接和扩展状况，因此采用两地区间公路运输的时间作为测算依据。

第二节　主要编表方法

一、自下而上（Bottom-up）

如前文所述，在编制一国内区域间投入产出表时，是否以全国表作为区域表之和的约束是一个值得讨论的问题。其中，以全国表作为控制数称为"自上而下"的方法，该方法以各省原始投入产出表作为估计的起点，最终通过估计使得各省的表加总起来与全国表完全一致。反之则称为"自下而上"的方法，是指放弃全国表的约束，直接利用各省的投入产出表编制区域之间自洽的区域间投入产出表，即所有区域的流入之和应与流出之和相等，从而最大限度地保留各省国家统计局原始表的信息。

我们在编制我国省际间投入产出表的时候，选择了"自下而上"的方法。这一选择的主要考虑如下：首先，由于目前各省和全国的国民核算数据仍然存在较大差异，而这一差异是投入产出表不协调的根本原因。因此，在核算数据协调问题不解决的条件下，直接利用全国投入产出表调整各省投入产出表无异于用"未知的不确定"替代"已知的不确定"，结果只是数字上的协调；二是通常经济越发达的地区统计数据的质量越高，而这些发达的地区经济规模也较大，这意味着从经济规模的占比角度来看可以有更多的各省数据可信度较高，而采用"自上而下"的方法往往会同时破坏那些质量高的数据；三是各省投入产出表与各省的其他数据，如能源数据等，吻合度更高，因此更大程度地保留各省原始表的信息有利于开展更多的区域研究分析。

二、引力模型（Gravity model）

为构建省际间投入产出表，我们需要得到的是各个部门在 31 个区域之间的贸易流量矩阵，即部门 i 在地区 g 和地区 h 之间的贸易量。但由于没有省际贸易的统计数据，本书采用间接估计法来得出区域间贸易流量。具体地，我们选择引力模型进行省际贸易流量的估计。接下我们将对这一选择做出说明。伊萨德模型不仅需要知道一个部门的产品在全国各个地区的贸易情况，而且需要知道在各个地区不同部门之间的贸易量。这个模型需要庞大的原始数据作基础，我国的统计数据不够完善，无法利用伊萨德模型估计出我国省际间的贸易流量。行系数模型和列系数模型需要知道分配系数（地区 g 的产品 i 流出到地区 h 的数量占地区 g 的产品 i 运往全国所有地区的数量之和的比重）和需求系数（表示地区 g 产品 i 流出到地区 h 的数量占全国所有地区产品 i 流出到地区 h 的数量之和的比重），我们根据现有资料无法得到这两个系数。区位商方法所需的数据最少，只要知道各个区域的总产出和国家表的投入系数矩阵就可以计算，所以有关它的计算结果的精确性争议很大。列昂惕夫模型假设有较明显的计划成分，需要规定全国性部门产品在各个地区的产出比例；同时模型中假设任一种产品在不同地区的直接消耗系数都是一致的，这与实际情况相差较大。池方法模型只能得到某一地区与其他所有地区之间的贸易联系，但难以明确某两个区域间的贸易联系。相对于其他的方法，引力模型对数据的需求量较小且很多数据利用现有的地区投入产出就可以获取，同时还可以得到区域间明确的贸易联系，可以说引力模型是很好地将典型调查法和非调查法相结合的一种估算方法，因此本研究在估计省际贸易的过程中采用这一方法。

在前面介绍的引力模型基本形式的基础上，本书尝试构建引力模型（2.1）：

$$\bar{f}_{s,r}^{k} = e^{\alpha} \, (SP_s^k)^{\beta_1} \, (DM_r^k)^{\beta_2} \, \frac{(GS_s)^{\beta_3} \, (GS_r)^{\beta_4}}{(d_{s,r})^{\beta_5}} \tag{2.1}$$

模型中，$\bar{f}_{s,r}^{k}$ 表示地区 s 流向地区 r 的 k 部门产品量的初始值；SP_s^k 表示地区 s 部门 k 产品的总供给；DM_r^k 为地区 r 部门 k 产品的总需求；GS_s 和 GS_r 分别代表地区 s 和地区 r 的地区生产总值占国内生产总值的比重；$d_{s,r}$ 是地区 s 到地区 r 的距离。

该模型的建立可以很好地分析距离等因素对区域间贸易流量的影响，通过计量回归分析可得出 α，β_1，β_2，β_3，β_4，β_5 的估计值，进而推算出 31 个区域贸易流量的初始矩阵。

三、交叉熵模型（Cross entropy model）

在编表过程中，往往会出现资料不全，或数据之间存在冲突的情况。这时就需要对现有数据进行处理重新估计得到完整匹配的数据。最小交叉熵方法能够最大化地利用现有的信息估计符合要求的信息，从而最大化地保留原始可靠信息。谢农（Shannon, 1948）创建信息论时提出了交叉熵法的概念，希尔（Theil, 1967）把这一方法应用到经济学中。考虑一组事件 $E_1, E_2, \cdots, E_n$，发生的概率分别为 $q_1, q_2, \cdots, q_n$（先验概率）。现在有额外的讯息（message）可以获得，这意味着先验概率需要调整为待求概率 $p_1, p_2, \cdots, p_n$。根据谢农的理论，接收到讯息的信息（information）等于 $-\ln p_i$。然而每个事件 E_i 有自己的待求概率 p_i，来自 q_i 的"额外"信息由下式给定：

$$-\ln \frac{p_i}{q_i} = -(\ln p_i - \ln q_i) \tag{2.2}$$

利用单个信息价值的期望，我们可以得出一条讯息的信息价值的期望值为：

$$-I(p:q) = -\sum_{i=1}^{n} p_i \ln \frac{p_i}{q_i} \tag{2.3}$$

$I(p:q)$ 为库尔巴克和雷伯勒（Kullback et al, 1951）所定义的对两种概率分配之间的叉熵距离。交叉熵法的目标函数是利用所有可得的信息来使得叉熵距离最小化，并且与先验概率保持一致。

戈兰、尤吉和罗宾森（Golan et al, 1994）利用交叉熵法来调整投入产出表的系数。设初始系数矩阵为 $\bar{A}$，调整后的系数矩阵为 A，可以解下面的最优化问题，使得这两个矩阵之间的叉熵距离最小。

$$\min \left(\sum_i \sum_j A_{ij} \ln \frac{A_{ij}}{\bar{A}_{ij}} \right)$$

$$\text{s. t.} \begin{cases} \sum_i A_{ij} y_j^* = y_j^* \\ \sum_j A_{j,i} = 1 \\ 0 \leqslant A_{j,i} \leqslant 1 \end{cases} \tag{2.4}$$

其中，y_j^* 为新信息行和或列和。可以引入拉格朗日乘数来求解：

$$A_{ij} = \frac{\bar{A}_{ij} exp(\lambda_i, y_j^*)}{\sum_{i,j} \bar{A}_{ij} exp(\lambda_i, y_j^*)} \tag{2.5}$$

其中，λ_i 是与行和列和相关的信息的拉格朗日乘数，分母是归一化因数，使得 A 矩阵的和始终保持为 1。本章多次用到交叉熵模型，模型的具体构建见下文，此处不再赘述。

第三节　数据基础

一、2017 年各省份单区域投入产出表

中国 2017 年各省单区域投入产出表是构建中国省际间投入产出模型的数据基础（国家统计局，2020）。2017 年，我国的 31 个省（区、市）[①] 均编制了包含 42 个部门的投入产出表。

各省份投入产出表中的贸易数据十分完备，均具备完整的四列贸易数据（出口、国内省外流出、进口及国内省外流入）。这为编制省际间投入产出表带来了便利。然而，由于各省独立编表，且对省际贸易的量化往往缺乏统计或调查基础，这使得 2017 年各省份国内省外流入之和比国内省外流出之和高出约 10%，呈现出前所未有的差异。而在理论上，一国内部各区域之间某种产品的流出之和应等于其流入之和。这又为我们本次的编表工作带来了困难。

同时，我们将各省份投入产出数据与国民核算数据做了对比。通过对比我们发现，大部分省份的地区生产总值与国民账户较为统一，结构上虽存在一些差异，但总体上吻合度较高。对比支出法国民核算的细项发现（包含消费、资本、贸易净值），"存货增加"存在较大的相对差异。收入法国民核算的细项之间（包含劳动者报酬、生产税净额、固定资产折旧、营业盈余）一致性较高。

二、2017 年海关进出口数据

本书所主要采用的 2017 年海关进出口数据为按照境内货源地/目的地统计的海关 8 位码（HS8 位码）进出口商品的价值量数据，包含我国大陆 31 个省（区、市）。此外，为更科学地解决进出口集散地问题，本书还引入了按照经营地统计的海关数据作为辅助。

---

① 为方便描述，以下统称为"省份"。

通过将海关8位码与2017年投入产出表的42个部门相匹配，能够得到31个省（区、市）的分部门的进出口数据。尽管2017年的各省份单区域投入产出表中已包含完整的国际贸易数据，但由于新的国民经济核算体系（SNA2008体系）在核算贸易时遵循"所有权转让原则"，使得2017年各省份投入产出表中的贸易数据存在"集散地贸易"的情况，即一个地区在贸易中充当集散地的角色，将流入产品（含进口、国内省外流入）用于流出（含出口、国内省外流出）。因而，我们将利用按照境内货源地/目的地统计的海关数据对各省投入产出表中的贸易数据加以调整。

三、2017年省份间九类商品的铁路运输数据

本书利用粮食、煤、石油、焦炭、金属矿石、非金属矿石、矿物性建筑材料、钢铁、化肥及农药等九类商品的铁路运输数据以及基于此数据估计的引力方程，作为估计省际贸易流量矩阵的依据。该数据来源于《2017年全国铁路统计资料汇编》（铁道部统计中心，2018）。

四、2017年北京与天津、河北省际贸易调查数据

为更好地了解区域间贸易状况，北京做了2017年与天津、河北两地的贸易统计调查，提供了其规模以上工业企业产品来源与去向数据。具体包含从本地、天津、河北、国内其他省份及国外购进的各农业和工业产品额，以及销往本地、天津、河北、国内其他省份及其他国家的各农业和工业产品额。本书将利用此数据修正北京市的省际贸易数据。

第四节 具体编表步骤

简而言之，本次中国省际间投入产出表编制的基本思路为：以国家统计局编制的2017年各省份单区域投入产出表为基础，利用2017年的海关进出口数据调整各省份的国际贸易和省际贸易数据，并平衡国内省外流入与国内省外流出；在此基础上进一步利用铁路货运数据估计省际贸易流量矩阵，并使之与各省份各部门的省际贸易数据总量相吻合；最后借助比例性假定构建2017年中国省际间投入产出表。

一、调整四列贸易数据

如前文所述，原始单区域投入产出表中的贸易数据存在"集散地贸易"的现象，数据上反映为"出口＋国内省外流出＞总产出"。因此，需要首先针对这一问题做初步调整。第一，将海关数据与投入产出表的42个部门相匹配，得到31个省（区、市）的分部门进出口数据。用匹配后的海关进出口数据替换各省份原始投入产出表中相应的国际贸易数据。建筑业、服务业各部门不在海关数据统计范围内，因而保留原值。第二，依据"集散地效应"下进出口和省际贸易的数据关系特征以及海关进出口数据与原始表进出口数据的相对关系调整省际贸易，具体原理、方法和调整对数据带来的影响如表2－3所示。第三，上述调整之

后，省际贸易可能会出现负值。遇此情况时，将省际贸易中出现的负值调整为零。

表 2－3　　　　　　　　　　"集散地效应"处理方法

问题		识别方法	无法识别的部分	针对可识别部分的调整方法	对地区生产总值的影响（等价于是否打破了原表的平衡）	对区域贸易总量的影响
集散地问题	国内贸易集散地			省际流出和省际流入同时减小一个相同的量，这个量取"省际流出－总产出"和"省际流入－本地需求"中较小的量（以避免调整后出现负值的现象）	理论上无影响，但由于减小流入后可能出现负值，将负值置零后将使地区生产总值减小	流入和流出总量减小
	出口集散地	部分地识别：经营地出口（海关）＞货源地出口	海关统计上的确是货源地，但货物并非生产于本省	同时减小出口和流入，调整量为货源地出口与经营地出口之间的差值；增大相关省份的出口，同时减小其流出	理论上无影响，但由于减小流入和流出后可能出现负值，将负值置零后将改变地区生产总值	理论上，全国出口总量不变
	进口集散地	部分地识别：经营地进口（海关）＞目的地进口	海关统计上的确是目的地，但并不是用于满足本地需求	同时减小进口和流出，调整量为目的地进口与经营地进口之间的差值；增大相关省份的进口，同时其流入减小相同的量	理论上无影响，但由于减小流入和流出后可能出现负值，将负值置零后将改变地区生产总值	理论上，全国进口总量不变

二、平衡省际贸易数据

经过上述调整后的贸易数据虽然初步消除了"集散地效应"，但由于各省份分别进行估算，各部门国内省外流入的省份间加总与国内省外流出不相等。然而从理论上讲，两者应该相等。为了解决这一问题，需要对初步估计后的数据做进一步的调整。我们调整的原则是尽量保留各省份原始投入产出表中的信息。然而，正如我们在前面所解释的，由于 2017 年各省份原始投入产出数据的特殊性，我们将中间流量矩阵也纳入调整对象中。进而，为保持投入产出表的平衡，也将对增加值矩阵做出改变。对省际贸易的平衡主要包括两个步骤：首先对所有省份、所有部门的投入产出表最终使用象限及中间使用合计进行平衡，然后根据平衡后的中间投入总量调整中间投入矩阵和增加值矩阵。

（一）平衡省份投入产出数据

首先对各省份利用海关进出口调整后的投入产出表进行整体平衡。模型所包含的调整项包括中间使用合计、消费（含农村居民消费、城镇居民消费、政府消费）、资本形成（固定资本形成总额、存货变动）、出口、国内省外流出、进口及国内省外流入。对所有省份和部门同时调整，以最小交叉熵模型为基础构建模型（2.6）：

$$\min\left(\sum_{i}^{42}\sum_{j}^{7}\sum_{k}^{31}h_{ijk}(\ln h_{ijk}-\ln\bar{h}_{ijk})\right)$$

$$\text{s. t.}\begin{cases}H_k\cdot q_{ctrlk}+fu202_k+pex_k-pim_k+r_k=x_k & (1)\\[2pt]\sum_i h_{ijk}=1 & (2)\\[2pt]0\leqslant h_{ijk}\leqslant 1 & (3)\\[2pt]|r_k|\leqslant 0.05\cdot x_k & (4)\\[2pt]|fu202_k|\leqslant 0.1\cdot x_k & (5)\\[2pt]ex_k+pex_k\leqslant x_k & (6)\\[2pt]0.5\cdot outr\leqslant(\hat{x}_1)^{-1}\cdot(ex_1+pex_1)\leqslant 1.5\cdot outr & (7)\\[2pt]pex_i-pim_i=0 & (8)\end{cases}\quad(2.6)$$

其中，矩阵 H 为待调整矩阵 Q 的按列归一化，其元素 $h_{ijk}=q_{ijk}\big/\sum_i q_{ijk}$；$\bar{h}_{ijk}$ 为 h_{ijk} 的初始值；Q 是对应于某部门的一个 31×7 维的矩阵 [31 为省（区、市）数目，7 为待调整项数目，包括中间使用合计、农村居民消费、城镇居民消费、政府消费、固定资本形成总额、出口和进口]；Q 的初始值取上一小节中利用海关数据调整后的各省份投入产出数据（记为 IO_{ini}）中对应部门的值。q_{ctrl} 是待调整矩阵 Q 的列和约束；其中，各省份总进口和总出口分别用国家表进出口总量做等比例调整，其他项的列约束取 IO_{ini} 中的原值的列和。约束条件（1）是对行平衡的约束，其中，$fu202$、pex、pim、r 和 x 分别代表存货变动、国内省外流出、国内省外流入、误差项和总产出。约束条件 (2) ~ (5) 是对各变量变动范围的约束。约束 (6) 是对各省份各部门不存在"转口贸易"的约束；约束 (7) 则进一步限定了北京各部门产品流出率的变动范围，其中，$outr$ 根据北京与天津、河北两地的贸易调查数据计算得来。约束 (8) 则是对省际贸易平衡的约束，即各部门的国内省外流出总和应等于相应的国内省外流入总和。

（二）平衡中间使用矩阵和增加值矩阵

在上述调整的基础上，我们在平衡后的中间使用合计的约束下，重新逐省平衡中间使用矩阵和增加值矩阵。与 2012 年不同的是，由于上一步平衡中未改变各省份中间使用合计列和，因而无须对各省份增加值总量进行重新调整。同样以最小交叉熵模型为基础，构建单省份平衡模型如下：

$$\min\left(\sum_{i}^{46}\sum_{j}^{42}(\ln h_{ij}-\ln\bar{h}ij)\right)$$

$$\text{s. t.}\begin{cases}H\cdot x=(tz,v)^T & (1)\\[2pt]\sum_i h_{ij}=1 & (2)\\[2pt]0\leqslant h_{ij}\leqslant 1 & (3)\\[2pt]0.9\cdot vr\leqslant\sum_{i=43}^{46}h_{ij}\leqslant 1.1\cdot vr & (4)\end{cases}\quad(2.7)$$

式中，矩阵 H 为待调整矩阵 Q 的按列归一化，其元素 $h_{ij} = q_{ij} / \sum\limits_{i} q_{ij}$；$\bar{h}_{ij}$（$\bar{H}$）为 h_{ij}（H）的初始值；Q 是对应于某个省份的一个 46×42 维的矩阵，（46 为部门数目与增加值分项数目之和，42 为部门数目）；Q 的初始值取原始投入产出表（IO_{ori}）中相应的数值。H 与总产出列向量 x 的乘积则为中间使用矩阵及增加值矩阵的行和，该行和应与上一步平衡中所得中间使用合计列（tz）以及收入法 GDP 各项（v）相等。约束（2）和（3）是对 h_{ij} 列和及变化范围的约束。约束（4）则是对各部门增加值率变化范围的约束，其中，vr 是指根据原始投入产出表（IO_{ori}）得出的增加值率。

至此，我们完成了省际贸易的平衡以及与此相适应的中间使用矩阵和增加值矩阵的调整，得到了各省份省际贸易平衡的投入产出表。

三、估计九种商品的引力模型

根据铁道部公布的统计数据，可以获取 2017 年粮食、煤、石油、焦炭、金属矿石、非金属矿石、矿物性建筑材料、钢铁、化肥及农药等九类商品的省际铁路运输实物量。利用引力模型可以得出影响这九类商品贸易流量的主要影响因素，估计出其引力方程。然后依据产品的相似性，估算产品性质类似部门的省际贸易流量。

公式（2.1）已经给出本书所采用的引力模型的方程形式。我们采用截面数据来估计各种产品的引力方程，根据中国省域数据的特征，估计引力模型所采用的数据如下：

（1）某产品的区域间贸易流量——采用中国铁路行政区域间货物运输数据；

（2）某地区某部门对国内市场的产品总供给及总需求——利用前面所得各省投入产出表中对应部门的数据（对应规则如表 2 - 4 所示）进行计算，方法如下：

$$\text{对国内市场的总供给} = \text{总产出} - \text{出口}$$
$$\text{对国内市场的总需求} = \text{中间使用} + \text{最终消费} + \text{资本形成} - \text{进口}$$

（3）某地区的地区生产总值占国内生产总值的比重——利用国家统计局网站相应数据计算；

（4）地区之间的距离——采用省会城市之间的铁路运输最短距离，此处使用了 2007 年的数据。这一方面是由于数据限制，而另一方面也有其现实的合理性。虽然 2007 年以来，我国铁路建设发展迅速，但在这期间新增铁路里程多为客运，对于货运里程影响不大。

估计出九种商品的引力方程如表 2 - 4 所示，从表 2 - 4 中的数据可以看到，粮食和焦炭两种商品的估计方程的 $R^2 < 0.1$，故舍弃不用。事实上，在后续初始贸易矩阵的估计中，与粮食和焦炭相对应的"食品和烟草""石油、炼焦产品和核燃料加工品"两个部门均直接采用了铁路货物运输矩阵作为初始矩阵，故这两种商品的引力方程估计也并未实际应用于估计。

四、初步估计省际贸易流量

对省际贸易流量的初步估计有三种途径，我们针对不同部门采取不同的估计方法。一种途径是直接以铁路货运量作为初始矩阵，这种途径用于可直接与铁路运输货物相匹配的部门（见表 2 - 4）。估计方法为：

表2-4　九种商品的引力方程估计结果

商品种类	对应投入产出部门	引力方程的估计	R^2
粮食	农林牧渔产品和服务	$\ln \bar{f}_{s,r}^{k} = -11.49 + 0.56\ln SP_s^k + 0.77\ln DM_r^k - 0.32\ln GS_s - 0.51\ln GS_r$ $(-3.87^{***})(3.52^{***})(4.02^{***})(-1.97^{**})(-2.52^{**})$	0.09
煤	煤炭采选产品	$\ln \bar{f}_{s,r}^{k} = 12.63 + 0.\ln SP_s^k + 0.43\ln GS_r - 1.62\ln d_{s,r}$ $(5.48^{***})(5.41^{***})(1.81^{*})(-7.10^{***})$	0.25
石油	石油和天然气开采产品	$\ln \bar{f}_{s,r}^{k} = 6.54 + 0.04\ln SP_s^k - 0.77\ln d_{s,r}$ $(6.41^{***})(2.00^{**})(-5.68^{***})$	0.16
焦炭	石油、炼焦产品和核燃料加工品	$\ln \bar{f}_{s,r}^{k} = -0.46\ln d_{s,r}$ (-2.35^{**})	0.07
金属矿石	金属矿采选产品	$\ln \bar{f}_{s,r}^{k} = 10.99 - 0.29\ln SP_s^k + 0.26\ln DM_r^k + 0.84\ln GS_s - 0.45\ln GS_r - 1.06\ln d_{s,r}$ $(4.53^{***})(-2.19^{**})(1.75^{*})(4.94^{***})(-2.02^{**})(-4.88^{***})$	0.26
非金属矿石	非金属矿和其他矿采选产品	$\ln \bar{f}_{s,r}^{k} = 5.88 - 0.82\ln d_{s,r}$ $(4.39^{***})(-5.92^{***})$	0.18
矿物性建筑材料	非金属矿物制品	$\ln \bar{f}_{s,r}^{k} = -0.73\ln d_{s,r}$ (-4.39^{***})	0.13
钢铁	金属冶炼和压延加工品	$\ln \bar{f}_{s,r}^{k} = 6.92 + 0.21\ln SP_s^k - 0.19\ln GS_s - 0.99\ln d_{s,r}$ $(-5.68^{***})(2.4^{**})(-1.92^{*})(-9.51^{***})$	0.17
化肥及农药	化学产品	$\ln \bar{f}_{s,r}^{k} = -0.52\ln SP_s^k + 0.3\ln DM_s + 0.4\ln GS_s$ $(-4.17^{***})(1.68^{*})(2.53^{**})$	0.12

注：①各估计系数下方括号内为T统计值；
②＊为0.1显著性水平成立，＊＊为0.05显著性水平成立，＊＊＊为0.01显著性水平成立。

$$\bar{f}_{s,r}^{k} = pim_r^k \frac{tr_{s,r}^k}{\sum_i tr_{i,r}^k} \tag{2.8}$$

其中，pim_r^k 表示地区 r 部门 k 的国内省外流入，取自平衡省际贸易后的投入产出表；$tr_{s,r}^k$ 表示地区 s 向地区 r 通过铁路运输输入的产品 k 的量，相应地，$tr_{i,r}^k$ 则表示地区 r 通过铁路运输从其他所有地区流入的产品 k 的量。

另一种途径是依照商品的相似性，利用上述九种商品的引力方程估算无铁路运输货物直接匹配的采矿及制造业部门的省际贸易流量（见表 2-5）。

表 2-5　　　　　铁路运输商品与投入产出部门对照关系

商品种类	对应投入产出部门	商品种类	对应投入产出部门
粮食	食品和烟草		纺织品
煤	煤炭采选产品	矿物性建筑材料	纺织服装鞋帽皮革羽绒及其制品 木材加工品和家具 造纸印刷和文教体育用品 其他制造产品 废品废料 金属制品、机械和设备修理服务
石油	石油和天然气开采产品		金属冶炼和压延加工品
焦炭	石油、炼焦产品和核燃料加工品	钢铁	金属制品 通用设备 专用设备 交通运输设备 电气机械和器材 通信设备、计算机和其他电子设备 仪器仪表
金属矿石	金属矿采选产品		
非金属矿石	非金属矿和其他矿采选产品	化肥及农药	化学产品

注：表中对应投入产出部门栏的第一个部门为与铁路运输商品直接对应的部门。

还有一种途径是直接利用各省份的国内省外流入流出数据进行估计，这主要是针对其余的那些同铁路运输商品之间既不直接对应又不具有相似性的、产品性质较为特殊的部门，包括建筑业、电、气、水以及服务业。这一估计方法的基本思想是将某省份某部门产品的国内省外流出总量，按照一定的比例向其他各省份分配，这一分配比例采用其他各省份该部门产品的国内省外流入占全国该部门产品的国内省外流入累计值的比重。如部门 k 的初始贸易流量矩阵计算公式如下：

$$\bar{f}_{s,r}^{k} = pex_s^k \frac{pim_r^k}{\sum_{i \neq k} pim_i^k}(s \neq r) \tag{2.9}$$

式（2.9）中，pex_s^k 表示地区 s 部门 k 的国内省外流出，pim_r^k 则表示地区 r 部门 k 的国内省外流入。

五、最终平衡省际贸易流量

得到上述初始的省份间贸易流量矩阵后，我们以第二步中估得的省际贸易数据（国内省外流入、国内省外流出）为约束，再次利用交叉熵模型进行调整，使得省份间贸易流量矩阵的行（列）和与相应地区、相应部门的国内省外流出（入）相等，从而获得最终省份间贸易流量矩阵。我们采用逐部门调整的方法，以下是第 k 部门的模型，其他部门与之类似。

$$\min\left(\sum_s \sum_r h_{s,r}^k (\ln h_{s,r}^k - \ln \overline{h}_{s,r}^k)\right)$$

$$\text{s. t.} \begin{cases} H^k pim^k = pex^k \\ \sum_s h_{s,r}^k = 1 \\ 0 \le h_{s,r}^k \le 1 \end{cases} \tag{2.10}$$

其中，$\overline{h}_{s,r}^k = \overline{f}_{s,r}^k / \sum_s \overline{f}_{s,r}^k$，是 $h_{s,r}^k$ 的初始值；pim^k、pex^k 分别表示部门 k 的国内省外流入和国内省外流出向量。

通过上述一系列工作，我们最终得到我国 2017 年 31 省（区、市）之间的贸易流量数据，图 2 – 1 给出估算所得的部门 k 的省际贸易流量示意图。

地区	北京	天津	河北	⋯	新疆	总流出
北京	—	$f_{1,2}^k$	$f_{1,3}^k$	⋯	$f_{1,31}^k$	pex_1^k
天津	$f_{2,1}^k$	—	$f_{2,3}^k$	⋯	$f_{2,31}^k$	pex_2^k
河北	$f_{3,1}^k$	$f_{3,2}^k$	—	⋯	$f_{3,31}^k$	pex_3^k
⋮	⋮	⋮	⋮	⋱	⋮	⋮
新疆	$f_{31,1}^k$	$f_{31,2}^k$	$f_{31,3}^k$	⋯	—	pex_{31}^k
总流入	pim_1^k	pim_2^k	pim_3^k	⋯	pim_{31}^k	—

图 2 – 1　部门 k 的省际贸易流量示意图

六、构建省际间投入产出模型

进一步在前述工作的基础上，将进口和国内省外流入分解到更具体的部门和省份，从而将各省份投入产出表中的中间使用和最终使用区分为本地、国内省外流入和国际进口。即要厘清省份 s 到省份 r 的 k 部门产品的贸易流量（$f_k^{s,r}$）在流入省份 r 的各部门和最终需求间是如何分配的。这里采用比例性假定，即假设对于流入省份的每个部门和最终需求，国内省外流入和国际进口的某产品在每个部门和最终需求各项中，对该产品的使用总量中的占比与该省份所流入（进口）的该产品在该省对该产品的总使用量中所占的比例相同。在此假设下，首先根据无转口贸易的原则，计算每个省份对每个产品的使用总量中，国内省外流入和国际进口的份额分别如式（2.11）和式（2.12）所示。

$$\alpha_k^{s,r} = \frac{pim_k^{s,r}}{z_k^r + y_k^r} \tag{2.11}$$

$$\alpha_k^{g,r} = \frac{im_k^r}{z_k^r + y_k^r} \tag{2.12}$$

其中，$\alpha_k^{s,r}$ 表示省份 r 从省份 s 流入的 k 部门产品（$pim_k^{s,r}$）在省份 r 的中间使用和最终需求所使用的 k 部门产品中所占的比例。$\alpha_k^{g,r}$ 则表示省份 r 所进口的 k 部门产品（im_k^r）在省份 r 的中间使用和最终需求所使用的 k 部门产品中所占的比例。z_k^r 表示省份 r 对 k 部门产品的中间使用；y_k^r 表示省份 r 对 k 部门产品的最终需求，根据无转口贸易的假定，y_k^r 不包含出口和省际流出。

然后使用上述份额，利用式（2.13）和式（2.14）分别将中间使用和最终需求按照产品来源分解为本地、国内省外流入和进口。

$$Z^{s,r} = diag(\alpha^{s,r}) Z^r , \; Z^{m,r} = diag(\alpha^{m,r}) Z^r , \; Z^{r,r} = Z^r - \sum_s Z^{s,r} - Z^{m,r} \tag{2.13}$$

$$Y^{s,r} = diag(\alpha^{s,r}) Y^r , \; Y^{m,r} = diag(\alpha^{m,r}) Y^r , \; Y^{r,r} = Y^r - \sum_s Y^{s,r} - Y^{m,r} \tag{2.14}$$

其中，$Z^{s,r}$，$Z^{m,r}$ 和 $Z^{r,r}$ 分别代表中间使用来源于本省份（本地）、国内其他省份（国内省外流入）、和境外其他国家和地区（进口）的部分；$Y^{s,r}$，$Y^{m,r}$ 和 $Y^{r,r}$ 则分别代表最终需求来源于本省份（本地）、国内其他省份（国内省外流入）、和境外其他国家和地区（进口）的部分。$diag(\alpha^{s,r})$ 和 $diag(\alpha^{m,r})$ 分别为 $\alpha^{s,r}$ 和 $\alpha^{m,r}$ 的对角矩阵。Z^r 和 Y^r 代表省份 r 的中间使用和最终需求（不含出口和省际流出）。至此得到了 2017 年中国省际间投入产出模型。

第五节　省际间投入产出表构建结果

本书所构建的 2017 年中国省际间投入产出表包含我国 31 个省（区、市），共有 42 个部门（见表 2 - 6）。为简洁起见，本书正文仅给出省际间投入产出表的示意图（见图 2 - 2），数据详见书后二维码。

表 2 - 6　　　　　　　　　　2017 年投入产出表部门列表

序号	部门名称	序号	部门名称
01	农林牧渔产品和服务	06	食品和烟草
02	煤炭采选产品	07	纺织品
03	石油和天然气开采产品	08	纺织服装鞋帽皮革羽绒及其制品
04	金属矿采选产品	09	木材加工品和家具
05	非金属矿和其他矿采选产品	10	造纸印刷和文教体育用品

序号	部门名称	序号	部门名称
11	石油、炼焦产品和核燃料加工品	27	建筑
12	化学产品	28	批发和零售
13	非金属矿物制品	29	交通运输、仓储和邮政
14	金属冶炼和压延加工品	30	住宿和餐饮
15	金属制品	31	信息传输、软件和信息技术服务
16	通用设备	32	金融
17	专用设备	33	房地产
18	交通运输设备	34	租赁和商务服务
19	电气机械和器材	35	研究和试验发展
20	通信设备、计算机和其他电子设备	36	综合技术服务
21	仪器仪表	37	水利、环境和公共设施管理
22	其他制造产品和废品废料	38	居民服务、修理和其他服务
23	金属制品、机械和设备修理服务	39	教育
24	电力、热力生产和供应	40	卫生和社会工作
25	燃气生产和供应	41	文化、体育和娱乐
26	水的生产和供应	42	公共管理、社会保障和社会组织

投入＼产出		中间使用 省份1 部门1	部门 m	...	省份 n 部门1	部门 m	最终使用 省份1 消费	资本形成	...	省份 n 消费	资本形成	出口	总产出/进口
中间投入 省份1	部门1	$z_{1,1}^{1,1}$ ...	$z_{1,m}^{1,1}$	...	$z_{1,1}^{1,n}$ ...	$z_{1,m}^{1,n}$	$y_{1,I}^{1,1}$	$y_{1,II}^{1,1}$ ...		$y_{1,I}^{1,n}$	$y_{1,II}^{1,n}$	$y_{1,III}^{1}$	x_1^1
	⋮	⋮	⋮		⋮	⋮							
	部门 m	$z_{m,1}^{1,1}$ ...	$z_{m,m}^{1,1}$	...	$z_{m,1}^{1,n}$ ...	$z_{m,m}^{1,n}$	$y_{m,I}^{1,1}$	$y_{m,II}^{1,1}$ ...		$y_{m,I}^{1,n}$	$y_{m,II}^{1,n}$	$y_{m,III}^{1}$	x_m^1
	⋮	⋮	⋮	⋱	⋮	⋮			⋱			⋮	⋮
省份 n	部门1	$z_{1,1}^{n,1}$ ...	$z_{1,m}^{n,1}$	...	$z_{1,1}^{n,n}$ ...	$z_{1,m}^{n,n}$	$y_{1,I}^{n,1}$	$y_{1,II}^{n,1}$ ...		$y_{1,I}^{n,n}$	$y_{1,II}^{n,n}$	$y_{1,III}^{n}$	x_1^n
	⋮	⋮	⋮		⋮	⋮						⋮	⋮
	部门 m	$z_{m,1}^{n,1}$ ...	$z_{m,m}^{n,1}$	...	$z_{m,1}^{n,n}$ ...	$z_{m,m}^{n,n}$	$y_{m,I}^{n,1}$	$y_{m,II}^{n,1}$ ...		$y_{m,I}^{n,n}$	$y_{m,II}^{n,n}$	$y_{m,III}^{n}$	x_m^n
进口	部门1	$z_{1,1}^{n+1,1}$ ...	$z_{1,m}^{n+1,1}$	...	$z_{1,1}^{n+1,n}$ ...	$z_{1,m}^{n+1,n}$	$y_{1,I}^{n+1,1}$	$y_{1,II}^{n+1,1}$ ...		$y_{1,I}^{n+1,n}$	$y_{1,II}^{n+1,n}$	0	im_1
	⋮	⋮	⋮	⋱	⋮	⋮						0	⋮
	部门 m	$z_{m,1}^{n+1,1}$ ...	$z_{m,m}^{n+1,1}$	...	$z_{m,1}^{n+1,n}$ ...	$z_{m,m}^{n+1,n}$	$y_{m,I}^{n+1,1}$	$y_{m,III}^{n+1,1}$ ...		$y_{m,I}^{n+1,n}$	$y_{m,II}^{n+1,n}$	0	im_m
增加值		v_1^1 ...	v_m^1	...	v_1^n ...	v_m^n							
总投入		x_1^1 ...	x_m^1	...	x_1^n ...	x_m^n							

图 2－2　中国省际间投入产出表示意图

（本章作者：潘晨、何建武）

参考文献:

[1] 国家统计局. 中国地区投入产出表 2012 [M]. 北京:中国统计出版社, 2016.

[2] 国家信息中心. 中国区域间投入产出表 [M]. 北京:社会科学文献出版社, 2005.

[3] 李善同, 董礼华, 何建武. 2012 年中国地区扩展投入产出表:编制与应用 [M]. 北京:经济科学出版社, 2018.

[4] 李善同, 齐舒畅, 何建武. 2007 年中国地区扩展投入产出表:编制与应用 [M]. 北京:经济科学出版社, 2016.

[5] 李善同, 齐舒畅, 许召元. 2002 年中国地区扩展投入产出表:编制与应用 [M]. 北京:经济科学出版社, 2010.

[6] 刘卫东, 陈杰, 唐志鹏, et al. 中国 2007 年 30 省区市区域间投入产出表编制理论与实践 [M]. 北京:中国统计出版社, 2012.

[7] 刘卫东, 唐志鹏, 陈杰, et al. 2010 年中国 30 省区市区域间投入产出表 [M]. 北京:中国统计出版社, 2014.

[8] 刘卫东, 唐志鹏, 韩梦瑶. 2012 年中国 31 省区市区域间投入产出表 [M]. 北京:中国统计出版社, 2018.

[9] 石敏俊, 张卓颖. 中国省区间投入产出模型与区际经济联系 [M]. 北京:科学出版社, 2012.

[10] 市寸真一, 王慧炯. 中国经济区域间投入产出表 [M]. 北京:化学工业出版社, 2006.

[11] 铁道部统计中心. 2012 年全国铁路统计资料汇编 [M]. 北京:铁道部统计中心, 2013.

[12] 许宪春, 李善同, 齐舒畅, et al. 中国区域投入产出表的编制及分析 (1997 年) [M]. 北京:清华大学出版社, 2007.

[13] 张亚雄, 齐舒畅. 2002 - 2007 年中国区域间投入产出表 [M]. 北京:中国统计出版社, 2012.

[14] 张亚雄, 齐舒畅. 2002、2007 年中国区域间投入产出表 [M]. 北京:中国统计出版社, 2012.

[15] 井原. 区域经济分析 [M]. 东京:中央经济社, 1996.

[16] Adams P D, Horridge J M, Parmenter B R. MMRF-GREEN:A dynamic, multi-sectoral, multi-regional model of Australia [R]. Victoria University, Centre of Policy Studies/IMPACT Centre, 2000.

[17] Armington P S. A Theory of Demand for Products Distinguished by Place of Production [J]. Staff Papers (International Monetary Fund), 1969, 16 (1):159 - 178.

[18] Barros G, Guilhoto J J M. The Regional Economic Structure of Brazil in 1959:An Overview Based on an Inter-State Inputoutput System [J]. The University of São Paulo, Regional and Urban Economics Lab Working Paper, 2011.

[19] Berger A. Canada's Provincial and Territorial Economic Accounts [R]. 2010.

[20] Bertini S, Paniccià R. Polluting myneighbours:linking environmental accounts to a

multi-regional input-output model for Italy, methodology and first results ［C］. International Input-Output Meeting on Managing the Environment, 2008.

［21］ Black W R. Interregional commodity flows: some experiments with the gravity model ［J］. Journal of Regional Science, 1972, 12 (1): 107 – 118.

［22］ Black W R. The utility of the gravity model and estimates of its parameters in commodity flow studies ［C］. Proceedings of the Association of American Geographers, 1971: 28 – 32.

［23］ Bon R. Comparative Stability Analysis of Multiregional Input – Output Models: Column, Row, and Leontief – Strout Gravity Coefficient Models＊ ［J］. The Quarterly Journal of Economics, 1984, 99 (4): 791 – 815.

［24］ Bröcker J. Partial equilibrium theory of interregional trade and the gravity model ［J］. Papers in Regional Science, 1989, 66 (1): 7 – 18.

［25］ Casini Benvenuti S, Martellato D, Raffaelli C. INTEREG: A Twenty-region Input-Output Model for Italy ［J］. Econ Systems Res, 1995, 7 (2): 101 – 116.

［26］ Casini Benvenuti S, Paniccià R. A multi-regional input-output model for Italy ［J］, 2003.

［27］ Chenery H B. The structure and growth of the Italian economy ［M］. United States of America, Mutual Security Agency, 1953.

［28］ Cherubini L, Paniccià R: Amultiregioanl structural analysis of Italian regions, Macro-economic Modelling for Policy Analysis, Firenze: Firenze University Press, 2013.

［29］ Cherubini L, Paniccià R. Amultiregional structural analysis of a dualistic economy: the i-talian regions over a decade (1995 – 2006) ［C］. 19th International Input-output conference, 2011.

［30］ Eduardo H, Alexandre P, Wilson R. Tourists Expenditure Multipliers: What Difference do Financing Sources Play? ［J］. 51st Congress of the European Regional Science Association: New Challenges for European Regions and Urban Areas in a Globalised World , 30 August-3 September 2011, Barcelona, Spain, 2011.

［31］ Fernando P, Eduardo H, Edson D. Interdependence Among the Brazilian States: An Input-Output Approach ［R］. European Regional Science Association, 2006.

［32］ Généreux P A, Langen B. The Derivation of Provincial (Inter-regional) Trade Flows: The Canadian Experience ［C］. 14th International Input-Output Techniques Conference, 2002.

［33］ Golan A, Judge G, Robinson S. Recovering Information from Incomplete or Partial Multisectoral Economic Data ［J］. The Review of Economics and Statistics, 1994, 76 (3): 541 – 549.

［34］ Haddad E A, Marques M CC. Technical note on the construction of the interregional in-put-output system for the concession areas of aneel ［J］, 2012, The University of São Paulo, Re-gional and Urban Economics Lab Working Paper (TD Nereus 05 – 2012) .

［35］ Hartwick J M. An interregional input-output analysis of the eastern Canadian economies ［J］. Queen's Economics Department Working Paper, 1969, No. 2.

［36］ Hasegawa R, Kagawa S, Tsukui M. Carbon footprint analysis through constructing a multi-region input-output table: a case study of Japan ［J］. Journal of Economic Structures, 2015,

4 (1): 5.

[37] Ichimura S, Wang H - J. Interregional input-output analysis of the Chinese economy [M]. World Scientific, 2003.

[38] Ihara T. An economic analysis of interregional commodity flows [J]. Environmentand Planning A, 1979, 11 (10): 1115 - 1128.

[39] IMPLAN Support [EB/OL]. [2018 年 6 月]. http://support.implan.com/.

[40] Isard W. Interregional and Regional Input-Output Analysis: A Model of a Space-Economy [J]. The Review of Economics and Statistics, 1951, 33 (4): 318 - 328.

[41] Ishikawa Y, Miyagi T. The Construction of a 47-Region Inter-regional Input-Output Table, and Inter-regional Interdependence Analysis at Prefecture Level in Japan [R]. European Regional Science Association, 2004.

[42] Ishikawa Y, Miyagi T. An Interregional Industrial linkage Analysis in Japan, Using a 47-Region Interregional Input-Output Table [J]. Studies in Regional Science, 2003, 34 (1): 139 - 152.

[43] Kullback S, Leibler R A. On Information and Sufficiency [J]. The Annals of Mathematical Statistics, 1951, 22 (1): 79 - 86.

[44] Lenzen M, Geschke A, Wiedmann T, et al. Compiling and using input-output frameworks through collaborative virtual laboratories [J]. Science of The Total Environment, 2014 (485 - 486): 241 - 251.

[45] Leontief W. Studies in the Structure of the American Economy [M]. Oxford University Press New York, 1953.

[46] Leontief W, Strout A: Multiregional Input-Output Analysis, Barna T, editor, Structural Interdependence and Economic Development: Proceedings of an International Conference on Input-Output Techniques, Geneva, September 1961, London: Palgrave Macmillan UK, 1963: 119 - 150.

[47] Madden J R. FEDERAL: a two-region multisectoral fiscal model of the Australian economy [D]. University of Tasmania, 1990.

[48] Meng B, Ando A. An Economic Derivation of Trade Coefficients under the Framework of Multi-regional IO Analysis [J]. Institute of Developing Economies, 2005.

[49] Mi Z, Meng J, Zheng H, et al. A multi-regional input-output table mapping China's economic outputs and interdependencies in 2012 [J]. Scientific Data, 2018, 5.

[50] Ministry of Economy T a I M, Research and Statistics Department E a I P B. 2005 Inter-Regional Input-Output Table, A Debrief Report [R]. 2010.

[51] Moses L N. The Stability of Interregional Trading Patterns and Input-Output Analysis [J]. The American Economic Review, 1955, 45 (5): 803 - 826.

[52] Pöyhönen P. A Tentative Model for the Volume of Trade between Countries [J]. Weltwirtschaftliches Archiv, 1963, 90: 93 - 100.

[53] Samuelson P A. Spatial Price Equilibrium and Linear Programming [J]. The American Economic Review, 1952, 42 (3): 283 - 303.

［54］ Shannon C E. A mathematical theory of communication, Part I, Part II ［J］. Bell Syst. Tech. J. , 1948 (27)：623 – 656.

［55］ Theil H. Economics and information theory ［R］. 1967.

［56］ Tinbergen J. Shaping the World Economy：Suggestions for an International Economic Policy ［M］. Twentieth Century Fund, New York, 1962.

［57］ Wittwer G, Horridge M. Bringing Regional Detail to a CGE Model using Census Data ［J］. Spatial Economic Analysis, 2010, 5 (2)：229 – 255.

第三章 中国区域产业结构演变与升级

产业结构升级是工业化和经济现代化的必然过程，也是"十四五"及更长时期构建新发展格局的重要着力点。从国内区域来看，地区之间的产业结构升级特征并不完全相同，即使在同一区域内部产业发展也呈现分化的特点。因此，分析各类型地区产业结构升级的路径，并探讨在新发展阶段推进产业结构升级的政策启示，对于我国形成新的增长动力和比较优势，实现高质量发展、构建新发展格局具有重要意义。从整体来看，国内各地区总体上遵循产业结构升级的一般规律，即农业部门向非农部门、劳动密集型产业向资本密集和技术密集型产业升级。但由于受到自然条件、技术、文化、发展阶段等因素影响，部分地区的产业结构升级路径呈现一定的差异性。结合影响区域发展的因素，根据区域发展战略导向的变化，本章着重分析三类升级路径具有"特殊性"的地区：开放地区、资源型地区、城市经济体。本章运用 1987～2017 年中国地区投入产出表，对 1987 年以来我国不同类型省份的产业结构演变和升级特征进行分析，并探索新发展阶段推动国内产业结构升级的政策启示。

本章的结构安排如下：第一节为研究基础及数据来源；第二节介绍国内地区产业结构演变与升级；第三节提出新发展阶段国内产业结构升级的政策启示；第四节为结论与政策启示。

第一节 研究基础及数据来源

一、研究基础

产业升级概念复杂，涉及结构、要素、生产、创新等多项内容，不同产业和国家的产业升级会呈现不同特点（恩斯特，2003）。传统的产业升级路径整体上分为两类：产业间升级和产业内升级，即产业升级包括两个不同升级方向的、并列的产业发展内容（李江涛等，2009）；既包括产业结构的改善也包括产业素质与效率的提高，前者表现为产业协调发展和结构的提升；后者表现为生产要素的优化组合、技术水平和管理水平以及产品质量的提高（李晓阳等，2010）。

产业升级虽然在概念和内涵上莫衷一是，但是在产业升级的方向和战略目标上各国实践活动却有类似的趋势（唐晓云，2012）。产业升级通常表现为高生产率产业（高附加值产业）比重不断提高的过程，一国在不同时期不同产业与部门之间的升级更替（盛斌和陈帅，2015）。例如，波特（Porter，1990）认为产业升级就是当资本相对于劳动力和其他的资源禀赋更加充裕时，国家在资本和技术密集型产业中形成比较优势；潘（Poon，2004）认为产业转型升级是从生产劳动密集型低价值产品向生产更高价值的资本或技术密集型产品的转变过程；刘易斯的二元结构转变理论、罗斯托的主导部门理论、赫希曼的不平衡增长理论、钱纳里的工业阶段理论等均体现了"产业结构升级"的思路。

随着全球价值链研究的兴起与发展，也为产业升级提供了新的研究视角和方法。产业升级不再是简单地按产业分类依次提高的过程；而是与融入全球价值链、发展中国家外向型增长等问题交织在一起。从全球价值链（GVC）的视角，产业升级的方式是由从低附加值的价值链环节向高附加值的价值链环节攀升，或不同技术复杂度的升级和扩展（盛斌和陈帅，2015）。杰里菲（Gerrifi，1999）关于东亚服装产业的一系列研究，开启了正式的"价值链升级"思路。杰里菲等认为产业升级和创新可分为产品层次、经济活动层次、产业内层次和产业间层次 4 个层次上的升级和创新。汉弗莱和施密茨（Humphrey and Schmitz，2002）提出了以企业为中心由低级到高级的分类方法：工艺升级、产品升级、功能升级、链的升级或跨部门升级。受国外全球价值链研究方法和生产服务业研究的影响，国内也出现了一系列基于全球价值链视角的中国产业升级研究，许多学者研究表明，参与全球价值链分工有助于促进制造业升级（金京和戴翔，2013；苏杭和郑磊，2017；盛斌和赵文涛，2020）。此外，也有学者从产业技术创新（傅元海等，2016）、产业集群（孙文远，2006）、区域产业演化（贺灿飞，2018）等视角研究产业优化升级。

目前，关于产业结构升级的研究主要集中于全国整体层面，对于国内各省份不同的产业升级的方式特点和路径差异的研究较为不足。我国幅员辽阔，各地区间要素禀赋、工业基础和发展水平存在较大差异，产业升级的路径方式并不一致。本章主要基于"产业结构演变"思路，从国内区域的视角，运用 1987～2017 年的省级区域投入产出数据分析我国各地区产业结构升级的主要特征。

二、数据来源

投入产出数据能够体现各经济部门之间及其部门内部的有机联系，直观地描述它们之间量的对应关系。省级层面的投入产出表中各省份分部门数据、贸易数据等比较完备，能够为研究中国区域产业发展、结构转型等问题提供丰富的数据基础。本章基于 1987 年、1992 年、1997 年、2002 年、2007 年、2012 年和 2017 年省级投入产出表，探讨国内不同类型地区产业升级的特征和规律。

本章的研究区域包括我国 31 个省（区、市）不包含港澳台地区。但是由于行政区域的变动（如海南 1988 年从广东分离出来、重庆 1997 年从四川划出成为直辖市），以及早年部分地区（如西藏）统计数据的缺乏，部分年份部分地区数据略有缺失。同时，对章中出现的地区和部门划分进行说明，下面出现的东部地区包括：北京、天津、河北、上海、江苏、浙江、福建、山东、广东和海南；中部地区包括：山西、安徽、江西、河南、湖北和湖南；西部地区包括：内蒙古、广西、重庆、四川、贵州、云南、西藏、陕西、甘肃、青海、宁夏和新疆；东北地区包括：辽宁、吉林和黑龙江。

第二节　国内地区产业结构演变与升级

新中国成立至改革开放前，中国实施重工业优先发展战略，构建了基本完整的工业体系，改革开放后发挥低成本劳动力比较优势，实现了快速的经济增长和结构升级。国内产业结构升级大致经历了如下的发展历程：非农产业占比上升（工业化初期）；劳动密集型产业向资本密集型和技术密集型升级，第三产业持续快速发展（工业化中期、后期）。从国内区域来看，随着人均收入水平上升，一些先行发展地区的动态比较优势发生变化，产业结构向更加技术密集型升级，其他地区可能仍然具有传统的要素禀赋结构和比较优势，后发地区遵循先行发展地区的产业结构升级路径，形成梯度升级的"雁阵模式"。但由于自然条件或外部因素等的作用，可能导致一些省份的产业结构升级路径有所差异。

一、大部分地区遵循一般发展路径

1987～2017 年国内各地区三次产业结构变化、制造业结构变化、贸易结构变化来看，大部分地区遵循农业部门向非农部门、劳动密集型向资本密集和技术密集型升级的发展路径。

（一）非农产业占比上升

整体而言，自 1987 年以来，中国大多数分省份的三次产业结构呈现较大变化，表现为第一产业比重大幅度降低，非农产业的比重明显上升。其中，第二产业的变动在区域间呈现较大差异性，第三产业的比重均呈现上升态势。

第一，1987～2017 年中国不同区域第一产业比重均呈现下降趋势。中部地区与东部地区第一产业的比重下降幅度较为显著，而西部地区和东北地区第一产业比重下降幅度相对较低（见表 3 - 1）。从全国来看，2017 年第一产业占比较高的省份主要有海南（22.26%）、黑龙江（19.10%）、新疆（16.26%）和广西（16.06%）。从不同地区来看，2017 年除海南外，东部其余省份的第一产业比重均低于 10%；中部和西部地区的第一产业比重也呈现明显下降态势；相对其他地区而言，东北地区第一产业比重变化幅度较小，尤其是黑龙江，第一产业仍占据相对较高的比重，高达 19.10%。上述结果表明，对于大多数省份，非农产业在国民经济中的地位愈加重要。

表 3 - 1　　　　　1987～2017 年地区第一产业占比（按增加值计算）　　　单位：%

地区		1987 年	1992 年	1997 年	2002 年	2007 年	2012 年	2017 年
东部地区	北京	7.27	6.19	3.81	2.46	1.06	0.84	0.44
	天津	8.65	7.07	5.62	4.23	2.18	1.33	0.94
	河北	26.61	21.67	18.86	15.59	13.10	11.99	9.69
	上海	4.01	3.06	2.26	1.71	0.91	0.63	0.38
	江苏	26.77	18.03	13.99	11.56	6.85	5.70	5.02
	浙江	27.80	20.88	13.76	8.89	5.23	4.64	4.05
	福建	34.96	25.12	19.22	14.22	10.83	9.02	7.11
	山东	33.55	24.25	17.97	14.91	9.53	8.56	7.08
	广东	29.68	20.35	13.41	8.96	5.50	5.13	4.19
	海南	—	29.27	—	37.08	30.02	24.92	22.26

续表

地区		1987 年	1992 年	1997 年	2002 年	2007 年	2012 年	2017 年
中部地区	山西	15.88	15.42	13.57	10.94	4.70	5.77	4.92
	安徽	41.57	29.92	27.43	23.12	16.53	12.66	9.25
	江西	38.81	34.97	27.46	23.50	16.47	11.74	9.36
	河南	34.76	27.49	24.53	20.16	14.77	12.74	9.68
	湖北	35.19	27.84	22.20	14.41	14.67	12.31	10.40
	湖南	39.15	33.25	28.51	19.87	17.68	13.56	9.34
西部地区	内蒙古	43.33	27.30	29.28	26.67	9.87	7.22	11.32
	广西	41.63	35.13	31.84	24.90	20.83	16.67	16.04
	重庆	—	18.68	22.84	16.35	11.55	8.24	6.71
	四川	34.97	29.56	27.69	21.39	19.34	13.81	11.78
	贵州	39.77	35.65	33.51	22.93	16.10	13.02	15.80
	云南	36.79	30.19	23.79	21.46	17.60	15.95	14.59
	西藏	—	—	—	—	—	11.47	9.75
	陕西	27.63	23.35	20.60	14.84	11.16	9.48	8.51
	甘肃	26.83	22.41	17.90	17.72	14.04	13.80	12.23
	青海	—	22.21	20.19	13.87	10.46	9.34	9.22
	宁夏	28.52	22.71	21.25	16.62	10.89	8.49	8.22
	新疆	36.06	22.12	23.73	15.10	17.48	17.59	16.26
东北地区	辽宁	15.35	14.62	13.91	11.24	10.13	8.66	8.55
	吉林	27.25	23.53	25.45	19.82	14.50	11.83	7.68
	黑龙江	18.39	17.85	18.00	12.50	12.95	15.39	19.10

资料来源：根据 1987~2017 年地区投入产出表计算所得。

　　第二，1987~2017 年不同地区第二产业比重的变化轨迹存在明显差异（见表 3 - 2）。一是部分省份的第二产业比重明显下降，包括北京（下降 39.36 个百分点）、上海（下降 38.75 个百分点）、天津（下降 22.99 个百分点）等城市经济体，黑龙江（下降 32.62 个百分点）、辽宁（下降 20.42 个百分点）等东北老工业基地省份。二是大部分省份的第二产业比重总体上经历了先升后降的波动过程，包括河北、江苏、浙江、福建、山东、广东、海南等东部省份，安徽、江西、河南、湖北、湖南等中部省份，内蒙古、广西、四川、云南、陕西、甘肃、青海、宁夏、新疆等西部省份。尽管这些省份经历了先升后降，但相较于 1987 年，大部分省份 2017 年的第二产业比重有所上升，例如，福建（上升 7.62 个百分点）、广东（上升 2.17 个百分点）、安徽（上升 5.54 个百分点）、江西（上升 13.65 个百分点）、河南（上升 11.08 个百分点）、湖南（上升 3.17 个百分点）、内蒙古（上升 11.97 个百分点）、广西（上升 7.15 个百分点）、贵州（上升 3.15 个百分点）、陕西（上升 4.04 个百分点）、宁夏（上升 6.39 个百分点）、新疆（上升 5.19 个百分点）。

表 3 – 2　　　　　　　1987 ~ 2017 年地区第二产业占比（按增加值计算）　　　　　单位：%

地区		1987 年	1992 年	1997 年	2002 年	2007 年	2012 年	2017 年
东部地区	北京	58.19	49.49	33.18	30.32	26.10	22.68	18.83
	天津	62.76	56.43	52.12	48.83	57.27	51.68	39.77
	河北	47.21	52.88	52.99	50.73	53.06	52.69	46.67
	上海	69.32	60.80	52.21	47.42	46.99	38.93	30.57
	江苏	53.53	53.47	54.81	52.75	57.13	54.86	46.00
	浙江	49.09	52.87	55.20	50.57	53.82	49.63	45.86
	福建	40.33	37.02	43.11	46.86	49.19	51.71	47.95
	山东	45.82	45.77	47.89	51.33	57.43	51.44	45.62
	广东	39.42	48.00	50.16	50.55	52.14	49.95	41.59
	海南	—	21.30	—	23.81	30.38	28.17	22.37
中部地区	山西	56.34	53.82	55.84	55.57	59.98	53.55	43.73
	安徽	38.38	45.48	47.23	42.37	44.66	54.63	43.92
	江西	35.16	34.44	40.72	37.74	51.65	53.62	48.81
	河南	38.26	43.19	47.28	47.00	55.17	56.32	49.34
	湖北	44.16	40.85	46.09	49.10	44.02	51.20	43.74
	湖南	37.67	40.82	41.55	39.89	42.57	47.42	40.84
西部地区	内蒙古	28.08	38.80	39.54	34.89	51.72	56.85	40.05
	广西	33.17	28.82	35.08	34.84	40.76	47.93	40.32
	重庆	—	49.11	42.12	42.05	48.64	52.37	44.19
	四川	39.63	37.49	41.73	40.97	44.18	51.66	39.12
	贵州	36.95	35.92	36.44	41.33	42.50	39.08	40.10
	云南	40.96	35.40	45.66	43.06	43.46	42.79	37.94
	西藏	—	—	—	—	—	34.64	39.92
	陕西	42.97	41.03	43.54	47.34	54.60	56.60	47.01
	甘肃	42.82	39.70	46.17	41.29	47.07	46.00	34.40
	青海	—	41.49	41.08	45.15	52.55	57.69	44.29
	宁夏	43.56	42.98	45.77	46.16	51.03	49.39	49.95
	新疆	34.66	38.69	40.36	40.66	45.98	46.36	39.85
东北地区	辽宁	60.16	58.20	49.68	47.25	53.02	53.35	39.74
	吉林	49.27	45.74	43.48	43.65	48.04	53.41	47.42
	黑龙江	58.94	51.15	54.77	55.17	52.35	44.27	26.32

资料来源：根据 1987 ~ 2017 年地区投入产出表计算所得。

第三，1987 ~ 2017 年我国不同地区第三产业比重呈现显著上升态势（西藏除外），如表 3 – 3 所示。从全国来看，近年来各省份的第三产业比重较快提高，大部分省份的第三产业成为国民经济中占比最高的部门，2017 年北京（80.73%）、上海（69.06%）和天津（59.29%）等城市经济体的第三产业占比相对较高。从第三产业占比提高速度来看，东部省份（除海南外）最快，东北省份次之，中部和西部省份则相对缓慢。1987 ~ 2017 年全国第三产业占比提高幅度最大的 10 个省份①分别为：北京（46.19 个百分点）、上海（42.39 个百分点）、黑龙江（31.91 个百分点）、天津（30.69 个百分点）、江苏（29.26 个百分点）、辽宁（27.24 个百分点）、浙江（26.98 个百分点）、安徽（26.78 个百分点）、山东（26.67 个百分点）、湖南（26.64 个百分点），其中 6 个东部省份、2 个东北省份、2 个中部省份。以上表明改革开放以来，我国各地区的服务业发展速度较快，尤其对于东部沿海地区，第三产业成为经济发展的重要动力。

表3-3　　　　　1987~2017 年各地区第三产业占比（按增加值计算）　　　单位:%

地区		1987 年	1992 年	1997 年	2002 年	2007 年	2012 年	2017 年
东部地区	北京	34.54	44.33	63.01	67.22	72.84	76.48	80.73
	天津	28.60	36.50	42.26	46.94	40.54	46.99	59.29
	河北	26.18	25.45	28.15	33.68	33.84	35.31	43.63
	上海	26.67	36.14	45.53	50.87	52.10	60.44	69.06
	江苏	19.71	28.50	31.20	35.69	36.02	39.44	48.97
	浙江	23.11	26.24	31.04	40.54	40.95	45.72	50.09
	福建	24.72	37.86	37.67	38.91	39.98	39.27	44.94
	山东	20.63	29.98	34.14	33.76	33.04	40.00	47.30
	广东	30.90	31.65	36.43	40.50	42.36	44.92	54.23
	海南	—	49.43	—	39.11	39.60	46.91	55.37
中部地区	山西	27.77	30.77	30.59	33.50	35.32	40.68	51.35
	安徽	20.05	24.59	25.34	34.50	38.81	32.71	46.83
	江西	26.03	30.59	31.82	38.76	31.88	34.64	41.83
	河南	26.98	29.32	28.19	32.84	30.05	30.94	40.98
	湖北	20.65	31.31	31.70	36.49	41.31	36.49	45.85
	湖南	23.18	25.93	29.93	40.24	39.75	39.02	49.82
西部地区	内蒙古	28.59	33.89	31.19	38.44	38.40	35.94	48.64
	广西	25.21	36.05	33.07	40.26	38.41	35.41	43.64
	重庆	—	32.21	35.04	41.59	39.82	39.39	49.10
	四川	25.40	32.95	30.58	37.64	36.48	34.53	49.10
	贵州	23.29	28.43	30.05	35.75	41.39	47.91	44.10
	云南	22.25	34.41	30.55	35.48	38.94	41.26	47.48
	西藏	—	—	—	—	—	53.89	50.33
	陕西	29.40	35.62	35.86	37.82	34.23	33.92	44.47
	甘肃	30.35	37.89	35.93	40.98	38.89	40.20	53.37
	青海	—	36.30	38.73	40.98	36.99	32.97	46.49
	宁夏	27.92	34.31	32.98	37.21	38.09	42.11	41.84
	新疆	29.28	39.20	35.92	44.24	36.53	36.05	43.89

---

① 由于部分省份1987年数据缺失，排名中不包括海南、重庆、西藏、青海。

地区		1987 年	1992 年	1997 年	2002 年	2007 年	2012 年	2017 年
东北地区	辽宁	24.48	27.18	36.41	41.51	36.85	38.00	51.72
	吉林	23.48	30.73	31.06	36.53	37.46	34.76	44.90
	黑龙江	22.67	31.00	27.23	32.33	34.71	40.34	54.58

资料来源：作者依据 1987~2017 年地区投入产出表计算所得。

（二）制造业内部的结构升级

依据要素类型将制造业划分为劳动密集型、资本密集型和技术密集型三种类型（见表 3-4）。依据分析结果，1987~2017 年，大部分省份的制造业内部结构升级经历了劳动密集型产业比重下降，资本密集型和技术密集型产业的比重上升的过程（见附表 3-1）。为了更细致地反映各省份制造业内部结构升级的最新变化特征，本部分测算了 2012 年、2017 年各省份制造业内部分部门的增加值占比、中间投入率和区位商，根据这些测算结果进一步分析 2012~2017 年各省份制造业内部结构变化、优势产业变化等情况。

表 3-4　　　　　　　　依据要素类型划分的制造业部门类型

部门分类	制造业部门
劳动密集型	食品制造及烟草加工业
	纺织业
	服装皮革羽绒及其制品业
	木材加工及家具制造业
	造纸印刷及文教用品制造业
资本密集型	石油加工、炼焦及核燃料加工业
	化学工业
	非金属矿物制品业
	金属冶炼及压延加工业
	金属制品业
资本密集型	通用设备制造业
	专用设备制造业
	交通运输设备制造业
	电气机械及器材制造业
	通信设备、计算机及其他电子设备制造业
	仪器仪表及文化、办公用机械制造业

1. 1987~2017 年制造业内部结构变化

第一，就东部地区而言，不同省份的劳动密集型产业比重逐步下降，而技术密集型产业比重呈现显著提升，资本密集型产业的比重变化幅度相对较小，不同省份存在显著差异（见图 3-1）。一方面，大部分东部省份劳动密集型制造业所占比重明显降低，技术密集型制造业比重显著上升。如江苏、浙江、广东劳动密集型制造业所占比重，分别由 1987 年的

36.64%、45.95%、42.08%下降至 2017 年的 20.15%、36.73%、26.17%；而江苏、浙江、广东的技术密集型制造业所占比重由 1987 年的 27.33%、23.21%、19.67%提高至 2017 年的 46.68%、33.86%、47.56%。以江苏为例，2017 年通信设备、计算机及其他电子设备制造业和电气机械及器材制造业在制造业中的占比分别为 12.59%和 10.93%（见附表 3 - 5），两部门高于所有的其他制造业部门（化学工业除外）。另一方面，资本密集型制造业在东部各省份的发展呈现较大的差异性。伴随北京、上海、天津等城市冶炼、化工等重工业的外迁，资本密集型制造业所占比重明显下降，而江苏、河北等东部省份由于冶金等工业的发展，资本密集型制造业占比有所提高。

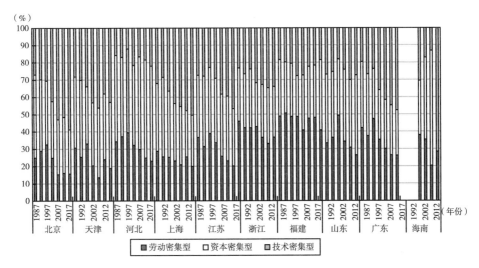

图 3 - 1　东部地区省份制造业内部结构（1987～2017 年）

第二，中部地区省份制造业发展呈现内部分化特点（见图 3 - 2）。以山西为代表的自然资源禀赋较为丰富的省份，随着工业化的推进，冶金、化工等资本密集型制造业进一步壮大，劳动密集型制造业所占比重呈现下降态势。1987 年山西劳动密集型制造业占制造业的比重为 25.07%，2017 年下降到 13.22%，而资本密集型制造业所占比重由 1987 年的 55.48%上升至 2017 年的 68.42%，其中金属冶炼及压延工业占制造业的比重达到 30.10%（2017 年），显示出制造业发展更倾向重化工业的特点。安徽、江西、河南、湖南、湖北等地区劳动密集型制造业所占比重均呈现下降的趋势，这主要是因为 20 世纪 80 年代这些省份的工业普遍较为滞后，资本、技术密集型工业发展严重不足。随着工业化的推进，工业体系逐步完善，资本与技术密集型工业有所发展。但是从发展趋势来看，安徽、湖南和湖北呈现的是技术密集型制造业所占比重逐步提高，而江西、河南呈现的是资本密集型制造业所占的比重有所提高。

第三，西部地区制造业发展呈现南北分异的特点（见图 3 - 3）。西南地区劳动资源较为丰富，劳动密集型制造业仍保持了较为稳定的发展，例如四川劳动密集型制造业所占的比重维持在 34%左右，贵州劳动密集型制造业所占的比重略有提高。此外，近年来西南省份的制造业（尤其技术密集型制造业）占全国的比重有所提高，表明制造业开始向这些省份转移，比如 2012～2017 年云南、四川的技术密集型制造业占全国的比重分别上升 0.02 个和 0.28 个百分点。

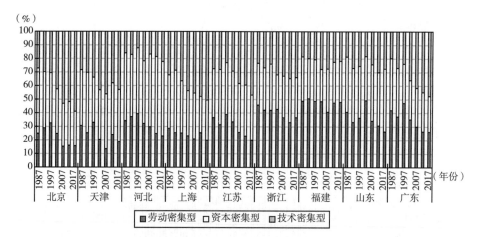

图 3 – 2　中部地区省份制造业内部结构（1987～2017 年）

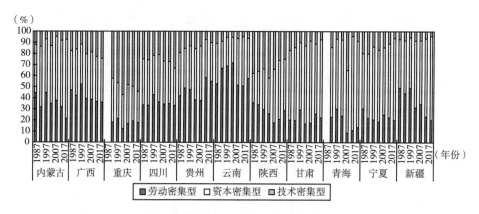

图 3 – 3　西部地区制造业内部结构（1987～2017 年）

西北省份在新中国成立后相当长的时间内工业发展缓慢，工业化程度较低。至 20 世纪 80 年代仍主要以简单的劳动密集型制造业为主；进入 90 年代，特别是 21 世纪后，工业化快速推进，尤其是依靠自然资源的资本密集型工业得到较快的发展。由此劳动密集型制造业所占的比重呈现下降趋势，而资本密集型制造业所占比重明显提高。例如，内蒙古 1987 年劳动密集型制造业占比为 44.50%，2017 年下降到 21.50%，资本密集型制造业所占比重由 1987 年的 43.49% 上升至 2017 年的 71.25%，其中金属冶炼及压延加工业占制造业的比重为 32.0%（2017 年）。新疆 1987 年劳动密集型制造业所占比重为 49.10%，2017 年下降到 19.93%，而资本密集型制造业所占比重由 1987 年的 43.86% 上升至 2017 年的 75.73%，其中 2017 年石油加工、炼焦及核燃料加工业，化学工业，金属冶炼及压延加工业占制造业的比重分别达到 26.1%、21.2% 和 19.4%（见附表 3 – 5）。

第四，东北地区各省份制造业结构呈现不同特点（见图 3 – 4）。一是辽宁、吉林和黑龙江的劳动密集型制造业比重均有所下降，分别由 1987 年的 20.82%、31.45%、42.31% 降低到 2017 年的 10.81%、24.52%、38.79%。二是对于资本密集型制造业，1987～2017 年吉林由 46.81% 降为 32.19%；黑龙江由 36.85% 升至 40.22%；辽宁变化不大，保持在 56% 左右。三是对于技术密集型制造业，辽宁、吉林有较大幅度上升，分别由 1987 年的 23.14%、21.74%，上升至 2017 年的 32.99%、43.29%，其中 2017 年吉林的交通运输设备制造业占比达到 34.90%；黑龙江的技术密集型制造业比重变化不大，保持在 20% 左右的水平。

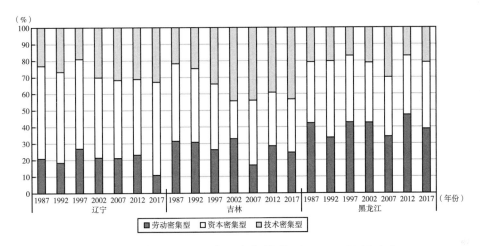

图 3-4　东北地区制造业内部结构（1987~2017 年）

2017 年中国各区域制造业内部结构形成了以下特点：第一，大部分东部地区省份形成了以技术密集型制造业为主的发展格局，尤其是上海、北京、广东、江苏等地区技术密集型制造业增加值占制造业的增加值比重较高，这些地区也具有较高的人均收入水平。而且表现出随着人均地区生产总值提高，各省份的技术密集型产业占比不断提高的态势（见图 3-5）。此外，尽管河北被划入东部地区，但是其制造业长期仍主要以资本密集型为主；而福建制造业仍主要以劳动密集型制造业为主。第二，自然资源禀赋较为丰富中西省份则形成了以资本密集型制造业为主的发展格局，特别是对矿产资源等较为依赖的资本密集型制造业日益成为这些地区制造业的主体。第三，云南、贵州等西南地区省份劳动密集型制造业仍占有重要地位（见图 3-5 和图 3-6）。在产业升级过程中，往往伴随着劳动密集型产业占比的下降，但是值得注意的是在劳动密集型部门内部，不同部门间也呈现出不同的变化特点。例如，食品制造及烟草加工业具有较强的地域性，因此，大部分省份食品制造及烟草加工业的增加值占比下降幅度较小，而在部分以食品加工业为主要优势产业的中西部省份（海南、重庆、四川、云南、西藏、陕西、青海、河南、湖北、湖南等），其行业增加值占比还出现了小幅上升。

2.1987~2017 年中间投入率变化

中间投入率是生产过程中的中间投入与总投入比值，表示在生产经营活动中每生产单位产值需要使用的各部门产品数量如式（3.1）所示。r_j 表示单部门中间投入率，u_{ij} 为部门 j 对部门 i 的直接消耗量，x_j 为 j 部门的总投入。u_j 为 j 部门在生产一单位产品使用的各部门中间投入。全社会中间投入率 R 如式（3.2）所示，U 为各部门中间投入合计，X 为全社会总产出。

$$r_j = u_j / x_j = \sum_i^n u_{ij} / x_j \qquad (3.1)$$

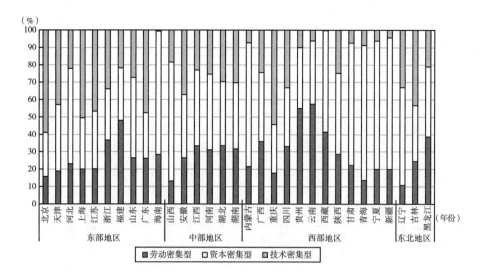

图 3 - 5　2017 年不同区域制造业内部结构

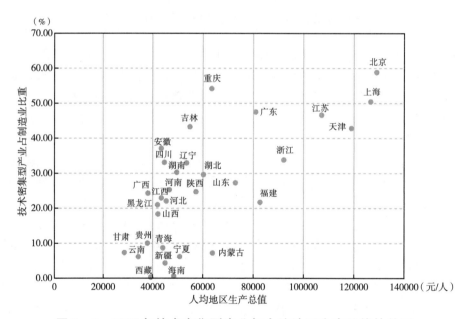

图 3 - 6　2017 年技术密集型产业与人均地区生产总值的关系

$$R = U/X = \sum_{j}^{n} u_j / \sum_{j}^{n} x_j \qquad (3.2)$$

在投入产出模型中，中间投入和增加值共同构成了一个部门的总产出，即中间投入率与增加值率之和为 1，中间投入率越高意味着增加值率越低，反之亦然。中间投入率从供给侧角度反映生产过程中要素的使用情况、产业间生产联系，及产业结构特征。中间投入反映出的结构变化效应有时可能比初始投入和最终需求作用更大，它也是国民经济结构的一个重要组成部分。

从国内各省份 1987～2017 年中间投入率变化来看，大多数省份呈现上升态势。一般而言，随着产业结构升级，即由劳动密集型产业向资本密集型和技术密集型产业转型，中间投入率不断上升。从图3-7可以看出，1987~2017年，河南、山东、安徽、江西、贵州等省份的中间投入率呈现明显的上升态势（上升幅度大于10个百分点）。以河南为例，相较于1997年的峰值，到2017年劳动密集型制造业的占比下降13.07个百分点，资本密集型和技术密集型制造业分别上升3.52个、9.55个百分点。此外，从河南制造业内部各行业的中间投入率变化来看，各行业总体保持上升态势，表明制造业内部各行业本身处于增加资本和技术投入的升级阶段。可见，制造业结构升级与各行业自身升级是河南等省份中间投入率上升的重要动力。

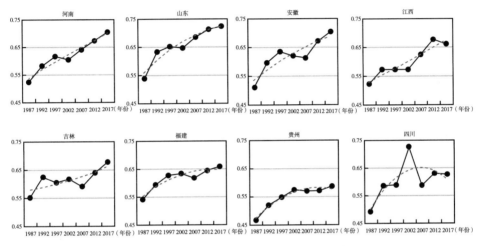

图3-7 1987~2017年中间投入率呈快速上升型省份

从图3-8可以看出，还有一些省份的中间投入率保持较快的上升态势（上升幅度介于5%~10%），如北京、天津、河北、内蒙古、辽宁、湖北、湖南、陕西、甘肃、宁夏等。这些省份资源禀赋、产业结构差异较大，中间投入率的变化轨迹不同，但总体反映出这些省份保持较快产业结构升级速度的特征。以辽宁省为例，从制造业内部来看，资本密集型产业的比重（占制造业）先降后升（由1987年的56.04%，降至2012年的45.80%，再升至2017年的56.21%），其中，金属冶炼及压延加工业和石油加工、炼焦及核燃料加工业等行业保持较高占比；技术密集型产业的比重由19.04%（1997）升至32.99%（2017），其中，交通运输设备制造业等行业占比提高较快。此外，近年来辽宁大多数劳动密集型、资本密集型制造业行业的中间投入率在上升，一定程度上反映出这些行业自身升级的特征。

3. 2012~2017年制造业优势产业变化

从2012~2017年各省份制造业各部门的区位商[①]变化来看（见附表3-2），各省份的优势产业有所调整，具体表现为：

---

① 区位商计算公式为：$LQ_{ij} = \dfrac{q_{ij}}{q_j} \Big/ \dfrac{q_i}{q}$，其中分子为$j$地区$i$产业增加值占$j$地区总增加值的比重；分母为全国范围内$i$产业的增加值占比。区位商的值越高，则表明$j$地区$i$产业在全国范围的优势越大。区位商方法简便易行，可在一定程度上反映出各地区的产业水平。

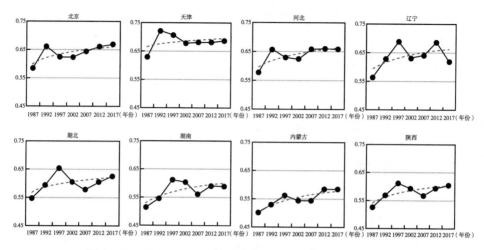

图 3 - 8　1987 ~ 2017 年中间投入率呈较快上升型省份

第一，在劳动密集型部门中，食品制造及烟草加工业是云南（4.160）、贵州（3.933）、西藏（2.758）、黑龙江（2.422）等省份的优势产业，其中云南省该部门的区位商在 2017 年有所上升并超过贵州成为全国范围内在食品制造及烟草加工业优势最大的省份；木材加工及家具制造业，广西（3.689）最具优势；造纸印刷及文教用品制造业，海南（2.988）的优势有较大提高。在纺织业中，浙江（2.715）的区位商持续多年保持最高，而湖北、新疆等省份在纺织业的区位商也较为突出并有上涨趋势；在服装皮革羽绒及其制品业上，福建（3.670）区位商仍是各省中最高的，但是相较于 2012 年数值有所减小，意味着其产业优势出现下降。同期，江西在服装皮革羽绒及其制品业的区位商不断上升。通过劳动密集型制造业内各部门区位商的变动可以看出，随着东部地区各类成本上升，其低劳动成本优势明显减弱，反观中西部省份仍有成本相对较低的劳动力；同时，中部崛起、西部大开发等战略的深入实施进一步带动中西部省份基础设施、营商环境等条件日益改善，东部部分地区传统劳动力密集型产业正在逐步向内陆地区转移。

第二，在资本密集型部门中，海南（1.843）跃升为化学工业部门区位商最高的省份；在金属冶炼及压延加工业，青海（4.554）、内蒙古（3.897）、山西（3.751）、甘肃（2.997）、河北（2.784）、宁夏（2.500）均具有较高的区位商；青海（2.122）成为金属制品业区位商最高的省份。整体来看，各资本密集型部门区位商较高的省份主要分布在以基础工业和重加工业为主的北方地区，这些省份拥有相对丰裕的自然资源禀赋，因此，经济发展多依赖于对自然资源开发以及与其相关的产业，但是，这些部门在其生产过程中往往劳动、技术的有机构成水平较低，资本的有机构成水平较高，对于投资依赖度较高。随着，我国经济进入新阶段，这些地区呈现出了由投资放缓而引发的经济增速放缓，其产业升级的重要性日益凸显。

第三，在技术密集型部门中，浙江（1.488）成为通用、专用设备制造业中区位商最高的省份；吉林（3.849）、安徽（1.860）、江苏（2.820）分别是交通运输设备制造业、电气机械及器材制造业、仪器仪表及文化、办公用机械制造业区位商最高的省份；广东（2.832）超越江苏，成为通信设备、计算机及其他电子设备制造业区位商最高的省份。在技术密集型部门区位商居于前列的省份大部分为东部沿海城市。这表明技术密集型产业的空间分布很不均匀，东部地区技术密集型制造业产业规模要远大于其他地区，且具有显著的产业优势。

（三）贸易结构的升级

贸易结构作为经济结构的重要组成部分，能够反映不同地区产业结构变化和区域间要素流动情况。从1992年以来的制造业进出口结构来看（见附表3-3、3-4），呈现出以下特征：

一方面，从各省份制造业出口结构来看，不同地区之间也呈现较大差异。一是基于各省份产业结构特点，部分东部沿海省份、中西部省份的技术密集型产业出口额占出口总额的比重高，如2017年，上海（60.31%）、江苏（60.39%）、广东（52.62%）、河南（61.20%）、重庆（66.47%）、四川（77.48%）等。二是在资源型地区的出口结构中，资本密集型产业出口额占比高，如2017年，河北（46.33%）、内蒙古（52.36%）、青海（70.34%）、宁夏（52.84%）。三是部分省份由于自身区位特点和比较优势在全球的劳动密集型产业中具有较强的竞争力，因此，其劳动密集型产品的出口额占比较高，如福建（40.05%）、浙江（34.61%）；此外，劳动密集型产业在整体产业结构中占比较高的省份，其劳动密集型产业的出口占比也较高，如新疆（28.18%）、吉林（38.04%）、黑龙江（32.19%）。

另一方面，从贸易结构变化来看，1992～2017年绝大部分省份的劳动密集型产业出口额占比明显下降，资本密集型和技术密集型产业的出口占比上升。随着我国产业结构和贸易结构的升级，技术密集型产业在出口中比例越来越高。根据联合国工业发展组织的数据，中国出口的制造业产品中中高技术产业占比由1990年的28.44%，上升至2018年的60.53%，接近于美国中高技术产业占制造业出口的比重[1]（见图3-9）。此外，从进口结构来看，技术密集型产业也成为各省为制造业进口的主要部门。从1997～2017年的进口数据来看，各省份制造业进口额占进口总额的比重有所下降，同期多数省份的技术密集型产业进口占比仍保持稳定或上升。2017年，大部分省份的技术密集产业进口高于资本密集型、劳动密集型部门，甚至许多省份技术密集型产业进口占进口总额的比重超过70%，如四川（83.25%）、河南（71.87%）等。

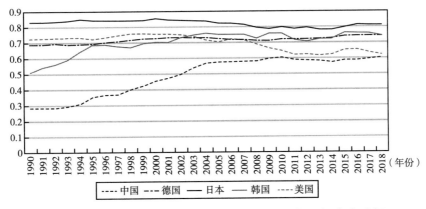

图3-9 各国中高技术产业出口额在制造业出口额中占比概况

资料来源：联合国工业发展组织数据库。

---

[1] 2018年日本、韩国、德国、美国的中高技术产业占比分别为80.66%、74.22%、73.91%、62.31%。

以上结果表明，随着产业的升级优化，各地区贸易结构也不断变动。反之，贸易结构的变动在一定程度上也能够反映出各省份的制造业主导产业类型和制造业的内部的升级变革。20 世纪 70 年代以来，原有产品生产集中于某一国家或地区的传统模式发生改变，生产环节向全球扩散，各国或地区可以凭借自身比较优势参与到某一环节的专业化生产中，产业间的国家分工更加细化为产品内的国际分工。几十年来，我国不断提升全球产业分工与价值链分工的参与程度，中间产品贸易规模不断扩大，产品内贸易的结构不断优化，进一步促进了产业结构优化升级。

综上所述，本章认为大部分地区的产业结构升级遵循结构升级的一般路径，即农业部门向非农部门、劳动密集型向资本密集和技术密集型升级。主要表现为：1987～2017 年中国不同地区第一产业比重均呈现下降趋势，而非农产业占比不断上升。在制造业内部结构上，大部分地区劳动密集型制造业占比下降，资本或技术密集型制造业占比上升。整体上形成了东部地区以技术密集型制造业为主的发展格局，自然资源禀赋较为丰富的中西部省份以资本密集型制造业为主的发展格局。同时，大部分省份的中间投入率呈现上升态势，反映出产业部门之间的升级，也反映出产业部门自身增加资本或技术投入的升级特征。从贸易格局来看，技术密集型产业在对外贸易中的比例越来越高，反映了贸易结构升级的特征。

二、部分地区呈现差异化升级路径

由以上分析可知，我国产业结构升级遵循一般发展路径，但区域经济的发展受一些差异化因素的影响。一是区域的自然条件和资源，包括区位和地形、水文、气候等自然条件，土地、矿产、水和生物等资源禀赋，这些因素短期内不会发生显著变化，其对区域问题的产生具有基础性影响。二是区域的劳动力、资本、技术、创新能力以及交通等基础设施，这些因素具有较强的流动性和可变性，对区域问题的产生有着直接而又快捷的影响。三是区域的民族、宗教和文化等，这些因素在深层次上影响着区域问题的产生。四是发展阶段和体制，这些因素具有时代和国别特征，决定着区域问题的类型和表现形式。

受这些因素的影响，部分地区的产业结构升级呈现出差异化的路径。由于区域发展战略导向的不同，升级路径呈现一定的"特殊性"。如开放政策将在一定程度上改变地区产业结构升级的路径；有些省份具有丰富的资源禀赋，或者在国民经济中处于特殊分工地位（如一些省份是农业大省，在保障国家粮食安全方面发挥重要作用），其产业结构升级可能围绕某些特定部门链条；还有些省份是城市经济体，产业结构特点与大多数省份不一致，其产业结构升级也有其自身的特点。

（一）开放地区的产业结构升级

1. 东部沿海地区产业升级

20 世纪 80 年代以来，沿海地区逐步扩大对外开放，伴随着全球经济重心移动和亚洲四小龙的产业转移，东部地区直接参与全球产业分工，采用了低成本出口导向高速度工业化战略，随着经济发展、资本积累、人均资本提高，资源禀赋结构得以提升，优势产业从劳动密集型逐渐转变到资本密集型和技术密集型，如广东、浙江、江苏等。

第一，东部沿海省份具有较高的贸易依存度。贸易依存度是一个国家或地区进出口总值与国内生产总值的比例，贸易依存度表示进出口贸易在该地区经济中的地位和经济对于对外贸易的依赖程度，同时它又反映出本地与其他地区或国家的经济联系密切程度和加入市场分工的深度，也是衡量开放程度的重要指标，表3-5为2002~2017年各省份的进口依存度（进口总值/地区生产总值）和出口依存度（出口总值/地区生产总值），从各年份的进、出口依存度来看，东部沿海省份明显高于内陆省份。以2017年为例，出口依存度较高的省份有广东（55.01%）、上海（42.22%）、浙江（38.66%）、江苏（27.22%）等，远高于中西部省份。东部地区具有较高的进口依存度和出口依存度，反映了东部地区经济外向程度更高，这与改革开放以来东部地区更多参与全球产业分工密切相关。

表3-5　　　　2002~2017年各省份进出口贸易依存度　　单位:%

地区		进口依存度				出口依存度			
		2002年	2007年	2012年	2017年	2002年	2007年	2012年	2017年
东部	北京	18.93	36.03	39.68	37.03	18.86	39.24	34.74	20.22
	天津	45.64	32.61	38.96	31.15	48.54	44.50	26.31	19.39
	河北	2.85	5.33	10.91	7.27	5.90	10.08	8.09	8.80
	上海	67.48	101.1	98.99	80.61	55.54	90.55	71.72	42.22
	江苏	27.96	40.93	31.04	19.81	30.71	50.96	38.52	27.22
	浙江	13.24	19.96	21.02	13.93	31.25	50.79	41.31	38.66
	福建	15.56	20.32	41.70	16.14	29.81	41.40	31.17	19.91
	山东	14.26	15.01	27.27	20.04	16.34	26.53	22.20	16.74
	广东	61.54	66.53	43.88	37.46	68.13	86.99	70.52	55.01
	海南	8.20	38.48	27.13	13.55	6.90	15.01	8.09	6.14
中部	山西	2.65	7.55	5.23	2.87	8.49	10.28	4.42	5.79
	安徽	4.41	6.46	4.44	4.64	5.59	8.94	8.32	8.38
	江西	2.77	10.35	5.17	3.85	3.45	8.40	9.69	8.62
	河南	2.03	5.03	6.94	4.70	3.18	4.94	7.57	8.21
	湖北	5.07	7.17	3.43	3.15	3.84	7.70	4.37	5.55
	湖南	3.17	4.18	2.19	2.38	3.51	6.22	3.03	3.29
西部	内蒙古	7.41	8.19	3.03	4.37	3.99	6.16	1.82	2.69
	广西	3.08	5.55	12.31	13.75	5.95	7.20	5.23	4.96
	重庆	4.19	5.65	12.11	12.04	4.64	7.27	18.46	16.96
	四川	3.54	4.69	6.72	5.68	4.61	5.61	9.35	6.26
	贵州	2.93	8.76	1.51	1.25	3.76	6.37	2.32	2.62
	云南	2.89	13.77	3.79	4.62	3.69	3.89	2.90	3.85
	西藏	—	—	0.88	1.22	—	—	9.59	1.69
	陕西	4.88	10.21	3.87	5.34	0.25	10.83	4.37	9.08
	甘肃	3.57	13.69	7.11	2.89	9.89	16.04	2.67	1.48
	青海	1.80	6.41	1.13	0.42	9.16	8.92	1.21	0.70
	宁夏	3.04	4.07	2.03	4.14	3.31	13.56	4.37	6.02
	新疆	6.51	4.16	11.66	19.07	5.81	7.84	7.61	9.86

续表

地区		进口依存度				出口依存度			
		2002 年	2007 年	2012 年	2017 年	2002 年	2007 年	2012 年	2017 年
东北	辽宁	14.28	15.91	16.99	20.43	18.20	22.09	13.30	14.98
	吉林	9.02	11.48	6.96	24.97	6.58	6.15	3.15	2.52
	黑龙江	5.47	7.06	9.16	5.23	5.49	8.21	4.19	2.57

资料来源：作者依据 2002～2017 年地区投入产出表计算所得。

第二，东部沿海省份的技术密集型产业占进出口额的比例高。2017 年，东部沿海省份进口中技术密集型产业的占比为江苏（49.92%）、广东（48.86%）、天津（47.45%）、北京（37.38%）、上海（37.38%），出口中技术密集型产业的占比为江苏（60.39%）、上海（60.31%）、广东（52.62%）、天津（48.49%）（见附表 3－4）。此外，由附表 3－4 可知，1997～2017 年技术密集型产业出口额占出口总额的比例越来越高，反映了东部沿海省份出口结构的升级特征。

第三，东部沿海省份的中间投入率呈倒"U"型变化，反映出东部沿海省份产业结构升级的"头雁"特征。自 1987 年以来，长三角与珠三角各省份的中间投入率呈现明显的倒"U"型特征，1987～2012 年中间投入率呈现上升态势，于 2012 年左右达到最高值（且高于同期其他省份），而后出现明显的转折性变化，呈现下降态势（见图 3－10），2017 年上海、江苏、浙江、广东的中间投入率分别比 2012 年下降 4.23 个、1.42 个、3.47 个、2.47 个百分点。中间投入率的变化可以在一定程度上反映出这些省份的产业结构升级的特征，表现为东部各省份转型升级层次最高、趋势最明显。以广东为例，1987～2007 年广东的非农产业的中间投入率快速上升，尤其是技术密集型制造业的中间投入率上升 14.70 个百分点；从制造业内部各行业来看，通信计算机及其他电子设备业占比快速上升是中间投入率变化的主要动力[①]。同时，第三产业的比重上升（2007～2017 年广东的第三产业占国民经济的比重提高 10.30 个百分点），而服务业的中间投入率低于制造业，在一定程度上导致近年来广东的中间投入率下降，总体呈现倒"U"型特征。

2. 内陆地区的开放促进产业升级

近年来，"一带一路"建设、新时代西部大开发、西部陆海新通道建设等国家战略机遇，快速提升了内陆地区对外开放的水平，增强其同全球各地的经济联系，加速了内陆地区的产业结构升级，如重庆、四川、云南等，具体表现如下。

第一，内陆地区的贸易额大幅提升。随着促进内陆地区开放政策的实施，内陆地区的贸易额实现了大幅增长，以重庆、四川、云南为例，2000～2019 年，三省市的货物进出口总额分别增长了 39.8 倍、36.6 倍、7.1 倍，如图 3－11 所示。近年来，部分内陆开放地区的贸易额增

---

① 1987～2007 年广东通信计算机及其电子设备业的中间投入率上升 6.90 个百分点，2007～2017 年下降 3.70 个百分点，呈现先升后降的特征，并且该行业的重要地位及影响力逐渐凸显。其占制造业总产值的比重由 13.16%（1987 年）上升至 27.24%（2017 年），为第一大制造业行业；且该行业影响力系数最高，对其他行业的拉动作用最大。注：影响力系数计算公式为：$e_j = \sum_{i=1}^{n} C_{ij} / \frac{1}{n} \sum_{j=1}^{n} \sum_{i=1}^{n} C_{ij}$，其中 C_{ij} 为列昂惕夫逆矩阵，即完全消耗系数，表示生产第 j 个部门的一个最终产品对第 j 个部门的完全消耗量。其经济含义是表示 j 部门对其他部门的拉动作用，该系数越大表示对其他行业的拉动作用越大。

速快于全国平均水平，海关数据显示，2020 年重庆、四川、云南的进出口额占全国的比重分别为 2.03%、2.51%、0.84%，分别较 2012 年增长 0.65 个、0.98 个、0.30 个百分点。

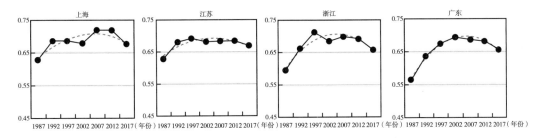

图 3-10 1987~2017 年中间投入率呈倒 "U" 型省份

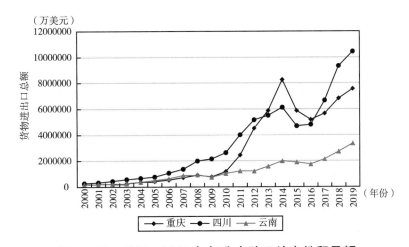

图 3-11 2000~2019 年部分内陆开放省份贸易额

资料来源：2001~2020 年《中国统计年鉴》。

第二，内陆地区的技术密集型制造业出口额比重快速上升。2017 年四川、重庆的技术密集型制造业出口占该省总出口的比重分别为 77.48% 和 66.47%，为全国最高的两个地区。随着对外开放程度的不断提升，内陆地区在部分电子产品领域已经成为全球重要的生产基地，在全球市场中的影响力越来越大，这些部门也成为当地的支柱产业。2019 年重庆的笔记本电脑产量约占全球的 40%，手机的产量约占全球的 10%；四川成都的笔记本电脑产量约占全球的 20%，iPad 的产量约占全球的 70%。

第三，内陆地区承接全球及东部地区产业转移，加速了这些地区的结构升级与工业化进程。一方面，近年来内陆开放地区的制造业（尤其技术密集型制造业）占全国的比重有所提高，表明制造业开始向这些省份转移。例如，2012~2017 年重庆等省份的制造业增加值占全国的比重分别上升了 0.23 个百分点；云南、四川的制造业增加值占全国的份额虽有所下降，但两省份的技术密集型制造业占全国的比重均有所上升（见表 3-6）。四川的技术密集型制造业增加值占全国比重提高 0.28 个百分点，其中铁路、船舶、航空航天和其他运输设备制造业资产占全国的比重提高 1.46 个百分点，仪器仪表制造业资产占全国的比重提高 0.91 个百分点。云南的劳动密集型制造业增加值占全国比重提高 0.11

个百分点，其中烟草制品业资产占全国的比重由 20.77% 提高至 22.95%，提高 2.18 个百分点。

表 3 - 6　　　　　　2012～2017 年西南省份的制造业增加值占全国比重变化

地区	制造业占全国比重			劳动密集型制造业占全国比重		资本密集型制造业占全国比重		技术密集型制造业占全国比重	
	2012 年（%）	2017 年（%）	2017～2012年（%）	2012 年（%）	2017 年（%）	2012 年（%）	2017 年（%）	2012 年（%）	2017 年（%）
重庆	2.06	2.29	0.23	1.36	1.44	1.66	1.69	3.16	3.65
云南	1.27	1.15	-0.13	2.23	2.34	1.46	1.10	0.19	0.21
四川	3.94	3.69	-0.24	4.73	4.35	3.87	3.29	3.32	3.60

注：由于西藏制造业增加值占全国比重较小，未将其列于表中。
资料来源：2012 年、2017 年中国及地区投入产出表。

另一方面，近年来贵州、四川、云南等省份的中间投入率大幅度上升[①]，表明这些省份的制造业内部各部门正处于快速升级阶段，即由劳动密集型产业向资本密集型和技术密集型产业快速转型的阶段。在这一阶段，产业发展的机械化程度、技术装备水平都会大幅提高，中间投入率也会随着转型升级不断增加。

第四，近年来，随着基础设施和信息通信技术的发展、国内改革举措深入推进，国内市场化一体化程度不断提高，各省份之间的经济联系日益增强，超大规模的国内市场和强大的内需潜力优势更为显现。得益于国内市场一体化的快速推进，内陆开放地区的省际贸易额大幅增长，例如，2012～2017 年重庆、四川、云南的省际贸易额年均增速达到 23.62%，约为同期地区生产总值年均增速的 2.54 倍，其中，重庆、四川的省际贸易额年均增速分别约为地区生产总值增速的 3.2 倍、1.8 倍。

另外，内陆地区与广东等沿海省份的经济联系日益密切，并借助沿海省份处于全球产业分工前沿的优势，融入全球产业分工体系。以四川、云南、贵州为例，三个省份与广东的经济联系快速提升，主要表现为：一是四川、云南、贵州与广东的贸易规模大幅增长。2017 年四川、云南、贵州流向广东的货物与服务规模比 2012 年分别增长了 4.35 倍、1.86 倍、1.34 倍；2017 年广东流向四川、云南、贵州的货物与服务规模比 2012 年分别增长了 7.13 倍、1.79 倍、1.46 倍。二是从广东流入四川、云南、贵州的产品最主要为中间投入品，由四川、云南、贵州流向广东的产品主要为资本品或中间投入品。2017 年四川、云南、贵州流入的货物与服务分别约有 1/5、1/5、1/7 来自广东，而其中超过 40% 为中间投入品；2017 年四川、云南、贵州流向广东的产品中最主要的产品分别是资本品（83.10%）、中间投入品（51.02%）、中间投入品（41.56%）。近年来，四川、云南、贵州与广东之间进行大量中间品贸易，表明西南省份正在通过广东这一对外"窗口"快速嵌入全球生产网络，参与全球产业分工。

---

①　参见国务院发展研究中心调查研究报告 2020 年第 311 号（总 6055 号）"近年来我国中间投入率变化轨迹的政策涵义"。

（二）资源型地区产业结构升级

山西、陕西、内蒙古等地区自然资源丰富，这些省份依赖重化工业链条，为国民经济提供工业原料，这些省份的产业结构升级主要表现为重化工业链条内部的升级。

从图 3-12 可以看出，1987～2017 年山西、黑龙江、青海等省份的中间投入率总体保持平缓（上升幅度小于 5%）。从产业结构特征来看，这些省份的产业发展对资源禀赋依赖程度较高，且近年来部门间产业结构升级较为缓慢。以山西为例，本章测算了各地区不同阶段的产业结构相似度系数①，山西 1987 年与 2017 年的产业结构相似度系数为 0.83，高于全国水平（0.74），远高于倒 "U" 型的广东（0.60）和上升型的河南（0.70）。从山西各部门的产值规模来看，煤炭采选业在 29 个部门中长期保持第 1 位，2017 年山西煤炭采选业产值占全省总产值的比重为 15.61%，金属冶炼及压延加工业（该部门为山西的第一大制造业）的产值规模占全省总产值的比重为 7.96%，可见山西对资源性产业依赖程度较高。从山西制造业各部门的中间投入率变化来看，自 2002 年以来，山西制造业各部门的中间投入率总体有所上升，但上升幅度不高（甚至有的部门出现下降），表明各部门自身升级不明显。此外，本章测算了 2017 年各省与全国产业结构的相似度系数，其中山西（0.789）、黑龙江（0.845）、青海（0.820）基本位于相似度系数值最低的省份之列。可见，与其他省份相比，缓慢上升型省份的产业结构与全国整体的产业结构相似程度低，且从时间序列来看，这些省份的产业结构变化小，部门间的产业升级较为缓慢。

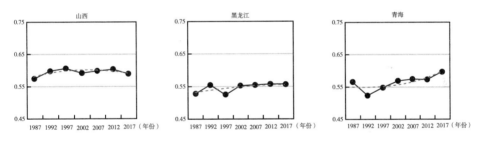

图 3-12　1987～2017 年中间投入率呈缓慢上升型省份

近年来，资源型地区的产业升级主要表现为产业链条内部的升级，包括相关产业的技术、工艺等方面的升级，例如，对生产性服务业的消耗系数在提高。以山西为例，1992～2017 年山西煤炭采选业对运输邮电业的消耗系数由 0.0291 提高至 0.2168，上升 18.77 个百分点，山西煤炭采选业对金融保险业的消耗系数由 0.0030 提高至 0.1837，上升 18.07 个百分点；1992～2017 年，山西金属冶炼及压延加工业对金融保险业业的消耗系数由 0.0075 提高至 0.2347，上升 22.72 个百分点。对生产性服务业消耗的增加，在一定程度上反映了这些省份的产业结构升级。

---

①　产业结构相似度系数公式为：$SinCoef = \sum x_{in}x_{jn} \Big/ \sqrt{\sum X_{in}^2 \sum X_{jn}^2}$，其中，$i$，$j$ 表示两个不同年份，n 为行业，该系数越高表明两个年份的产业结构越相似。

（三）城市经济体的产业结构升级

北京、上海、天津等特大城市不同于其他省份，其具有较高的城市化率，这些城市经济体已经步入从工业经济向服务经济转型的阶段。北京、上海、天津等城市经济体的主要经济活动为第三产业和高端制造业。

1. 服务业成为城市经济体的主要产业

从产业结构来看，第三产业已经成为城市经济体的主要产业。2017 年北京、上海、天津第三产业增加值占地区生产总值的比重分别为 80.73%、69.06%、59.29%，相较于 1987 年分别上升了 46.19 个、42.39 个、30.69 个百分点，与此同时第二产业占比下降较为明显。可见，改革开放以来，城市经济体经历了由第二产业向第三产业转型升级的过程。

从就业人口从事各部门的比例来看，北京、上海、天津等城市经济体的就业人口主要从事第三产业，信息传输、软件和信息技术服务业、批发和零售业、金融业、租赁和商务服务业、科学研究和技术服务业等产业的就业人员在总就业人员中所占比例较高（见表 3-7）。

表 3-7　　　　　**2019 年京津沪城镇单位就业人员各部门比例**　　　　　单位：%

部门	北京	上海	天津
农林牧渔业	0.05	1.06	0.11
采矿业城镇	0.40	0.01	2.15
制造业	8.26	20.04	24.98
电力、热力、燃气及水生产和供应业	1.21	0.49	1.56
建筑业	5.70	4.52	9.32
交通运输、仓储和邮政业	7.46	7.04	5.53
信息传输、软件和信息技术服务业	10.86	5.84	2.45
批发和零售业	7.53	13.82	7.42
住宿和餐饮业	3.85	4.18	2.34
金融业	8.15	5.29	7.35
房地产	5.99	4.20	4.01
租赁和商务服务业	9.31	10.67	5.68
科学研究和技术服务业	8.71	5.06	4.12
水利、环境和公共设施管理业	1.57	1.48	1.37
居民服务、修理和其他服务业	0.86	1.52	2.41
教育业	7.28	5.60	7.50
卫生和社会工作	4.11	3.97	4.34
文化、体育和娱乐业	2.35	1.05	0.78
公共管理、社会保障和社会组织	6.34	4.16	6.53

资料来源：国家统计局网站。

2. 城市经济体高端制造业的发展

高端制造业是发挥科技创新中心功能的重要载体，从国际看，高端制造业是国际创新城市竞争制高点。高端制造业具有高科技高产值、低污染低排放、带有研发性质等特点，与生产性服务业互动紧密，成为促进地区经济发展的重要引擎。在空间分布上，城市经济体的高端制造业呈现向周边新城和开发区拓展、向产业园区集聚的布局特征。

从北京、上海、天津的制造业内部结构来看，技术密集型产业占制造业的比重高于国内大部分省份。1987～2017年，北京的技术密集型产业占制造业的比例由27.01%上升至58.84%，上海由32.06%上升至50.47%，天津由28.19%上升至42.85%（见附表3-1）。从城市经济体的"十四五"规划来看，均提出强化高端制造业的发展。北京要塑造具有全球竞争力的"北京智造"，到2025年高精尖产业增加值占GDP的比重超过30%，大力发展智能制造高端制造产业（包括新一代信息技术产业、医药健康产业、新能言智能网联汽车产业、绿色智慧能源产业等）。上海市《先进制造业发展"十四五"规划》将集成电路、生物医药、人工智能作为三大先导产业，建设世界级产业集群。《天津市制造业高质量发展"十四五"规划》指出，2020年战略性新兴产业增加值占规模以上工业增加值比重为26.1%（2025年目标为40%），高技术产业（制造业）增加值占规模以上工业增加值比重为15.4%（2025年目标为30%以上）。

第三节　新发展阶段国内产业结构升级的政策启示

当今世界正经历百年未有之大变局，全球经济格局、贸易格局、技术变革和政治格局发生了诸多变化，国际环境日趋复杂，不确定显著增强。我国发展仍然处于重要战略机遇期，但机遇和挑战都有新的发展变化。外部环境的变化为我国建设现代化经济体系、参与全球经济治理提供了重要机遇，同时带来了前所未有的挑战。世界经济环境呈现全球化强势逆流变局，近年来，保护主义、单边主义来势凶猛，经济全球化遭遇强势逆流，对已经形成的国际产业分工体系形成重大威胁。加之新冠疫情凸显了全球化背景下全球深度分工体系的脆弱性，加剧了产业链和供应链的断裂风险，引发人们对于"脱钩"以及构建安全可控的产业体系的思考。

从国内来看，"十四五"时期我国的社会主要矛盾发生了改变，中国特色社会主义进入新时代，社会主要矛盾已经转化为人民日益增长的美好生活需要和不平衡不充分的发展之间的矛盾。社会主要矛盾的变化是关系全局的历史性变化，决定着发展要求、发展目标、发展方式要随之改变。经济社会发展将更加注重高质量、更加注重效益、更加注重公平、更加注重可持续。新发展阶段中国的超大规模经济体综合效应将进一步显现，巨大的国内需求与强大的生产能力为经济发展提供支撑，大规模的人力资本积累为新发展阶段现代化提供高端要素支撑。同时，新发展阶段中国经济现代化进程中国内仍面临着严峻的约束和挑战，如工业化整体进展较快，但不平衡不充分问题仍较突出；城镇化步入减速阶段，以人为核心的城市化质量待提高；过快老龄化和少子化对经济社会构成全局性影响；居民储蓄率发生转折性变化，投资拉动力持续减弱；经济增长放缓、收入分配问题诱发社会矛盾尖锐化的风险；经济结构转型中，财政金融风险等结构性矛盾凸显等。

新发展阶段内外部环境的变化，要求我们加快培育产业结构升级新动力，向更高的工业化水平、更高收入的发展阶段迈进。

（一）培育国内产业结构升级新动力

新阶段的产业结构升级应从成本驱动、出口导向、高速度工业化转向创新驱动、内需导向、高质量工业化（黄群慧，2021）。

第一，从基于低成本劳动力的比较优势转向基于高水平科技创新能力的竞争优势。改革开放以来，中国的高速经济增长是基于要素低成本、资源环境约束不高的情况下取得的，这种发展模式不可持续。而且近年来，在中美经贸摩擦、新冠肺炎疫情等重大挑战下，核心技术缺失、产业基础薄弱、产业链现代化水平偏低等问题更为凸显。亟待提高技术创新能力，以科技自立自强与自主创新为本质特征，基于创新驱动经济循环，来畅通"双循环"新发展格局。

第二，从基于出口导向转向内需主导。应充分利用超大规模市场优势，以国内大循环为主体、国内国际双循环相互促进来推进经济现代化的进程。在当前全球化遭遇强势逆流的情况下，经济安全与经济发展同样重要的前提下，推进双循环具有十分重要的意义。同时，中国拥有全世界规模最大的中等收入群体，随着居民收入水平的提高，其对消费品的升级将进一步引起产业结构的升级。

第三，从高速度工业化转向高质量工业化。过去高速度工业化、城镇化的过程中形成了发展不平衡不充分的诸多问题，既包括工业化在区域发展上的不平衡，也包括工业化动力的不平衡。进入新发展阶段，经济发展已经转向高质量发展的模式，将更好地解决发展中的不平衡不充分问题，工业化进程也将更加体现高质量的要求，以创新、协调、绿色、开放、共享的发展理念实现高质量工业化和城镇化。

第四，把握新一轮技术革命和全球产业转移趋势。作为谋求向产业链和价值链中高端攀升的制造业大国，应主动顺应和积极引导全球产业转移的方向，不断稳固和提升中国制造在全球价值链中的地位。一方面，需要深化国内价值链分工，培育更多的能够引领价值链分工的跨区域企业，延伸和拓展全球价值链的国内环节，促进各地区更加深度地参与全球价值链分工和国内价值链分工，促进不同区域价值链分工的深度融合和协同升级（李善同等，2019）。另一方面，国内各省要继续积极承接国外和东部地区的产业转移，推动新型工业化进程。要充分发挥劳动力和特色资源优势，顺应新一轮技术变革和产业革命的趋势，提升科技创新的空间溢出效应。

（二）加大开放力度，打造国际竞争新优势

要进一步推进对外开放，打造国际竞争新优势。要坚定不移扩大对外开放，全面提高对外开放水平，建设更高水平开放型经济新体制，形成国际合作和竞争新优势。

第一，加快推进"一带一路"倡议等开放举措。坚持实施更大范围、更宽领域、更深层次对外开放，依托我国超大规模市场优势，促进国际合作，实现互利共赢，推动共建"一带一路"。全面提高对外开放水平，持续深化商品和要素流动型开放。鼓励各地立足比较优势扩大开放，强化区域间开放联动，构建陆海内外联动、东西双向互济的开放格局。

第二，加快建设现代综合交通运输体系，畅通内陆地区与东南亚、南亚以及中亚、欧洲的贸易大通道。要充分利用中国同东盟等国家签署的《区域全面经济伙伴关系协定（RCEP）》的机遇，加大西南地区对东南亚和南亚地区开放的广度和深度，推进投资、贸易

自由化、便利化，积极同东南亚、南亚地区国家开展次区域合作，形成以我为主的具有全球影响力的生产网络。

第三，加强国内市场一体化力度，深化国内地区间的产业协作。进一步深化"放管服"改革，尽快制定并实施政府权责清单制度，加快清理废除妨碍要素自由配置、产品自由流动、企业公平竞争的各类规定及做法，打通国内经济大循环的断点和堵点，和持续优化市场化法治化国际化营商环境。在东部对口支援西部地区的基础上，积极探索与东部沿海建立产业链合作园区，共同提升产业链整体竞争力，增强我国产业链供应链自主可控能力。

（三）资源型地区做好转型升级的长期谋划

资源型地区的产业链条偏重，对投资依赖程度大，近年来的产业部门之间的升级较为缓慢，产业升级主要表现为产业链条内部的技术和工艺升级。新发展阶段，资源型地区产业结构升级应着重加强以下几个方面：

第一，对于资源型地区而言，应做好经济转型的长期谋划。由于自然资源禀赋特征，资源型地区形成了重化工业的产业结构特点。然而，高度依赖投资拉动的重化工业价值链使得资源型地区的经济缺乏韧性，以至于当经济格局发生变化后，这些地区难以快速适应。近年来，全国的投资增速放缓引起了资源型地区经济大幅下滑，而高度依赖投资拉动的重化工业价值链导致北方经济增速下滑后难以恢复。随着一国经济的发展与成熟，其投资率将逐渐下滑并最终趋于稳定。近年来，随着我国"五纵五横"综合运输大通道基本贯通，干线通道骨架初步形成，以及工业生产能力快速提升，基础设施及物质短缺的时代已经过去，我国经济正由高速度增长转向高质量发展，对基础设施与制造业的投资将稳步增长，投资率也将逐渐趋于稳定。另外，资源型地区的重化工产业发展惯性大，转型过程缓慢。因此，资源型地区应做好经济转型的长期谋划。

第二，对于资源型地区应注重对中高端产业的培育，以及加快重化工业价值链的升级和新的价值链的构建。随着经济由高速度增长向高质量发展转变，投资需求将呈现出新的特点，其内涵和所需技术都会发生变化。因此，对于资源型地区，应着力构建重化工价值链的转型升级以及价值链重构所需的条件。

第三，进一步加强资源型地区产业链条内部的技术、工艺升级。近年来，资源型地区的产业结构升级主要表现在产业链条内部升级，应进一步运用新技术、新工艺改造提升传统产业，实现传统产业的高技术化和高新技术的产业化。资源型产业部门通过改造和升级，用新技术改造传统产业装备，导入新的生产组织方式，提高产品技术含量和附加值，以新技术为催化剂推动传统产业走向高端。

（四）城市经济体率先建成现代化经济体系

城市经济体已进入工业化的较高发展阶段，具有较高人均收入水平和规模经济。新发展阶段，城市经济体应加快建成现代化经济体系，实现高质量发展。

第一，提高全球资源配置能力，发展"高精尖"产业结构。一是构筑网络平台型产业体系。平台成为产业控制力和影响力的主导，从高端产业、高端产业链环节控制力，向平台控制力转变，全球性的网络平台是未来全球城市控制力和影响力的核心支撑。二是实施开放式创新，提高全球创新资源配置能力。应促进国内外优质科技创新资源加速向城市经济体集聚，增强创新要素辐射服务力，建设更加开放的城市创新系统与创业的生态环境。在基础研究和战略高技术领域抢占全球科技制高点，加快建设具有全球影响力的全国科技创新中心。三是促进优化升级，构建"高精尖"产业结构。发挥总部经济的比较优势，推动绿色经济、知识经济快速发展，向产业链、价值链的高端环节攀升。

第二，建设"以人民为中心"的国际化现代都市。一是强调"以人民为中心"的城市发展理念。"以人民为中心"的理念应贯彻于现代化建设的各方面，不仅包括公平均等的社会福利体系，还应包括人性化的基础设施等方面。构建具有国际竞争力的公共交通体系，打造高质量的市政基础设施和交通基础设施，提高基础设施标准，如防涝标准。二是建设高水平的社会保障体系。包括构建公平、优质、创新、开放的教育体系，构建覆盖城乡、服务均等的健康服务体系，构建医养结合、服务均等的养老服务体系，构建完善的社会救助、助残和服务体系等。提高基本公共服务的质量，在社会政策兜底保障、发展并保障民生的同时，着力扩大公共服务市场有效供给，加强服务评价和安全监管。

第四节　结论和政策启示

本章基于 1987～2017 年中国区域投入产出表，对我国各省份产业结构演变进行分析，并根据不同省份的产业变化特点归纳分析产业结构升级路径。

第一，从整体来看，全国大多数省份的产业结构升级遵循结构升级的一般路径，即农业部门向非农部门、劳动密集型产业向资本密集和技术密集型产业转型。首先，从 1987～2017 年的数据来看，所有省份均呈现非农产业占比上升的态势；而不同地区第二产业比重的变化轨迹存在明显差异，除部分省份（北京、上海、天津、黑龙江、辽宁）的第二产业比重明显下降，大部分省份的第二产业比重总体上经历了先升后降（但 2017 年第二产业比重仍高于 1987 年）的波动过程；各省份的第三产业比重较快提高，大部分省份的第三产业成为国民经济中占比最高的部门。其次，从制造业内部来看，大部分省份的劳动密集型制造业比重有所下降，而技术密集型与资本密集型产业的比重变化呈现板块内部分化状态，有的省份技术密集型产业占比快速上升，有的省份资本密集型产业占比上升较快；2017 年大部分东部地区省份基本形成了以技术密集型制造业为主的发展格局，资源禀赋较为丰富的省份则形成了以资本密集型制造业为主的发展格局。最后，从贸易结构来看，随着我国产业结构和贸易结构的升级，绝大部分省份的劳动密集型产业出口额占出口总额的比重下降，技术密集型产业在出口中比例越来越高；基于要素禀赋、产业结构的特点，各省份呈现出不同的出口结构特征；1997～2017 年各省份制造业进口额占进口总额的比重有所下降，而多数省份的技术密集型产业进口占比保持稳定或上升。

第二，由于自然条件、技术、文化、发展阶段等因素影响，导致部分省份产业结构升级与一般发展路径有所偏离，呈现出"特殊性"。一是东部沿海和内陆开放地区的产业结构升级不同。改革开放以来，东部沿海地区采用了低成本出口导向高速度工业化战略，产业从劳动密集型逐渐转变到资本密集型和技术密集型，形成了贸易依存度高、技术密集型产业进出口占比高的格局，增加值率呈"U"型变化也可反映出东部沿海省份产业结构升级的特征，近年来，内陆开放政策导致内陆开放地区的贸易额大幅提升，技术密集型制造业出口额比重快速上升，承接全球及东部地区产业转移，借助与沿海省份的联系融入全球产业分工体系，加速了这些地区的结构升级与工业化进程。二是资源型和农业为主型地区产业内部结构升级。资源型地区的产业升级主要表现为重化工业产业链条内部的升级（而非产业部门之间），包括相关产业的技术、工艺等方面的升级。农业大省的农业部门对化学工业、通用和专用设备制造业、运输邮电业等部门的消耗系数提高，用现代设施、装备、技术手段推进传统农业转型升级，实现农业现代化。三是城市经济体的产业结构升级。城市经济体已经步入从工业经济向服务经济转型的阶段，经济活动以第三产业和高端制造业为主，这些地区的产业结构升级着重于发挥科技创新中心功能，向全球产业链、价值链高端攀升。

第三，新发展阶段需优化政策举措，更好地推动区域产业结构升级。一是推动产业结构升级动力转变，包括：从基于低成本劳动力的比较优势转向基于高水平科技创新能力的竞争优势；从基于出口导向转向内需主导；从高速度工业化转向高质量工业化；把握新一轮技术革命和全球产业转移趋势。二是加大开放力度，打造国际竞争新优势。一方面应加快推进"一带一路"倡议等开放举措；另一方面加快促进国内市场一体化，深化国内地区间的产业协作。三是资源型地区做好转型升级的长期谋划。一方面，加强对中高端产业的培育，以及加快重化工业价值链的升级和新的价值链的构建；另一方面，进一步加强资源型地区产业链条内部的技术、工艺升级。四是城市经济体应加快建成现代化经济体系。一方面，提高全球资源配置能力，发展"高精尖"产业结构；另一方面，建设"以人民为中心"的国际化现代都市。

（本章作者：唐泽地、张一兵）

参考文献：

[1] 盛斌，陈帅. 全球价值链如何改变了贸易政策：对产业升级的影响和启示 [J]. 国际经济评论，2015（1）：85 – 97.

[2] 刘易斯. 二元经济论 [M]. 北京：北京经济学院出版社，1989.

[3] 罗斯托. 经济增长的阶段 [M]. 北京：中国社会科学出版社，2012.

[4] 钱纳里，鲁宾逊，赛尔奎因. 工业化和经济增长的比较研究 [M]. 上海：上海三联书店、上海人民出版社，1995.

[5] 许南，李建军. 产品内分工、产业转移与中国产业结构升级 [J]. 管理世界，2012（1）：182 – 183.

[6] 金京，戴翔，张二震. 全球要素分工背景下的中国产业转型升级 [J]. 中国工业经济，2013（11）：57 – 69.

[7] 苏杭，郑磊，牟逸飞. 要素禀赋与中国制造业产业升级——基于 WIOD 和中国工业企业数据库的分析 [J]. 管理世界，2017（4）：70 – 79.

[8] 盛斌，赵文涛. 地区全球价值链、市场分割与产业升级——基于空间溢出视角的分析 [J]. 财贸经济，2020，41（9）：131 – 145.

[9] 傅元海，叶祥松，王展祥. 制造业结构变迁与经济增长效率提高 [J]. 经济研究，2016，51（8）：86 – 100.

[10] 孙文远. 产品内价值链分工视角下的产业升级 [J]. 管理世界，2006（10）：156 – 157.

［11］贺灿飞. 区域产业发展演化：路径依赖还是路径创造？［J］. 地理研究，2018，37（7）：1253 – 1267.

［12］许宪春，李善同. 中国区域投入产出表的编制及分析（1997 年）［M］. 北京：清华大学出版社，2008：190.

［13］唐泽地，张一兵，李善同，何建武. 中国制造业增加值率变化的特点及其启示［J］. 上海经济研究，2020（12）：66 – 74.

［14］蔡昉，王德文，曲玥. 中国产业升级的大国雁阵模型分析［J］. 经济研究，2009，044（9）：4 – 14.

［15］林毅夫. 潮涌现象与发展中国家宏观经济理论的重新构建［J］. 经济研究，2007（1）：126 – 131.

［16］黄群慧. 改革开放 40 年中国的产业发展与工业化进程［J］. 中国工业经济，2018（9）：5 – 23.

［17］李善同，何建武，唐泽地. 从价值链分工看中国经济发展南北差距的扩大［J］. 中国经济报告，2019（2）：16 – 21.

［18］Porter, M. E. The Competitive Advantage of Nations［M］. London Macmillan，1990.

［19］Poon S C. Beyond the global production networks：a case of further upgrading of Taiwan's information technology industry［J］. International Journal of Technology and Globalisation，2004，1（1）：130 – 144.

［20］Gereffi G. International trade and industrial upgrading in the apparel commodity chain［J］. Journal of International Economics，1999.

［21］Humphrey J, Schmitz H. How Does Insertion in Global Value Chains Affect Upgrading in Industrial Clusters？［J］. Regional Studies，2002，36（9）：1017 – 1027.

附 录

附表 3－1　　　　　**1987～2017 年各省份制造业内部结构**　　　单位:%

地区	制造业分类	1987 年	1992 年	1997 年	2002 年	2007 年	2012 年	2017 年
北京	劳动密集型	24.94	28.88	32.54	24.82	15.28	16.10	15.72
	资本密集型	48.06	41.32	36.93	32.77	31.70	32.20	25.44
	技术密集型	27.01	29.80	30.53	42.42	53.01	51.70	58.84
天津	劳动密集型	30.68	25.34	33.02	20.41	13.56	23.98	18.87
	资本密集型	41.13	44.54	33.15	36.49	40.33	38.06	38.28
	技术密集型	28.19	30.12	33.82	43.11	46.11	37.96	42.85
河北	劳动密集型	34.28	37.18	39.46	32.20	29.77	24.83	23.05
	资本密集型	49.91	45.90	48.45	46.13	53.57	56.71	54.90
	技术密集型	15.81	16.92	12.09	21.66	16.66	18.46	22.05
上海	劳动密集型	28.70	25.47	25.24	23.13	20.92	25.46	19.98
	资本密集型	39.24	46.06	38.33	33.25	33.72	26.75	29.55
	技术密集型	32.06	28.47	36.43	43.62	45.36	47.79	50.47
江苏	劳动密集型	36.64	31.44	38.88	33.56	25.77	23.10	20.15
	资本密集型	36.03	40.72	38.26	37.37	35.96	37.53	33.17
	技术密集型	27.33	27.84	22.86	29.07	38.26	39.38	46.68
浙江	劳动密集型	45.95	42.19	42.14	42.85	36.62	33.12	36.73
	资本密集型	30.85	31.23	34.03	25.43	30.65	32.26	29.41
	技术密集型	23.21	26.58	23.83	31.73	32.72	34.62	33.86
福建	劳动密集型	48.85	50.68	48.64	48.60	40.78	47.59	48.04
	资本密集型	32.73	29.55	30.81	23.73	31.89	30.06	30.27
	技术密集型	18.42	19.77	20.55	27.67	27.33	22.35	21.69
山东	劳动密集型	40.79	33.31	36.50	49.30	34.27	30.78	26.41
	资本密集型	40.68	39.81	38.16	32.56	41.62	39.19	46.25
	技术密集型	18.53	26.88	25.34	18.15	24.11	30.03	27.34
广东	劳动密集型	42.08	37.42	47.34	35.31	30.06	26.42	26.17
	资本密集型	38.25	35.78	28.96	28.78	28.37	28.87	26.27
	技术密集型	19.67	26.80	23.70	35.91	41.57	44.71	47.56
海南	劳动密集型	—	—	—	38.04	35.39	20.33	28.39
	资本密集型	—	—	—	31.48	47.49	66.49	71.01
	技术密集型	—	—	—	30.48	17.12	13.19	0.61

续表

地区	制造业分类	1987 年	1992 年	1997 年	2002 年	2007 年	2012 年	2017 年
山西	劳动密集型	25.07	18.89	25.48	23.22	8.72	17.07	13.22
	资本密集型	55.48	66.73	64.88	64.58	84.03	67.12	68.42
	技术密集型	19.45	14.38	9.64	12.20	7.25	15.81	18.36
安徽	劳动密集型	50.31	43.59	40.95	34.94	33.56	30.85	26.47
	资本密集型	38.24	37.78	42.43	38.66	36.63	33.74	36.40
	技术密集型	11.45	18.63	16.62	26.40	29.81	35.41	37.12
江西	劳动密集型	34.40	28.77	42.47	33.80	33.38	28.56	33.38
	资本密集型	45.70	41.87	38.29	44.78	40.59	51.53	43.70
	技术密集型	19.90	29.36	19.23	21.42	26.03	19.91	22.91
河南	劳动密集型	39.12	39.78	44.15	40.60	40.41	32.37	31.08
	资本密集型	42.35	41.67	40.13	41.27	43.45	44.78	43.65
	技术密集型	18.53	18.55	15.73	18.13	16.14	22.85	25.28
湖北	劳动密集型	35.52	33.04	41.78	38.20	33.79	26.20	33.61
	资本密集型	42.39	41.08	40.12	35.73	37.01	32.39	36.73
	技术密集型	22.09	25.88	18.10	26.08	29.21	41.42	29.66
湖南	劳动密集型	43.35	40.79	57.27	36.36	36.22	29.40	31.70
	资本密集型	37.82	37.68	32.36	40.48	42.15	37.66	38.01
	技术密集型	18.83	21.53	10.37	23.16	21.63	32.95	30.29
内蒙古	劳动密集型	44.50	31.76	44.63	34.74	37.63	31.91	21.50
	资本密集型	43.49	54.69	48.30	52.38	57.83	59.88	71.25
	技术密集型	12.01	13.55	7.07	12.88	4.55	8.21	7.25
广西	劳动密集型	46.89	42.16	52.17	39.25	38.62	36.58	35.97
	资本密集型	35.62	41.80	36.23	40.45	42.77	40.72	39.74
	技术密集型	17.49	16.05	11.60	20.30	18.61	22.70	24.29
重庆	劳动密集型	—	18.11	21.40	12.21	16.83	19.11	17.75
	资本密集型	—	39.38	32.22	30.62	35.14	31.26	28.02
	技术密集型	—	42.51	46.38	57.18	48.03	49.63	54.23
四川	劳动密集型	33.53	33.23	42.71	36.24	34.29	34.71	33.16
	资本密集型	41.58	41.22	35.62	42.82	38.85	38.06	33.70
	技术密集型	24.90	25.56	21.67	20.94	26.86	27.23	33.14
贵州	劳动密集型	41.84	48.76	47.42	38.31	37.49	58.22	54.97
	资本密集型	39.19	35.89	39.55	46.05	49.24	34.39	34.99
	技术密集型	18.97	15.35	13.02	15.64	13.27	7.39	10.04
云南	劳动密集型	52.62	66.87	68.86	71.62	51.46	50.79	57.47
	资本密集型	36.60	24.35	25.89	23.15	42.21	44.50	36.36
	技术密集型	10.78	8.78	5.25	5.23	6.33	4.71	6.17

续表

地区	制造业分类	1987 年	1992 年	1997 年	2002 年	2007 年	2012 年	2017 年
西藏	劳动密集型	—	—	—	—	—	40.48	41.44
	资本密集型	—	—	—	—	—	59.51	58.27
	技术密集型	—	—	—	—	—	0.01	0.29
陕西	劳动密集型	35.61	33.99	29.56	25.79	17.67	20.85	28.59
	资本密集型	26.74	30.20	36.67	32.11	48.43	53.26	46.67
	技术密集型	37.65	35.81	33.77	42.10	33.90	25.90	24.74
甘肃	劳动密集型	20.33	19.67	29.32	16.77	17.59	25.80	22.30
	资本密集型	62.59	65.84	60.61	70.31	73.83	62.99	70.35
	技术密集型	17.08	14.50	10.07	12.92	8.58	11.22	7.35
青海	劳动密集型	—	22.88	30.18	24.01	8.62	10.94	13.61
	资本密集型	—	62.80	63.17	68.49	56.47	84.89	77.71
	技术密集型	—	14.32	6.65	7.50	34.91	4.18	8.69
宁夏	劳动密集型	30.31	21.80	20.58	18.56	25.04	22.30	20.00
	资本密集型	50.03	58.26	65.60	64.77	60.51	66.67	73.80
	技术密集型	19.66	19.94	13.83	16.68	14.45	11.03	6.20
新疆	劳动密集型	49.10	44.12	48.87	31.42	34.52	23.18	19.93
	资本密集型	43.86	47.62	45.62	60.22	57.32	70.45	75.73
	技术密集型	7.04	8.26	5.50	8.36	8.16	6.37	4.34
辽宁	劳动密集型	20.82	18.34	26.93	21.36	21.11	23.05	10.81
	资本密集型	56.04	54.93	54.03	48.54	47.19	45.80	56.21
	技术密集型	23.14	26.72	19.04	30.10	31.71	31.15	32.99
吉林	劳动密集型	31.45	30.80	26.18	32.87	16.83	28.48	24.52
	资本密集型	46.81	44.47	39.66	22.79	39.18	32.27	32.19
	技术密集型	21.74	24.73	34.16	44.34	43.99	39.25	43.29
黑龙江	劳动密集型	42.31	33.57	42.68	42.51	34.15	47.23	38.79
	资本密集型	36.85	46.15	40.25	36.29	35.82	35.65	40.22
	技术密集型	20.84	20.28	17.06	21.20	30.03	17.12	20.99

资料来源：作者根据对应年份的中国区域投入产出表计算所得。

附表 3 - 2　　　　**2012 ~ 2017 年各省份制造业各部门区位商**

部门分类		2012 年	2017 年
劳动密集型	食品制造及烟草加工业	贵州（4.004）、云南（3.495）、黑龙江（2.886）、西藏（1.999）、广东（1.773）、四川（1.734）	云南（4.160）、贵州（3.933）、西藏（2.758）、黑龙江（2.422）、四川（1.815）、陕西（1.692）
	纺织业	浙江（2.566）、山东（1.816）、宁夏（1.357）、福建（1.303）、江苏（1.300）、河北（1.224）、	浙江（2.715）、湖北（1.778）、福建（1.737）、宁夏（1.463）、江苏（1.375）、山东（1.206）
	服装皮革羽绒及其制品业	福建（4.108）、浙江（1.826）、广东（1.705）、江西（1.412）、河北（1.121）	福建（3.670）、江西（1.856）、浙江（1.775）、广东（1.502）、河北（1.051）、江苏（1.042）
	木材加工及家具制造业	广西（2.706）、吉林（2.018）、河南（1.795）、黑龙江（1.671）、福建（1.642）、西藏（1.400）	广西（3.689）、黑龙江（2.018）、吉林（1.775）、福建（1.565）、浙江（1.364）、湖南（1.265）
	造纸印刷及文教用品制造业	西藏（2.744）、福建（1.826）、浙江（1.522）、海南（1.341）、广西（1.266）、山东（1.154）	海南（2.988）、福建（2.104）、广东（1.528）、浙江（1.474）、西藏（1.353）、江西（1.163）
资本密集型	石油加工、炼焦及核燃料加工业	海南（12.045）、新疆（7.854）、陕西（6.036）、宁夏（4.805）、山西（4.633）、甘肃（3.592）	海南（7.815）、新疆（6.894）、辽宁（5.856）、宁夏（4.967）、甘肃（4.207）、山西（3.606）
	化学工业	青海（1.937）、西藏（1.710）、宁夏（1.567）、新疆（1.510）、江苏（1.334）、北京（1.334）	海南（1.843）、宁夏（1.841）、青海（1.815）、新疆（1.517）、黑龙江（1.492）、内蒙古（1.484）
	非金属矿物制品业	西藏（5.104）、河南（2.735）、辽宁（1.561）、新疆（1.540）、江西（1.492）、内蒙古（1.461）	西藏（5.989）、河南（2.271）、陕西（1.901）、海南（1.597）、湖北（1.519）、广西（1.415）
	金属冶炼及压延加工业	青海（4.499）、山西（2.774）、河北（2.648）、内蒙古（2.637）、甘肃（2.611）、云南（2.085）	青海（4.554）、内蒙古（3.897）、山西（3.751）、甘肃（2.997）、河北（2.784）、宁夏（2.500）
	金属制品业	河北（1.677）、山东（1.465）、浙江（1.364）、辽宁（1.098）、上海（1.074）、江苏（1.003）	青海（2.122）、内蒙古（1.509）、山西（1.404）、甘肃（1.153）、河北（1.122）、宁夏（1.097）
技术密集型	通用、专用设备制造业	湖南（1.711）、山东（1.638）、辽宁（1.628）、广东（1.578）、浙江（1.466）、上海（1.392）	浙江（1.488）、上海（1.362）、湖南（1.352）、江苏（1.324）、山东（1.265）、黑龙江（1.241）
	交通运输设备制造业	吉林（3.941）、重庆（3.491）、北京（2.993）、广东（2.900）、湖北（2.414）、上海（1.973）	吉林（3.849）、北京（3.413）、重庆（3.166）、上海（2.340）、天津（1.978）、辽宁（1.933）
	电气机械及器材制造业	安徽（2.345）、江苏（1.620）、浙江（1.302）、江西（1.141）、湖北（0.995）、上海（0.982）	安徽（1.860）、江苏（1.682）、广东（1.504）、浙江（1.355）、江西（1.319）、陕西（1.201）
	通信设备、计算机及其他电子设备制造业	江苏（1.680）、天津（1.470）、上海（1.444）、北京（1.375）、四川（1.072）、重庆（1.046）	广东（2.832）、江苏（1.583）、重庆（1.459）、四川（1.277）、北京（1.184）、天津（1.172）
	仪器仪表及文化、办公用机械制造业	江苏（2.454）、北京（2.319）、海南（2.025）、陕西（1.623）、上海（1.553）、重庆（1.378）	江苏（2.820）、北京（2.623）、浙江（1.650）、上海（1.202）、重庆（0.958）、广东（0.922）

资料来源：作者根据对应年份的中国区域投入产出表计算所得。

附表3-3　2017年地区各类制造业进出口占总进出口比重（按增加值计算）　单位:%

地区		进口			出口		
		劳动密集型占比	资本密集型占比	技术密集型占比	劳动密集型占比	资本密集型占比	技术密集型占比
东部	北京	3.51	15.63	37.38	3.17	5.08	19.63
	天津	8.27	16.61	47.45	6.94	18.44	48.49
	河北	4.07	5.15	9.43	24.26	46.33	18.57
	上海	7.07	23.50	36.16	10.27	12.94	60.31
	江苏	5.80	25.25	49.92	19.46	19.48	60.39
	浙江	8.82	33.78	14.78	34.61	20.53	31.84
	福建	7.98	15.70	25.91	40.05	14.96	30.20
	山东	5.83	9.88	12.70	27.31	26.99	22.85
	广东	6.39	18.28	48.86	20.88	11.14	52.62
	海南	13.38	23.03	20.29	20.48	48.86	8.08
中部	山西	0.45	19.98	62.39	2.22	43.42	49.99
	安徽	7.70	15.50	41.42	19.42	15.74	39.21
	江西	5.91	21.79	37.87	37.19	23.00	25.02
	河南	4.67	6.36	71.87	12.57	13.30	61.20
	湖北	5.14	15.37	54.58	16.80	24.58	49.54
	湖南	10.64	17.56	39.33	24.96	28.36	42.28
西部	内蒙古	19.65	6.27	7.58	18.43	52.36	8.01
	广西	10.79	6.54	13.47	17.60	25.85	45.93
	重庆	2.86	8.07	38.42	1.24	4.28	66.47
	四川	2.97	7.21	83.25	5.05	12.22	77.48
	贵州	0.84	7.30	71.62	9.42	26.39	58.34
	云南	10.23	4.07	9.67	13.60	29.27	17.82
	西藏	2.73	5.47	90.13	22.15	31.27	2.29
	陕西	0.46	9.92	73.61	3.54	7.73	55.68
	甘肃	2.04	24.34	13.78	10.12	39.55	34.24
	青海	1.72	25.33	62.56	22.55	70.34	2.07
	宁夏	1.55	39.57	18.53	24.50	52.84	3.15
	新疆	2.01	2.91	2.40	28.18	27.84	15.31
东北	辽宁	8.53	17.43	18.78	18.49	33.08	28.01
	吉林	1.37	2.30	20.16	38.04	21.54	23.56
	黑龙江	9.47	3.62	12.55	32.19	8.07	32.36

资料来源：作者根据对应年份的中国区域投入产出表计算所得。

附表 3 - 4　　1997 ~ 2017 年各省份各类制造业出口额占出口总额的比重　　单位:%

地区	各类产业占比	1997 年	2002 年	2007 年	2012 年	2017 年
北京	劳动密集型	17. 30	13. 81	5. 49	3. 02	3. 17
	资本密集型	20. 34	4. 50	3. 87	6. 72	5. 08
	技术密集型	26. 77	35. 71	49. 81	26. 38	19. 63
天津	劳动密集型	26. 67	17. 78	9. 20	9. 12	6. 94
	资本密集型	15. 41	17. 87	23. 26	17. 40	18. 44
	技术密集型	36. 94	51. 22	44. 31	49. 14	48. 49
河北	劳动密集型	31. 00	37. 80	16. 36	25. 54	24. 26
	资本密集型	27. 10	37. 94	50. 04	40. 18	46. 33
	技术密集型	3. 32	10. 39	18. 77	20. 67	18. 57
上海	劳动密集型	36. 58	28. 00	13. 43	9. 58	10. 27
	资本密集型	17. 10	16. 99	14. 58	15. 03	12. 94
	技术密集型	24. 39	36. 12	60. 00	49. 59	60. 31
江苏	劳动密集型	40. 51	41. 13	28. 87	17. 28	19. 46
	资本密集型	16. 54	7. 92	12. 55	17. 85	19. 48
	技术密集型	24. 72	48. 95	56. 60	63. 88	60. 39
浙江	劳动密集型	46. 46	44. 71	41. 11	36. 23	34. 61
	资本密集型	16. 45	14. 25	17. 50	19. 48	20. 53
	技术密集型	16. 34	26. 04	31. 36	27. 58	31. 84
福建	劳动密集型	34. 59	42. 07	32. 20	33. 69	40. 05
	资本密集型	25. 78	19. 59	17. 38	17. 88	14. 96
	技术密集型	18. 06	33. 08	33. 18	26. 95	30. 20
山东	劳动密集型	44. 15	54. 42	38. 84	30. 72	27. 31
	资本密集型	18. 38	16. 33	29. 17	20. 90	26. 99
	技术密集型	9. 88	18. 22	5. 98	20. 84	22. 85
广东	劳动密集型	34. 73	26. 70	24. 46	22. 15	20. 88
	资本密集型	16. 28	12. 18	11. 29	13. 00	11. 14
	技术密集型	32. 19	48. 60	53. 42	47. 66	52. 62
海南	劳动密集型	22. 85	18. 27	14. 49	28. 62	20. 48
	资本密集型	29. 33	16. 74	30. 23	19. 19	48. 86
	技术密集型	6. 92	1. 93	4. 81	34. 67	8. 08
山西	劳动密集型	5. 05	4. 54	1. 60	7. 84	2. 22
	资本密集型	62. 46	59. 08	72. 03	38. 12	43. 42
	技术密集型	0. 67	2. 92	2. 33	48. 46	49. 99
安徽	劳动密集型	29. 34	23. 69	28. 98	27. 89	19. 42
	资本密集型	23. 76	25. 75	16. 92	19. 38	15. 74
	技术密集型	8. 23	13. 45	28. 29	28. 75	39. 21

续表

地区	各类产业占比	1997 年	2002 年	2007 年	2012 年	2017 年
江西	劳动密集型	40.33	45.60	27.17	38.43	37.19
	资本密集型	16.43	29.18	31.25	23.42	23.00
	技术密集型	3.13	11.54	18.99	22.40	25.02
河南	劳动密集型	25.32	34.08	20.30	16.33	12.57
	资本密集型	22.04	41.75	44.21	12.57	13.30
	技术密集型	5.84	9.72	15.94	58.10	61.20
湖北	劳动密集型	30.50	44.27	18.69	27.86	16.80
	资本密集型	20.25	24.71	29.72	26.87	24.58
	技术密集型	8.83	23.87	29.87	43.95	49.54
湖南	劳动密集型	17.15	25.81	10.27	21.20	24.96
	资本密集型	35.35	50.90	40.52	36.18	28.36
	技术密集型	12.39	14.59	18.64	38.85	42.28
内蒙古	劳动密集型	40.59	41.45	16.46	40.47	18.43
	资本密集型	14.92	30.12	31.65	39.83	52.36
	技术密集型	2.17	0.07	3.29	13.15	8.01
广西	劳动密集型	35.58	19.26	24.80	22.87	17.60
	资本密集型	21.10	30.32	33.84	18.55	25.85
	技术密集型	4.05	22.00	17.19	27.91	45.93
重庆	劳动密集型	16.49	12.83	4.54	13.28	1.24
	资本密集型	18.47	30.04	30.44	12.06	4.28
	技术密集型	8.98	51.51	49.86	73.71	66.47
四川	劳动密集型	23.22	27.84	21.00	11.82	5.05
	资本密集型	21.08	22.13	27.20	11.29	12.22
	技术密集型	12.91	44.05	32.46	76.30	77.48
贵州	劳动密集型	13.51	14.38	3.90	27.25	9.42
	资本密集型	47.68	49.76	62.27	56.27	26.39
	技术密集型	6.58	12.47	9.68	13.74	58.34
云南	劳动密集型	15.30	20.46	20.25	33.12	13.60
	资本密集型	24.08	53.60	47.65	32.68	29.27
	技术密集型	10.47	12.77	4.58	11.52	17.82
陕西	劳动密集型	15.72	24.73	11.28	17.72	3.54
	资本密集型	18.48	27.25	13.46	13.47	7.73
	技术密集型	21.12	34.22	21.42	30.66	55.68
甘肃	劳动密集型	8.49	10.52	3.39	24.46	10.12
	资本密集型	50.03	75.84	11.98	25.18	39.55
	技术密集型	0.88	6.26	5.31	16.38	34.24

地区	各类产业占比	1997 年	2002 年	2007 年	2012 年	2017 年
青海	劳动密集型	12. 35	3. 23	1. 42	22. 45	22. 55
	资本密集型	44. 33	89. 91	74. 42	56. 48	70. 34
	技术密集型	12. 27	1. 84	0. 86	10. 08	2. 07
宁夏	劳动密集型	16. 71	13. 22	25. 05	27. 03	24. 50
	资本密集型	43. 11	78. 43	39. 22	61. 06	52. 84
	技术密集型	12. 13	5. 30	4. 97	5. 93	3. 15
新疆	劳动密集型	41. 67	31. 64	12. 39	36. 11	28. 18
	资本密集型	13. 05	23. 04	6. 47	21. 32	27. 84
	技术密集型	2. 79	6. 25	2. 69	15. 00	15. 31
辽宁	劳动密集型	21. 93	15. 53	20. 19	25. 10	18. 49
	资本密集型	22. 04	27. 68	36. 02	28. 23	33. 08
	技术密集型	20. 60	33. 80	29. 60	33. 85	28. 01
吉林	劳动密集型	28. 76	28. 58	24. 93	42. 19	38. 04
	资本密集型	22. 23	9. 84	20. 16	12. 94	21. 54
	技术密集型	6. 97	9. 84	15. 71	28. 62	23. 56
黑龙江	劳动密集型	32. 36	58. 43	22. 60	26. 89	32. 19
	资本密集型	13. 34	9. 77	13. 82	12. 28	8. 07
	技术密集型	13. 13	16. 16	10. 59	20. 08	32. 36

资料来源：作者根据对应年份的中国区域投入产出表计算所得。

附表 3-5　2012～2017 年各省份制造业部门占比

单位：%

东部地区

部门分类	制造业部门	北京 2012年	北京 2017年	天津 2012年	天津 2017年	河北 2012年	河北 2017年	上海 2012年	上海 2017年	江苏 2012年	江苏 2017年	浙江 2012年	浙江 2017年	福建 2012年	福建 2017年	山东 2012年	山东 2017年	广东 2012年	广东 2017年	海南 2012年	海南 2017年
劳动密集型	食品制造及烟草加工业	6.6	8.0	11.5	8.8	7.5	8.5	13.4	13.4	6.0	5.5	4.9	5.2	12.7	13.0	11.0	11.8	6.0	5.2	11.7	13.7
	纺织业	0.2	0.1	0.4	0.5	4.1	3.3	1.1	0.6	4.7	4.2	8.8	8.5	4.8	5.2	5.9	3.6	2.5	2.1	0.2	0.2
	服装皮革羽绒及其制品业	2.7	1.3	2.3	3.7	4.2	4.2	3.8	1.2	3.5	4.4	7.2	7.3	16.8	13.9	2.5	2.2	6.9	6.0	0.9	0.2
	木材加工及家具制造业	0.9	1.0	0.7	0.9	1.1	1.4	1.4	1.2	1.4	1.8	3.2	3.2	3.9	3.6	2.7	2.1	2.3	2.7	0.7	2.3
	造纸印刷及文教用品制造业	3.7	2.5	2.4	3.5	3.1	3.7	3.8	2.4	2.4	3.5	5.9	6.1	6.9	8.2	4.5	4.3	6.4	6.7	5.8	12.5
资本密集型	石油、炼焦及核燃料加工业	6.7	1.2	2.7	8.3	4.4	4.4	1.3	4.4	1.7	1.9	1.6	3.0	2.0	3.5	2.3	6.7	3.0	2.6	41.9	29.8
	化学工业	18.9	20.3	11.5	17.6	10.6	12.4	13.3	18.0	17.2	15.3	14.3	14.6	11.0	9.9	15.8	18.9	11.5	10.0	18.2	25.9
	非金属矿物制品业	4.8	2.7	1.7	2.0	5.9	5.9	2.7	1.7	3.3	4.0	3.6	3.6	8.4	8.7	7.4	8.9	4.1	4.7	6.0	11.2
	金属冶炼及压延加工业	1.1	0.6	21.1	8.6	31.8	24.7	5.1	3.1	10.2	8.5	6.4	3.5	7.1	6.5	7.8	7.7	4.0	4.2	0.4	0.6
技术密集型	金属制品业	3.1	2.1	3.2	2.9	6.6	8.8	4.4	3.1	4.1	4.5	5.6	4.8	2.3	3.5	6.1	4.7	5.3	6.4	0.8	1.0
	通用设备制造业	5.8	4.7	5.4	5.2	4.2	4.2	8.9	7.9	5.5	6.7	9.6	9.2	3.0	2.9	9.2	8.0	3.3	3.9	0.0	0.1
	专用设备制造业	4.6	4.7	3.8	4.0	3.9	4.2	5.3	4.4	4.1	5.3	5.3	4.3	1.9	2.2	7.8	4.1	2.4	3.5	0.1	0.3
	交通运输设备制造业	20.9	30.5	11.5	17.7	5.6	7.0	14.8	20.5	5.3	7.6	7.5	6.1	3.8	3.4	6.6	7.3	5.0	5.6	5.6	0.0
	电气机械及器材制造业	5.4	4.6	4.2	4.6	3.5	4.1	6.1	6.3	10.3	10.9	8.4	8.5	5.0	5.2	5.0	4.6	10.1	9.9	2.7	0.8
	通信设备、计算机及其他电子设备制造业	9.7	10.8	11.8	9.4	1.1	1.6	11.9	8.9	12.3	12.6	4.0	4.1	8.7	8.1	3.6	3.6	25.2	22.2	2.5	0.4
	仪器仪表及文化、办公用机械制造业	2.5	2.5	1.0	0.8	0.2	0.5	1.5	1.2	2.6	2.8	1.4	1.7	0.6	0.7	0.8	0.5	0.9	0.9	2.1	0.1

续表

部门分类	制造业部门	内蒙古		广西		重庆		四川		贵州		云南		西藏		陕西		甘肃		青海		宁夏		新疆	
		2012年	2017年	2012年	2017年	2012年	2017年	2012年	2017年	2012年	2017年	2012年	2017年	2012年	2017年	2012年	2017年	2012年	2017年	2012年	2017年	2012年	2017年	2012年	2017年
劳动密集型	食品制造及烟草加工业	19.6	17.4	19.5	16.7	9.8	10.0	20.6	20.7	51.1	48.2	44.1	50.4	26.4	34.1	14.0	20.1	18.6	16.8	5.2	9.1	12.6	11.4	17.0	13.4
	纺织业	4.1	2.0	1.4	1.1	1.5	0.6	2.5	1.9	0.1	0.1	0.3	0.2	0.4	0.9	1.7	2.1	0.8	0.3	1.9	0.7	4.2	4.9	2.8	3.6
	服装皮革羽绒及其制品业	1.7	0.4	1.8	1.6	2.4	1.7	1.9	1.3	0.4	1.1	0.2	0.3	0.3	0.7	0.4	0.5	0.5	0.5	1.1	1.3	1.1	1.6	0.4	0.8
	木材加工及家具制造业	2.1	0.2	6.4	8.4	0.8	1.4	2.4	2.4	2.0	1.1	1.1	0.9	3.2	0.4	0.4	0.6	0.3	0.2	0.1	0.3	0.7	0.3	0.4	0.3
	造纸印刷及文教用品制造业	2.5	1.2	4.8	3.1	2.8	3.3	3.4	2.8	1.8	1.1	2.6	3.4	10.1	5.4	1.8	2.6	1.2	1.0	2.0	1.8	1.5	1.2	1.9	0.8
资本密集型	石油加工、炼焦及核燃料加工业	4.8	12.1	3.5	3.0	0.6	0.3	1.7	2.7	1.7	0.9	3.1	2.2	0.0	0.0	21.2	5.7	13.5	15.8	1.3	7.1	13.9	19.7	25.2	26.1
	化学工业	13.2	21.4	10.4	9.8	11.9	11.8	15.3	13.9	14.5	18.3	12.5	12.3	24.3	17.3	9.9	16.9	9.7	13.6	27.0	24.7	22.4	26.9	21.3	21.2
	非金属矿物制品业	10.4	4.9	9.3	9.8	8.2	8.0	8.4	8.8	6.4	3.9	5.7	6.1	33.5	40.5	7.6	13.1	9.9	8.6	7.3	7.4	8.2	4.9	10.5	8.9
	金属冶炼及压延加工业	28.6	32.0	17.8	15.1	8.4	5.2	11.0	6.2	11.7	10.4	24.2	15.6	0.0	0.0	15.1	10.0	30.4	26.6	49.1	38.6	21.9	20.3	12.3	19.4
	金属制品业	4.0	0.7	1.6	1.9	3.1	3.4	2.9	4.1	1.6	1.0	1.0	0.9	1.6	0.4	2.0	1.4	2.0	6.4	0.5	0.5	2.0	1.2	1.2	1.0
技术密集型	通用设备制造业	2.1	0.7	2.2	1.7	4.7	4.8	5.9	5.2	1.0	1.6	0.8	0.7	0.0	0.0	3.8	3.1	1.9	1.3	1.8	1.1	3.2	2.2	0.9	0.2
	专用设备制造业	1.5	0.5	2.7	2.0	2.4	2.1	3.9	3.9	0.8	0.7	0.8	0.6	0.0	0.1	4.3	4.2	2.6	1.7	0.1	0.2	2.5	1.0	1.1	0.6
	交通运输设备制造业	2.0	3.6	9.1	10.5	27.7	29.4	6.0	9.1	3.2	3.8	1.8	2.5	0.0	0.0	9.6	4.5	0.6	0.5	1.3	0.4	0.6	0.7	0.2	0.3
	电气机械及器材制造业	2.6	1.2	3.8	3.9	5.3	4.3	3.6	3.9	0.9	1.9	0.9	0.9	0.0	0.2	3.4	7.8	4.6	1.9	0.7	6.2	4.2	2.2	3.8	3.1
	通信设备、计算机及其他电子设备制造业	0.4	1.5	3.9	5.9	8.1	11.9	8.7	10.5	1.2	2.2	0.2	1.3	0.0	0.0	2.5	5.2	1.0	2.0	2.0	0.4	0.0	0.0	0.6	0.0
	仪器仪表及文化办公用机械制造业	0.1	0.0	0.4	0.2	1.4	1.0	0.3	0.4	0.3	0.4	0.2	0.3	0.0	0.0	1.6	0.2	0.2	0.2	0.1	0.2	0.8	0.5	0.0	0.0

西部地区

续表

部门分类	制造业部门	中部地区												东北地区					
		山西		安徽		江西		河南		湖北		湖南		辽宁		吉林		黑龙江	
		2012年	2017年	2012年	2017年	2012年	2017年	2012年	2017年	2012年	2017年	2012年	2017年	2012年	2017年	2012年	2017年	2012年	2017年
劳动密集型	食品制造及烟草加工业	11.1	9.4	13.6	11.3	10.5	10.5	13.2	15.5	14.2	16.5	16.1	17.3	10.6	5.2	18.3	16.0	34.9	27.3
	纺织业	0.3	0.2	2.8	2.3	3.2	3.2	3.8	2.7	3.4	5.7	2.0	1.8	0.8	0.3	0.6	1.3	1.1	1.1
	服装皮革羽绒及其制品业	0.4	0.3	3.7	3.9	5.4	7.6	3.4	4.0	1.5	3.1	1.9	2.9	2.1	1.1	0.8	1.2	0.6	0.8
	木材加工及家具制造业	0.5	0.5	2.2	2.7	2.5	2.6	4.2	2.6	0.8	1.9	2.5	2.9	3.1	0.7	4.8	4.4	4.1	4.5
	造纸印刷及文教用品制造业	0.6	0.7	3.2	3.1	4.4	4.7	3.8	4.2	3.0	3.4	3.1	4.0	2.0	0.7	1.1	1.2	1.8	2.2
资本密集型	石油、炼焦及核燃料加工业	16.7	14.6	0.6	2.0	1.9	2.0	1.7	2.1	2.1	2.7	1.6	1.8	7.1	23.8	4.4	0.7	9.6	8.6
	化学工业	12.0	13.0	11.1	14.1	15.8	17.5	10.2	12.8	12.5	14.1	12.0	12.4	12.3	9.2	14.1	18.8	15.8	24.7
	非金属矿物制品业	6.8	6.4	6.6	9.4	10.0	10.1	19.3	13.9	4.8	10.7	8.0	9.8	10.9	4.3	8.0	8.0	7.0	6.5
	金属冶炼及压延加工业	31.0	30.1	13.2	7.5	23.7	13.8	12.5	10.5	10.6	4.9	13.9	11.4	13.1	17.4	5.9	3.0	3.7	1.2
	金属制品业	2.3	3.6	3.5	4.8	2.3	2.0	3.4	4.5	3.3	4.6	3.1	3.9	4.4	2.5	1.5	2.7	0.9	1.6
技术密集型	通用设备制造业	3.3	2.0	5.9	6.1	2.3	2.4	5.3	5.3	4.1	3.7	5.8	4.3	11.1	5.5	1.8	2.2	6.2	6.3
	专用设备制造业	4.6	2.6	4.6	4.5	1.6	2.2	5.7	5.6	3.3	3.3	11.3	7.8	5.3	1.7	3.0	2.9	4.8	4.8
	交通运输设备制造业	2.0	3.4	7.6	6.9	4.1	4.2	3.8	5.4	20.6	14.3	6.0	8.3	9.2	17.2	33.2	34.9	3.5	6.9
	电气机械及器材制造业	2.0	2.4	15.3	11.7	7.3	7.6	4.3	4.7	6.2	4.6	3.3	3.9	3.8	2.4	1.6	1.6	3.4	2.7
	通信设备、计算机及其他电子设备制造业	3.6	8.3	3.2	7.1	4.0	4.6	3.6	4.4	7.8	3.2	7.1	5.7	2.0	4.6	0.4	0.5	0.3	0.3
	仪器仪表及文化、办公用机械制造业	0.3	0.3	0.6	0.8	0.5	0.5	0.7	0.8	0.6	0.6	0.7	0.5	0.5	0.8	0.2	0.3	0.3	0.3

资料来源：作者根据对应年份的中国区域投入产出表计算所得。

第四章 中国产业重心的演变特征

合理的产业空间格局是各地发挥优势、因地制宜发展的结果，也是促进区域协调发展的重要路径，准确客观地刻画产业空间格局的变化是认识区域状况、制定区域政策的重要基础工作。分析产业空间格局的方法有份额偏离法、专业化指数法、产业梯度指数法、空间重心法等，相较而言，空间重心法的结果最为直观、简洁，能够计算出一国或一省范围内产业的几何重心位置及其变化，从而明确给出产业空间格局是否发生变化以及变化方向和速率的结论。经济重心迁移既关乎经济的发展，又体现于地理空间。因此，通过刻画中国经济重心的迁移轨迹，可以简洁直观地展现出产业空间格局，从而揭示产业与经济发展的规律与联系；通过产业重心与经济重心的分析，产业内部各部门之间的关系，可深入把握我国区域发展均衡状态变化情况；有利于为政府进一步进行产业结构的调整和产业空间格局的决策提供参考。

本章运用中国省级多区域投入产出表来研究中国产业空间分布。首先，结合重心模型并改进当前的重心分解模型梳理改革开放以来中国经济重心和三次产业重心的迁移情况；其次，分别从省份的角度沿经度和纬度方向分析其背后的影响因素；最后，在此基础上得出相关的政策启示。本章结构安排如下：第一节，文献综述；第二节，模型构建与数据说明；第三节，中国经济重心迁移特征；第四节，中国产业重心迁移特征；第五节，重心迁移的贡献度分解；第六节，研究启示。

第一节 文献综述

重心模型源自物理学，最早由美国学者弗·沃尔克于1874年将其引入社会经济领域，研究美国人口重心与人口分布的迁移轨迹。后续许多学者不断改进重心模型，重心模型现已被广泛应用于重心演变、区域经济发展差异、经济重心与其他重心的互动关系等诸多研究。樊杰和陶普曼（1996）运用重心计算模型研究了中国改革开放以来农村工业重心的迁移轨迹。

贝隆和坎宁安（Bellone and Cunningham，1993）假定所研究区域为一个均质区域，则该区域内人口数量的质心即为该区域的重心；周民良（2000）运用重心模型研究中国区域差距的变动状况；徐建华和岳文泽（2001）运用重心模型研究中国1978～1997年中国人口、经济发展、生活水平区域差异的动态变化及其之间的关系，以及各要素动态演化的驱动因子；许月卿和李双成（2005）计算了1978～2002年我国人口重心和社会经济重心的动态演变轨迹；乔家君和李小建（2005）通过研究1952～2000年中国经济重心的移动轨迹得出，总体移动轨迹呈现"士"字型，整体趋势由北向南移动；冯宗宪和黄建山（2005）研究了1978～2003年中国经济重心移动轨迹；阿布法德尔和奥斯汀（Aboufadel and Austin，2006）改进了人口重心计算方法，实现了不依赖参数与选择标准的人口重心计算模型；樊杰等（2010）测算了中国 1952~2005 年中国经济重心移动轨迹，并运用均衡点跃迁和势能差转化解释了区域发展的空间均衡过程；李鹏和安树伟（2012）运用重心模型刻画了 2000 年以来中国西部经济重心移动；叶明确（2012）提出了一种基于夏普里值的、适用于重心法的分解方法；胡安俊和刘元春（2013）运用重心模型和重心分解模型对 1990~2012 年中国区域经济重心的演化进行了分析与验证；坎多安（Kandogan，2014）通过各国的国内生产总值计算了世界经济重心，同时也计算了 G20 国家的经济重心；白雪（2015）运用重心模型测算经济重心位置、移动方向、移动距离，并对其进行三次产业重心分解及关联度测算；涂建军等（2018）运用重心模型刻画了 1996~2015 年我国经济重心的时空演变轨迹，并采用格兰杰因果检验分析了经济重心变动与人口分布重心、三次产业重心之间的因果关系。

综观已有研究发现，诸多学者运用重心模型围绕经济重心、产业重心及人口重心展开一系列研究，但较多研究运用重心模型刻画重心迁移轨迹，尚未详尽刻画中国三次产业中各细分部门的重心迁移特征，而探索三次产业重心贡献度分解的研究更是屈指可数。为弥补上述研究不足，本章运用重心模型考察中国经济重心演变特征，改进重心贡献度分解模型，计算出 1987~2017 年中国经济重心迁移轨迹以及三次产业重心迁移轨迹，分析产业内各部门重心迁移情况，并分别从经度视角与纬度视角剖析三次产业重心迁移的驱动省份，进一步寻找影响重心迁移的同向作用力与反向作用力省份。

第二节　模型构建与数据说明

一、重心模型

本章节主要运用重心模型刻画中国经济重心及三次产业重心迁移的演变特征。重心模型公式如下：

$$X = \frac{\sum m_i x_i}{\sum m_i} \tag{4.1}$$

$$Y = \frac{\sum m_i y_i}{\sum m_i} \tag{4.2}$$

其中，X、Y 分别表示特定部门增加值重心的经度与纬度，x_i、y_i 分别表示省份 i 的经度与纬度，这里用省会城市的地理坐标来代替，m_i 为特定部门在省份 i 的增加值。重心移动距离计算公式如下：

$$d_{\alpha-\beta} = c \cdot \sqrt{(X_\alpha - X_\beta)^2 + (Y_\alpha - Y_\beta)^2} \tag{4.3}$$

其中，$d_{\alpha-\beta}$ 为第 α 年至第 β 年重心移动距离（单位：千米）；(X_α, Y_α)、(X_β, Y_β) 分别表示第 α 年至第 β 年增加值重心所在地空间的地理坐标（经度值和纬度值）；依据相关文献研究，c 为常数，取值为 111.111，是地理坐标单位每变化 1 度转换为平面距离（千米）的系数。

二、重心贡献度分解模型

重心贡献度分解模型主要用于进一步了解中国各个省份对中国经济重心迁移起到的作用，分别从经度和纬度方向进行分解。为判别各省份对重心迁移的同向作用力与反向作用力，本章则在胡安俊和刘元春（2013）的重心分解模型的基础上引入了方向矢量加以改进，具体计算公式如下：

$$J_i = \left(\frac{m_i^\alpha}{\sum m^\alpha} - \frac{m_i^\beta}{\sum m^\beta} \right) * x_i * M \tag{4.4}$$

$$W_i = \left(\frac{m_i^\alpha}{\sum m^\alpha} - \frac{m_i^\beta}{\sum m^\beta} \right) * y_i * M \tag{4.5}$$

其中，J_i、W_i 分别表示省份 i 在 $\alpha \sim \beta$ 年的经度分解值和纬度分解值；x_i、y_i 分别表示省份 i 的经度与纬度，此处同样使用省会城市的地理坐标来代替；α 和 β 表示年份，$\frac{m_i^\alpha}{\sum m^\alpha}$ 和 $\frac{m_i^\beta}{\sum m^\beta}$ 为省份 i 在 α 和 β 年份特定部门增加值在全国的比重；M 表示方向矢量：

$$M = \begin{cases} 1, \text{当 } x_i \geq X_\beta \text{ 或 } y_i \geq Y_\beta & (4.6) \\ -1, \text{当 } x_i < X_\beta \text{ 或 } y_i < Y_\beta & (4.7) \end{cases}$$

贡献度计算公式如下：

$$\mathrm{Con}(x_i) = \frac{J_i}{\sum J_i} * 100\% \tag{4.8}$$

$$\mathrm{Con}(y_i) = \frac{W_i}{\sum W_i} * 100\% \tag{4.9}$$

其中，$\mathrm{Con}(x_i)$ 和 $Con(y_i)$ 分别代表省份 i 的经度和纬度贡献度。

三、数据处理说明

本章节所用数据主要有三大类：

（1）1987～2017 年中国省际间投入产出表。为进行不同年份时间序列的对照分析，本章节将所有年份的部门进行了统一合并处理，最终合并为 29 个部门（见表 4 - 1）。运用多年份、可比较的中国省际间投入产出表数据为基础的原因在于，相比统计年鉴的数据，中国省际间投入产出表能够直接反映区域内各个部门之间的生产技术联系和供需的综合平衡关系。

表 4 - 1　　　　　**1987～2017 年中国省际间投入产出表合并后的 29 部门**

产业划分	部门序号	部门名称
第一产业	1	农业
第二产业	2	煤炭采选业
	3	石油和天然气开采业
	4	金属矿采选业
	5	非金属矿采选业
	6	食品制造及烟草加工业
	7	纺织业
	8	服装皮革羽绒及其制品业
	9	木材加工及家具制造业
	10	造纸印刷及文教用品制造业
	11	石油加工、炼焦及核燃料加工业
	12	化学工业
	13	非金属矿物制品业
	14	金属冶炼及压延加工业
	15	金属制品业
	16	通用与专用设备制造业
	17	交通运输设备制造业
	18	电气机械及器材制造业
	19	通信设备、计算机及其他电子设备制造业
	20	仪器仪表及文化、办公用机械制造业
	21	其他制造业
	22	电力、热力、自来水和燃气的生产和供应业
	23	建筑业
第三产业	24	运输邮电业
	25	批发和零售业
	26	房地产及社会服务业
	27	教科文卫业
	28	金融保险业
	29	公共管理和社会组织

资料来源：作者整理。

（2）1992～2019 年国家统计局核算的地区生产总值、三次产业增加值数据及 1980～1991 年《新中国 60 年资料汇编》。由于国家统计局核算的地区生产总值数据仅涵盖 1992～2019 年，为更全面地了解中国经济重心的时间演变特征，经比较决定采用《新中国 60 年资料汇编》以补充 1980～1991 年的数据。

（3）空间地理数据全部来源于国家基础地理信息系统 1∶400 万数据库，涵盖各行政区划图和地理重心的经纬度坐标，为了方便计算，各省经纬度坐标均使用省会城市的经纬度坐标来表示。

第三节　中国经济重心迁移特征

经济重心和产业重心的轨迹变动及空间耦合状态集中反映了不同时段中国区域经济发展状况及未来趋势，对制定区域协调发展政策具有重大参考意义（李小云等，2017）。本节运用《新中国60年资料汇编》和国家统计局核算数据计算了1980~2019年中国经济重心的移动轨迹，运用1987~2017年中国省际间投入产出表计算了1987~2017年中国经济重心的移动轨迹，并对二者进行了对照分析（见图4-1）。依据图4-1可看出，同一时间段两种数据来源计算得出的中国经济重心迁移方向大体一致。

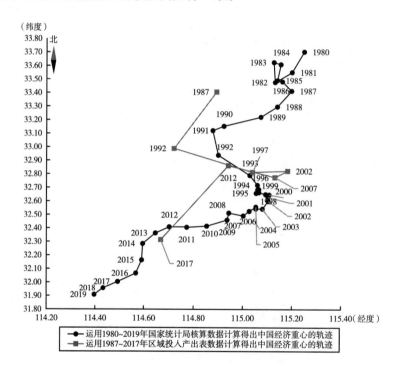

图4-1　中国经济重心演变特征

资料来源：1980~1991年数据源自《新中国60年资料汇编》；1992~2019年数据源自国家统计局核算数据，1987~2017年省际间投入产出表。

接下来，分别从移动方向与移动速度分析中国经济重心的演变特征。首先，观测运用国家统计局核算数据和《新中国60年资料汇编》计算的重心移动轨迹（见表4-2）。整体上来看，1980~2019年中国经济重心向南偏西方向移动，经度方向上从115°25′E移动到114°40′E，纬度方向上从33°70′N移动到31°91′N。按照重心移动轨迹特点大致分为四个阶段：1980~1991年，中国经济重心向南偏西方向移动，移动较快达6.98千米/年；1991~2002年，东部区域优先发展，区域差距逐渐拉大，中国经济重心向南偏东方向移动，移动较缓为5.75千米/年；2002~2012年，中部崛起和西部大开发战略推动中国经济重心持续向西移动，移动速度缓慢为4.95千米/年；2012~2019年，中国经济重心向南偏西方向移动，移动速度大幅度回升为9.31千米/年，向西移动幅度与向南移动幅度相同。(此处移动方向中的"向"指的移动幅度较大的方向;"偏"则指移动幅度较小的方向。)

表4-2　　　　　　　1980~2019 年中国经济重心演变特征

年份	空间坐标位置	移动距离(千米)	移动速度(千米/年)	移动方向
1980	(115.25, 33.70)			
1987	(115.20, 33.41)	32.74	4.68	向南偏西
1992	(114.90, 32.94)	62.27	12.45	向南偏西
1997	(115.07, 32.69)	33.49	6.70	向南偏东
2002	(115.10, 32.60)	10.58	2.12	向南偏东
2007	(115.00, 32.49)	16.49	3.30	向南偏西
2012	(114.70, 32.41)	34.58	6.92	向西偏南
2019	(114.40, 31.91)	65.19	9.31	向南偏西

资料来源:1980~1991 年数据源自《新中国60 年资料汇编》;1992~2019 年数据源自国家统计局核算数据。

同样地,运用投入产出表计算的中国经济重心按移动方向分为四个阶段:1987~1992年中国经济重心向南偏西移动,移动速度较快为14.82 千米/年;1992~2002 年中国经济重心向东偏南移动,移动速度较缓为5.48 千米/年;2002~2012 年中国经济重心向西移动,移动速度相对较缓为3.07 千米/年,2012~2017 年中国经济重心向南偏西移动,移动速度回升为13.59 千米/年。中国经济重心演变特征(局部放大图)如图4-2 所示。

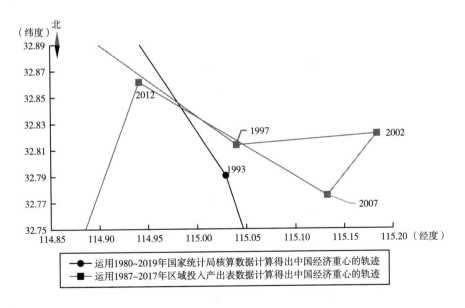

图4-2　中国经济重心演变特征(局部放大图)

第四节　中国产业重心迁移特征

一、中国三次产业重心迁移特征

本部分刻画中国三次产业重心迁移轨迹，并分别从移动方向和移动速度来阐释轨迹特征（见图 4 - 3）。数据来源是 1980 ~ 2019 年不同省份三次产业增加值数据以及 1987 ~ 2017 年中国省际间投入产出表。整体上来看，第二产业重心迁移范围最大，向西偏南移动；第三产业重心迁移范围次之，向南偏西移动；第一产业重心迁移范围较小，向西偏南移动。综合对比，两种数据来源的产业重心迁移相对轨迹趋于一致。

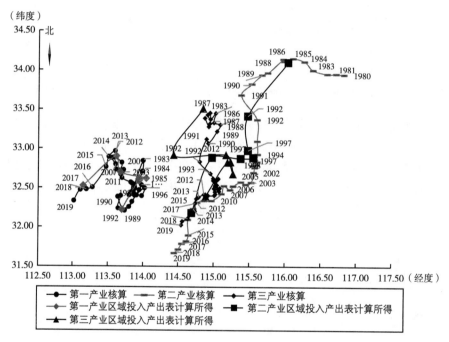

图 4 - 3　1980 ~ 2019 年三次产业重心演变特征

资料来源：依据国家统计局核算数据和中国省际间投入产出表测算。

如图 4 - 3 和表 4 - 3 所示，首先，观测依据国家统计局核算数据测算的第一产业重心迁移轨迹。整体而言，第一产业重心偏向西南方向移动，位于经济重心西侧，其迁移轨迹在河南省南阳市和驻马店市交界处。具体来看，1980 ~ 1991 年，中国第一产业重心向南偏西移动，移动较慢，速度达 2.23 千米/年；1991 ~ 2002 年，中国第一产业重心向北偏东方向移动，移动较慢，速度达 2.41 千米/年；2002 ~ 2012 年，重心向北偏西移动，移动较缓，速度为 4.98 千米/年；2012 ~ 2019 年，重心向西偏南移动，移动速度回升 12.67 千米/年。同样地，运用中国省际间投入产出表刻画的移动轨迹在同一时间段的移动趋势是相对一致的，1987 ~ 1992 年第一产业重心向南偏西移动，移动速度较快为 10.21 千米/年；1992 ~ 2002 年第一产业重心向北偏东移动，移动速度变缓为 5.83 千米/年；2002 ~ 2012 年第一产业重心向北偏西移动，移动速度较缓为 5.64 千米/年；2012 ~ 2017 年第一产业重心向西偏南移动，移动速度回升至 13.45 千米/年。

表 4－3 1980～2019 年中国三次产业重心演变特征

产业	年份	空间坐标位置	移动距离（千米）	移动速度（千米/年）	移动方向
第一产业	1980	(113.82, 32.57)			
	1987	(113.94, 32.47)	17.07	2.44	向东偏南
	1992	(113.65, 32.24)	42.03	8.41	向西偏南
	1997	(113.88, 32.40)	31.82	6.36	向东偏北
	2002	(113.88, 32.40)	15.45	3.09	向北
	2007	(113.61, 32.63)	35.97	7.19	向西偏北
	2012	(113.59, 32.89)	17.40	3.48	向北偏西
	2019	(113.02, 32.33)	88.66	12.67	向西偏南
第二产业	1980	(116.82, 33.94)			
	1987	(115.97, 34.14)	97.62	13.95	向西偏北
	1992	(115.60, 33.37)	94.72	18.94	向南偏西
	1997	(115.57, 32.86)	56.37	11.27	向南偏西
	2002	(115.56, 32.69)	18.76	3.75	向南偏西
	2007	(115.23, 32.47)	43.58	8.72	向西偏南
	2012	(114.77, 32.31)	54.78	10.96	向西偏南
	2019	(114.45, 31.67)	79.99	11.43	向南偏西
第三产业	1980	(114.87, 33.39)			
	1987	(115.00, 33.33)	15.62	2.23	向东偏南
	1992	(114.80, 32.83)	59.47	11.89	向南偏西
	1997	(115.06, 32.62)	37.95	7.59	向南偏东
	2002	(115.02, 32.52)	11.93	2.39	向南偏东
	2007	(115.07, 32.45)	9.47	1.89	向南偏西
	2012	(114.86, 32.41)	24.20	4.84	向西偏南
	2019	(114.54, 32.02)	55.78	7.97	向南偏西

资料来源：1980～1991 年数据源自《新中国 60 年资料汇编》；1992～2019 年数据源自国家统计局核算数据。

需要注意的是，第一产业迁移轨迹不同于中国经济重心的迁移轨迹的地方在于 1992～2002 年，该阶段在整体中国经济重心向西南移动的情况下，第一产业是向东北方向移动。究其原因主要在于以下两点：其一，农业受自然地理条件的影响极大，我国南北方农业生产的自然条件差异极大，南方降水地区的降水量整体上高于北方地区，给农业带来充足水分的同时也极易造成自然灾害。20 世纪 90 年代长江流域的洪涝灾害很大程度上影响了南方的农业生产。其二，在地区政策扶持上，我国设立的粮食主产区集中于东北和河南、河北等中东部地带，这也保证了农业重心总体上相对稳定的特点。

其次，观测依据国家统计局核算数据测算的第二产业重心迁移轨迹。第二产业重心偏向西南方向移动，位于中国经济重心东侧，其迁移轨迹从河南省商丘市出发经过安徽省阜阳市回到河南省信阳市，2017 年与 1987 年相比重心向西移动了 1.3 度，向南移动了 1.9 度。具体来看，1980～1991 年，第二产业重心向西偏南移动，移动最快，速度达 14.78 千米/年；1991～2002

年，第二产业重心向南偏东方向移动，移动较快，速度达 10.14 千米/年；2002～2012 年第二产业重心向西偏南移动，移动速度最缓为 9.75 千米/年；2012～2019 年，中国第二产业重心向南偏西移动，移动速度较快，速度为 11.43 千米/年。同样地，运用投入产出表描绘出的移动轨迹在同一时间段的移动趋势是相对一致的；1987～1992 年第二产业重心向南偏西移动，移动速度较快为 19.68 千米/年；1992～2002 年第二产业重心向南偏东移动，移动速度变缓为 5.96 千米/年；2002～2012 年第二产业重心向西移动，移动速度稍有回升为 6.44 千米/年；2012～2017 年第二产业重心向南偏西移动，移动速度回升至 16.91 千米/年。

最后，观测依据国家统计局核算数据测算的第三产业重心迁移轨迹。第三产业与中国经济重心移动轨迹高度吻合，整体向西南移动，向南移动幅度较大。具体来看，1980～1991 年，中国第三产业重心向南偏东移动，移动较慢，速度达 2.71 千米/年；1991～2002 年，中国第三产业重心向南偏东方向移动，移动速度回升，速度达 6.23 千米/年；2002～2012 年，重心向西偏南移动，移动较缓，速度为 2.10 千米/年；2012～2019 年，重心向南偏西移动，移动速度较快，速度为 7.97 千米/年。类似地，运用投入产出表描绘出的移动轨迹在同一时间段的移动趋势是相对一致的，1987～1992 年第三产业重心向南偏西移动，移动速度较快为 16.03 千米/年；1992～2002 年第三产业重心向东偏南移动，移动速度变缓为 8.99 千米/年；2002～2012 年第三产业重心向西移动，移动速度较慢为 0.49 千米/年；2012～2017 年第三产业重心向南偏西移动，移动速度回升至 11.71 千米/年。

从移动方向整体来看，三次产业均向西南方向移动。第一产业整体先向西北后向西南移动，向西移动幅度较大，南北移动幅度较小，移动轨迹较为波折，位于中国经济重心的西侧。第二、三产业均形成西南—东南—西—西南的移动轨迹，其中第二产业的移动幅度最大，第三产业次之，且南北移动幅度比东西移动幅度相对较大。从整体移动速度来看，第一产业移动速度最为缓慢，第三产业移动速度较快，第二产业移动速度最快。这与诸多学者的研究结论保持一致。

此外，借鉴产业贡献率的计算方法，将不同省份三次产业增加值与相应的产业经纬度相乘求得三次产业重心贡献率，结果如下所示。可以看出第二产业对于中国经济重心迁移发挥着相当重要的作用，第二产业重心贡献率在 1987～1992 年为 46% 以上，1992～2002 年上升至 47% 以上，2002～2012 年达到 51% 以上，不论是经度方向还是纬度方向上，第二产业对重心的迁移贡献均为第一，如表 4-4 所示。直到 2012～2017 年第三产业发展突飞猛进，成为重心迁移的主要力量。因此下一小节将重点研究各阶段第二产业的重心迁移轨迹。

表 4-4　　　　　　　　**1987～2017 年三次产业的产业重心贡献率**　　　　　单位：%

四阶段	第一产业		第二产业		第三产业	
	经度贡献率	纬度贡献率	经度贡献率	纬度贡献率	经度贡献率	纬度贡献率
1987～1992 年	17.51	17.21	46.18	46.36	36.32	36.42
1992～2002 年	11.64	11.78	47.08	46.93	41.28	41.29
2002～2012 年	7.51	7.64	51.06	51.09	41.43	41.26
2012～2017 年	4.79	4.89	24.45	22.92	70.77	72.18

资料来源：依据中国省际间投入产出表和各省份经纬度测算。

二、第二产业空间布局演变

伴随不同地区工业化进程的不同程度加深，第二产业呈现出明显的地域分布特征。

为进一步分析我国不同区域产业发展情况，本小节研究第二产业不同细分部门重心迁移规律，并分析其形成背景和影响因素。各部门分类如表4-5所示，其中重点研究制造业部门。该小节的测算结果主要依据1987~2017年中国省际间投入产出表数据测算。

表4-5　　　　　　　　　　　第二产业各部门分类

部门分类	部门名称
采矿业（4）	煤炭采选业
	石油和天然气开采业
	金属矿采选业
	非金属矿采选业
劳动密集型制造业（6）	食品制造及烟草加工业
	纺织业
	服装皮革羽绒及其制品业
	木材加工及家具制造业
	造纸印刷及文教用品制造业
	其他制造业
资本密集型制造业（5）	石油加工、炼焦及核燃料加工业
	化学工业
	非金属矿物制品业
	金属冶炼及压延加工业
	金属制品业
技术密集型制造业（5）	通用、专用设备制造业
	交通运输设备制造业
	电气机械及器材制造业
	通信设备、计算机及其他电子设备制造业
	仪器仪表及文化、办公用机械制造业
其他（2）	电力、热力、自来水和燃气的生产和供应业
	建筑业

资料来源：作者整理。

（一）采矿业重心迁移

依据表4-6可以看出，1987~2017年采矿业的重心由东向西移动较为显著。从移动方向看，"石油和天然气开采业"与"非金属矿采业"两个部门重心由东向西移动幅度较大，也是第二产业中移动距离相对较大的部门；而"煤炭采选业"与"金属采选业"在东西方向移动幅度较小。从移动速度看，"石油和天然气开采业"与"非金属矿采业"的移动速度也相对较快。

表 4 - 6　　　　　　　　1987 ~ 2017 年中国采矿业重心演变轨迹

采矿业	五年期	移动距离（千米）	移动速度（千米/年）	移动方向
煤炭采选业	1987 ~ 1992 年	83.70	16.74	向南偏东
	1992 ~ 1997 年	48.01	9.60	向北偏西
	1997 ~ 2002 年	29.02	5.80	向南
	2002 ~ 2007 年	74.65	14.93	向北偏西
	2007 ~ 2012 年	146.79	29.36	向西偏北
	2012 ~ 2017 年	28.46	5.69	向西偏南
石油和天然气开采业	1987 ~ 1992 年	47.74	9.55	向北偏东
	1992 ~ 1997 年	405.71	81.14	向西偏南
	1997 ~ 2002 年	175.39	35.08	向东偏北
	2002 ~ 2007 年	362.66	72.53	向西偏南
	2007 ~ 2012 年	198.10	39.62	向西偏南
	2012 ~ 2017 年	123.31	24.66	向南偏西
金属矿采选业	1987 ~ 1992 年	73.18	14.64	向北偏西
	1992 ~ 1997 年	142.71	28.54	向东偏北
	1997 ~ 2002 年	125.03	25.01	向南偏东
	2002 ~ 2007 年	244.91	48.98	向北偏西
	2007 ~ 2012 年	32.71	6.54	向北偏东
	2012 ~ 2017 年	207.96	41.59	向南偏西
非金属矿采选业	1987 ~ 1992 年	249.73	49.95	向西偏南
	1992 ~ 1997 年	130.98	26.20	向南偏西
	1997 ~ 2002 年	141.24	28.25	向西偏北
	2002 ~ 2007 年	90.03	18.01	向北偏东
	2007 ~ 2012 年	90.54	18.11	向西偏北
	2012 ~ 2017 年	150.61	30.12	向南偏西

注：其中，"向"表示重心移动幅度较大的方向；"偏"表示重心移动幅度较小的方向。
资料来源：作者整理。

"煤炭采选业"的部门重心由 1987 年 114°00′E 向西移动至 2017 年 112°02′E，南北方向没有较大幅度的改变，重心稳定在山西省西南部地区，从 2007 年开始到 2017 年直线向西移动（见图 4 - 4a）。从该部门各省份增加值占该部门全国增加值的比重来看，2007 年时主要集中于山东（17.11%）、山西（16.01%）、内蒙古（10.68%），到 2012 年主要集中于山西（21.50%）、内蒙古（12.91%）、陕西（10.54%）、河北（10.03%），至 2017 年主要集中于山西（23.05%）、陕西（13.41%）、内蒙古（13.29%）。总体来看，该部门分布基本稳定在我国北部黄河中游地区。

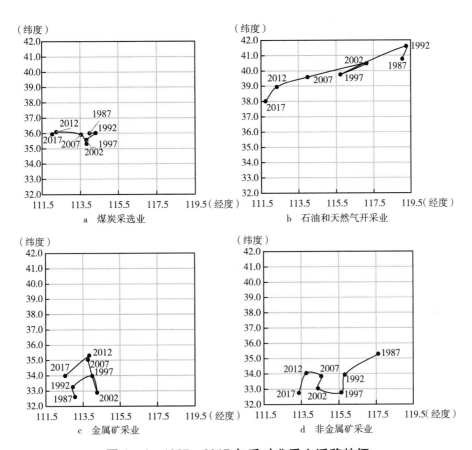

图4-4　1987～2017年采矿业重心迁移特征

资料来源：作者计算。

"石油和天然气开采业"的部门重心在东西方向上由1987年119°04′E至2017年111°73′E，向西移动了7.3度；南北方向上由1987年40°77′N至2017年38°01′N，向南移动了2.8度（见图4-4b）。整条曲线呈现较为清晰的西南方向的移动轨迹，重心处于内蒙古中部。1987～1992年该部门主要集中在黑龙江和山东；1997～2002年黑龙江和山东该部门的增加值比重逐渐减少，新疆占比有所升高；2007～2017年黑龙江、山东、新疆占比减少，天津、陕西的占比有所升高。黑龙江从1987年的39.1%比重减少至2017年的13.1%；山东从1987年的27.8%比重减少至2007年的10%；新疆从1997年增至12.5%到2017年减少至11.7%；陕西和天津分别于2007年和2012年增至10%以上。基于以上，重心一直不断向西南方向移动。同时，至2017年"石油和天然气开采业"的进口依存度已突破50%，出口依存度突破20%。多省份合力拉动使得该部门中心轨迹在内蒙古中部地区迁移。

"金属矿采选业"的部门重心稳定分布在河南，东西方向和南北方向的移动幅度均较小（见图4-4c）。1987～2002年、2002～2012年、2012～2017年分别呈现出向东北、西北、西南的移动特征。该部门总体来看主要集中于河北、山东、河南、辽宁等省份。1987～2002年西部和南部省份广东、江西、四川、云南等增加值占比均有减少，分别由1987年的7.7%、10.5%、5.8%、5.6%降低到2002年的1.3%、3.0%、2.3%、2.1%，使得该时间段重心向东北移动；2002～2012 年内蒙古、辽宁、河北等省份增加值占比增加，分别由 2.4%、5.3%、13.7% 增长到 10.7%、12.1%、20.5%；同时有福建、山东、河南等省份增加值占比较少，分别由 11.5%、9.4%、11.9% 降低到 1.5%、4.2%、6.2%，使得该时间段重心向西北移动；2012～2017 年中河北、内蒙古、辽宁等北部省份均有大幅较少，分别由 20.5%、10.7%、12.1% 降低到 12.2%、4.4%、3.4%；河南、四川等中部、西南部省份有所增加，分别由 6.2%、5.4% 增加为 17.8%、6.0%。2017 年该部门的进口依存度已经达到 43.97%，使得该阶段重心向西南方向移动。

"非金属矿采选业"的部门重心在东西方向上由 117°61′E 向西移动至 113°37′E，移动了 4.2 度，南北方向上由 35°30′N 向南移动至 32°75′N，移动了 2.5 度（见图 4-4d）。总体上看随时间增加该部门呈现出向西南方向的移动轨迹。1987 年该部门分布于江苏、福建、山东、吉林、黑龙江，至 2012 年分布于河南、湖北、四川、黑龙江，2017 年在其基础上天津、广东、贵州的增加值占比有所增加，所以多方合力使得总体上重心向西南方向移动。

综上所述，采矿业各部门均属于资源密集型产业，该产业的空间布局与资源禀赋、交通运输和政策因素等息息相关，矿产资源是经济社会发展的重要物质基础，是工业的"粮食"。资源的分布是由自然条件和环境变化所决定的，在中国，矿产资源分布相对集中。能源矿产主要分布在北方，90% 煤炭资源和生产能力集中分布在山西、陕西、内蒙古、新疆等地，总体上北富南贫、西多东少。铁矿主要分布在辽宁、四川和河北等地，铜主要集中在江西、西藏、云南、甘肃和安徽等地。21 世纪以来，资源消耗明显加速，资源有限性与社会旺盛需求的矛盾日益加剧，全球资源竞争日趋激烈。矿产资源全球分布不均的特点，决定了国内矿产资源无法满足发展需求，而必须基于全球配置资源，保障矿产资源供应。2017 年我国"石油和天然气开采业"和"金属矿采选业"的进出口依存度均处于较高水平。"石油和天然气开采业"的进口依存度为 50.56%，出口依存度为 20.37%，"金属矿采选业"的进口依存度为 43.97%，出口依存度为 24.84%。

（二）制造业重心迁移

1987～2017 年不同制造业部门重心移动特征呈现较大差异（见图 4-6），但整体呈现东北向西南移动的特征，经度方向上重心在 115°23′E～116°20′E 范围内移动，纬度方向上重心在 31°77′N～33°77′N 范围内移动（见表 4-7）。按要素密集型分类，将制造业分为劳动密集型、资本密集型和技术密集型（见图 4-5）。其中，资本密集型重心位于相对较北的位置，1987～2017 年整体上向西南方向移动，经度方向在 114°87′E～116°27′E 范围内移动，纬度方向上重心在 32°72′N～34°35′N 范围内移动，向南移动的幅度比向西移动的幅度相比较大，移动速度较慢；技术密集型集中于东部，呈现出先西南，后东南，再西南的迁移轨迹，经度方向上在 115°83′E～116°19′E 范围内移动，纬度方向上重心在 31°33′N～33°79′N 范围内移动，向南移动的幅度比向西移动的幅度相比较大，2012～2017 年移动速度稍快；劳动密集型与技术密集型的重心位于相对较南的位置，同时劳动密集型位于技术密集型西部，同样呈现出先西南，后东南，再西南的迁移轨迹，经度方向上在 114°97′E～115°79′E 范围内移动，纬度方向上重心在 31°03′N～33°09′N 范围内移动，向南移动的幅度比向西移动的幅度相比较大，2012～2017 年移动速度最快。

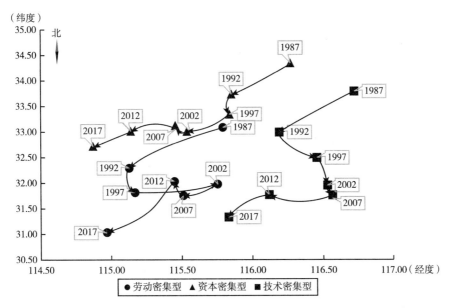

图4-5　1987～2017年制造业重心移动轨迹（按要素密集型分类）

资料来源：作者计算。

表4-7　　　　　　　　**1987～2017年制造业重心移动距离、速度和方向**

分类	时间段	移动距离 （千米）	移动速度 （千米/年）	移动方向
劳动密集型	1987～1992年	115.24	23.0	向南偏西
	1992～1997年	53.17	10.6	向南偏东
	1997～2002年	67.49	13.5	向东偏北
	2002～2007年	36.62	7.3	向西偏南
	2007～2012年	31.49	6.3	向西偏北
	2012～2017年	122.92	24.6	向西偏南
资本密集型	1987～1992年	82.24	16.4	向西偏南
	1992～1997年	43.63	8.7	向南偏西
	1997～2002年	50.09	10.0	向西偏南
	2002～2007年	15.70	3.1	向西偏北
	2007～2012年	37.10	7.4	向西偏南
	2012～2017年	44.23	8.8	向西偏南
技术密集型	1987～1992年	106.38	21.3	向南偏西
	1992～1997年	62.77	12.6	向南偏东
	1997～2002年	60.49	12.1	向南偏东
	2002～2007年	21.65	4.3	向南偏东
	2007～2012年	49.53	9.9	向西
	2012～2017年	58.23	11.6	向西偏南

资料来源：作者计算。

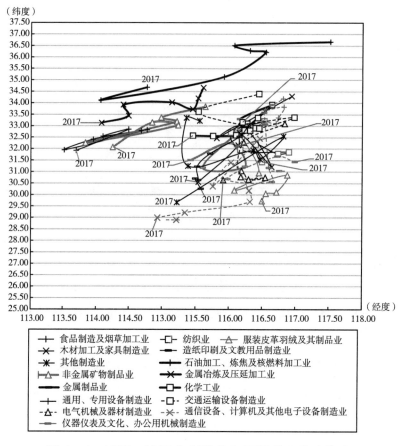

图 4 - 6　1987 ~ 2017 年制造业各部门重心移动轨迹

资料来源：作者计算。

1. 劳动密集型制造业

"食品制造与烟草加工业"的重心轨迹移动幅度较小，重心比较稳定，基本处于中部地区的河南省（见图 4 - 7c）。通过计算"食品制造与烟草加工业"（以下简称"食品"）、农业、经济重心的移动轨迹，比较可以发现，食品部门的重心移动方向与农业重心的移动方向比较一致（见表 4 - 8）。"食品制造与烟草加工业"是与农业的发展息息相关的，各种食品的加工和制造都离不开以农产品为原料，因此"食品制造与烟草加工业"重心移动表现出较为稳定的态势。2012 ~ 2017 年重心呈现向西南方向移动的趋势，主要原因在于东北地区辽宁、吉林、黑龙江的"食品制造与烟草加工业"的增加值占比减少，分别由 4.7%、3.6%、3.5% 降低到 1.1%、2.8%、1.7%；另外，有西南地区贵州、西北地区陕西、中部地区河南的"食品制造与烟草加工业"增加值占比有所增加，分别由 2.4%、2.1%、7.2% 增加到 4.0%、3.7%、8.9%。多方合力使得该阶段部门重心向西南方向移动。

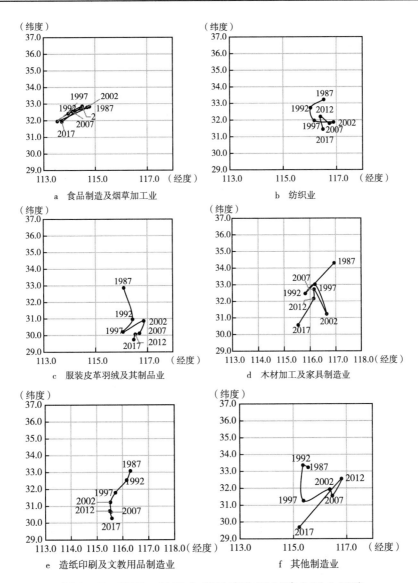

图4-7 1987～2017年劳动密集型制造业重心迁移

资料来源：作者计算。

表4-8   1987～2017年食品、农业、经济重心迁移方向对比

年份	食品	农业	经济
1987～1992	西南	西南	西南
1992～1997	东北	东北	东南
1997～2002	东北	东北	东南
2002～2007	西南	西北	西南
2007～2012	东北	西北	西北
2012～2017	西南	西南	西南

资料来源：作者整理。

　　"纺织业"整体重心轨迹向东南方向移动，且向南移动幅度较大，移动速度较慢，总体上稳定在安徽省内（见图 4 - 7b）。2001 年中国加入 WTO，随着劳动力成本上升，纺织业逐步脱离出传统的依赖于人工，更多地转变为机械，随着机械化水平的增加带动劳动生产率的提高，劳动力成本所占生产成本的比重下降。2017 年该部门出口依存度已达到 51.2%，大量地出口拉动纺织业重心也向东南方向移动。2012 ~ 2017 年纺织业重心呈现出东南方向的移动趋势，该部门主要集中在江苏、浙江、山东，这些地区的部门增加值占比均达到 10%以上，其中，山东的增加值比重有所减少，由 17.2%降低到 11.9%；而浙江、福建、湖北等省份的增加值比重有所上升，分别由 18.0%、4.9%、3.9%增长到 20.2%、8.0%、8.0%，整体拉动该部门重心向东南方向移动。

　　"服装皮革羽绒及其制品业"整体重心同样往东南移动（见图 4 - 7c），移动幅度较"纺织业"更大，说明东部沿海地区服装产业相比更加旺盛，而且该部门仍然属于传统的劳动密集型产业，依赖于东部地区集聚的大量劳动力，同时随着全球化的深入、外商投资和出口，再加上品牌的运营和推广，2017 年该部门出口依存度已达到 41.7%，出口导向型的产业特征加上东部沿海地区的区位优势吸引大量外商投资，并积极参与国际贸易，推动该部门重心持续向东南地区移动。2012 ~ 2017 年该部门主要分布于江苏、浙江、福建、广东等省份。

　　"木材加工及家具制造业""造纸印刷及文教用品制造业"整体重心向南偏西的方向移动（见图 4 - 7d，图 4 - 7e），与上述劳动密集型产业相反，2017 年两部门的出口依存度分别达到 30.9%和 31.7%，两部门同样集聚在东部沿海地区，主要分布在江苏、浙江、福建、山东、广东、河南。其中，"木材加工及家具制造业"2012 ~ 2017 年重心向西南移动的主要是由于辽宁、内蒙古、河南、山东等北部、中部的多个省份增加值比重减少，分别由 6.3%、1.8%、10.8%、10.9%减少到 0.7%、0.1%、7.3%、2.3%；广东增加值比重增加，由 11.5%增加到 14.2%，推动重心往西南方向移动；"造纸印刷及文教用品制造业"2012 ~ 2017 年重心向西南移动主要是辽宁（2.6% ~ 0.4%），增加值比重由 2.6%降低到 0.4%；以及南部福建、江苏增加值比重的增高，分别由 6.8%、8.4%增长到 9.7%、10.5%。其他制造业不做过多提及（见图 4 - 7f）。劳动型密集型制造业重心移动距离、移动速度与移动方向如表 4 - 9 所示。

表 4 - 9　　　　　1987 ~ 2017 年劳动型密集型制造业重心移动距离、移动
速度与移动方向

劳动密集型	五年期	移动距离（千米）	移动速度（千米/年）	移动方向
食品制造及 烟草加工业	1987 ~ 1992 年	169.92	33.98	向西偏南
	1992 ~ 1997 年	70.52	14.10	向北偏东
	1997 ~ 2002 年	91.15	18.23	向东偏北
	2002 ~ 2007 年	69.64	13.93	向西偏南
	2007 ~ 2012 年	55.17	11.03	向东偏北
	2012 ~ 2017 年	136.31	27.26	向南偏西

续表

劳动密集型	五年期	移动距离（千米）	移动速度（千米/年）	移动方向
纺织业	1987~1992 年	78.04	15.61	向西偏南
	1992~1997 年	86.21	17.24	向南偏东
	1997~2002 年	81.99	16.40	向东偏南
	2002~2007 年	19.69	3.94	向西偏南
	2007~2012 年	59.08	11.82	向北偏西
	2012~2017 年	84.82	16.96	向南偏东
服装皮革羽绒及其制品业	1987~1992 年	214.85	42.97	向南偏东
	1992~1997 年	93.23	18.65	向南偏西
	1997~2002 年	114.72	22.94	向东偏北
	2002~2007 年	84.16	16.83	向南偏西
	2007~2012 年	19.09	3.82	向西偏南
	2012~2017 年	36.27	7.25	向南偏西
木材加工及家具制造业	1987~1992 年	238.67	47.73	向南偏西
	1992~1997 年	73.76	14.75	向北偏西
	1997~2002 年	206.05	41.21	向南偏东
	2002~2007 年	175.44	35.09	向北偏西
	2007~2012 年	62.15	12.43	向南偏西
	2012~2017 年	189.76	37.95	向南偏西
造纸印刷及文教用品制造业	1987~1992 年	62.47	12.49	向南偏西
	1992~1997 年	96.01	19.20	向南偏西
	1997~2002 年	66.61	13.32	向南偏西
	2002~2007 年	64.57	12.91	向南偏东
	2007~2012 年	8.71	1.74	向北偏西
	2012~2017 年	50.10	10.02	向南偏东
其他制造业	1987~1992 年	26.13	5.23	向西偏北
	1992~1997 年	233.42	46.68	向南偏东
	1997~2002 年	132.09	26.42	向东偏北
	2002~2007 年	43.46	8.69	向南偏东
	2007~2012 年	118.11	23.62	向北偏东
	2012~2017 年	365.52	73.10	向南偏西

资料来源：作者计算。

劳动密集型产业是由劳动力要素特征、规模经济和产业间上、下游联系、教育结构、政策制度等因素共同作用的。我国劳动密集型产业主要集聚在东部沿海地区。一方面，随着贸易自由化，国际需求拉动着我国劳动密集型产业向东南沿海地区集中；另一方面由于东部地区成本上升，劳动密集型产业出现向中西部地区迁移的迹象。20 世纪 90 年代，伴随着市场化进程的加快，企业管理体制等弊端开始凸显，经济效益显著下降，在市场、交通、比较优势的推动下，民营私有企业在江苏、浙江、广东、福建等地兴起。21 世纪初，我国加入WTO，积极参与国际贸易，国外市场需求以及外商直接投资进一步促进了广东、福建、浙江等沿海地区出口导向型劳动密集型产业的发展和集聚。与此同时，由于东部地区与其他地区相比工资优势逐渐降低，对流动人口的吸引力逐渐降低，在成本上升的压力作用下，出现了向邻近中部交通便利、原料丰富地区的迁移趋势。

2. 资本密集型制造业

由图 4 -6 和表 4 -10 可知，1987 ~ 2017 年资本密集型制造业部门重心移动幅度较大，范围较广，特点明晰，均向西南方向移动（见图 4 -8）。该类型制造业部门的空间分布与资源分布存在很强的相关性。相比其他制造业部门，资本密集性制造业位于北方方位，整体上呈现了由东向西迁移的趋势。依赖于历史基础，该类产业主要分布在拥有传统优势和较大规模资源型企业的地区。其中，"石油加工、炼焦及核燃料加工业"主要分布在大型油田地区，移动幅度较大，经度方向上重心的移动范围在 114°07′E ~ 117°52′E，纬度方向上重心的在 34°12′N ~ 36°67′N 范围内移动，横跨 3.44 个经度，纵跨 2.55 个纬度，移动速度较快，主要分布在山东、广东、辽宁、黑龙江、陕西、山西。2012 ~ 2017 年，该部门呈现出向东北方向移动的轨迹，主要是山东、辽宁增加值比重有所上升，分别由 6.5%、10.1% 增长到 16.0%、13.3%；而广东、陕西增加值比重有所下降，分别由 11.3%、10.8% 下降为 7.5%、3.0%，共同推动该阶段重心向东北移动。"金属冶炼及压延加工业"主要分布在拥有大型钢铁厂的地区，位于北部，移动幅度较小。主要分布在河北、上海、江苏、河南、湖北、辽宁。

表 4 -10　　　　1987 ~ 2017 年资本密集性制造业移动距离、速度和方向

资本密集型（5）	五年期	移动距离（千米）	移动速度（千米/年）	移动方向
石油加工、炼焦及核燃料加工业	1987 ~ 1992 年	160.61	32.12	向西偏南
	1992 ~ 1997 年	35.86	7.17	向东偏南
	1997 ~ 2002 年	27.89	5.58	向东偏南
	2002 ~ 2007 年	138.51	27.70	向南偏西
	2007 ~ 2012 年	234.68	46.94	向西偏南
	2012 ~ 2017 年	99.87	19.97	向东偏北
化学工业	1987 ~ 1992 年	67.11	13.42	向南偏西
	1992 ~ 1997 年	64.03	12.81	向南偏西
	1997 ~ 2002 年	9.39	1.88	向东偏南
	2002 ~ 2007 年	32.20	6.44	向西偏南
	2007 ~ 2012 年	38.75	7.75	向西偏南
	2012 ~ 2017 年	33.56	6.71	向西偏北

续表

资本密集型（5）	五年期	移动距离（千米）	移动速度（千米/年）	移动方向
非金属矿物品业	1987~1992 年	89.66	17.93	向西偏南
	1992~1997 年	31.96	6.39	向东偏南
	1997~2002 年	185.45	37.09	向西偏南
	2002~2007 年	177.47	35.49	向东偏北
	2007~2012 年	45.13	9.03	向西偏北
	2012~2017 年	137.33	27.47	向南偏西
金属冶炼及压延加工业	1987~1992 年	51.89	10.38	向南偏西
	1992~1997 年	52.71	10.54	向南偏西
	1997~2002 年	47.19	9.44	向西偏北
	2002~2007 年	81.76	16.35	向西偏南
	2007~2012 年	53.79	10.76	向南偏东
	2012~2017 年	57.37	11.47	向西偏南
金属制品业	1987~1992 年	86.92	17.38	向南偏西
	1992~1997 年	22.34	4.47	向南偏东
	1997~2002 年	228.31	45.66	向南偏西
	2002~2007 年	70.51	14.10	向东偏北
	2007~2012 年	115.38	23.08	向北偏西
	2012~2017 年	105.93	21.19	向南偏西

资料来源：作者计算。

　　资本密集性制造业的空间格局由资源禀赋、交通运输、路径依赖、市场因素、政策因素和全球化因素共同影响。依据传统资源禀赋因素，为实现交通运输成本最小化，资源密集型产业大多集中分布在原料生产区。但是由于循环因果作用的影响，历史偶发因素引起的产业布局可能会带来"路径依赖"；在我国，由于"三线"建设时期大量地将石油、钢铁等资源密集型产业布局在中、西部内陆地区，导致资源密集型产业历史格局的形成，决定了我国资源密集型产业的布局。

　　1980 年以前，我国产业政策大力扶持重型工业，资本密集型制造业在国民经济中占据主导地位；20 世纪 80 年代后，轻工业得到快速发展，资本密集型产业比重有所下降；90 年代末，随着城市化进程的推进和工业化的迅速发展，市场需要旺盛，开始依赖国外原料市场；中国加入 WTO 后，产业格局发生变化，从服务国内市场向国际市场迁移，对国际市场的依赖日益增强，石油、天然气、金属矿等原料的进口依存度增高，产业也开始由集聚在自原产地的空间格局向市场区扩散。

　　此外，城市化的发展，交通运输条件的便利，也带动了钢铁产业的发展，使该产业布局趋于分散。随着中国在全球化的地位不断提高，中国的资源型产品除了满足本国需求外，还要大量地为国际市场提供服务。作为国家主导的资源密集型产业，政府的政策支持对资源密集型产业发展尤为重要，政府的沿海开放政策和产业鼓励政策引导广西、

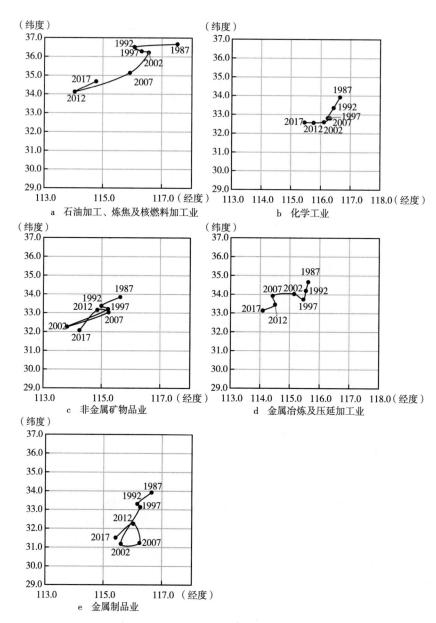

图 4 - 8　1987 ~ 2017 年资本密集型制造业重心迁移

资料来源：作者计算。

广东等沿海地区大力投资，兴建大型精品钢铁、炼油、石化企业，引导了资源密集型产业的布局迁移。综上所述，多方因素共同作用形成了资源密集型产业当前的布局和重心的迁移。

3. 技术密集型制造业

由图 4 - 9 和表 4 - 11 可知，1987 ~ 2017 年技术密集型制造业部门广泛聚集在东部沿海地区，整体上呈现了由北向南移动的趋势，并且由北向南依次分布着"交通运输设备制造业""通用、专用设备制造业""仪器仪表及文化、办公用机械制造业""电气机械及器材制造业""通信设备、计算机及其他电子设备制造业"。除"仪器仪表及文化、办公用机械制造业"向东南方向移动外，其他产业均向西南方向移动，且该类制造业均呈现了"S"型变动曲线，即先向东南移动，而后向西南移动。其中，"仪器仪表及文化、办公用机械制造业""通信设备、计算机及其他电子设备制造业"移动幅度最大，移动速度较快（见图4-9）。

表4-11　　1987～2017年技术密集性制造业移动距离、速度和方向

技术密集型	五年期	移动距离（千米）	移动速度（千米/年）	移动方向
通用、专用设备制造业	1987～1992年	62.26	12.45	向南偏西
	1992～1997年	34.65	6.93	向东偏北
	1997～2002年	52.35	10.47	向南偏西
	2002～2007年	27.53	5.51	向南偏西
	2007～2012年	22.56	4.51	向西偏北
	2012～2017年	126.15	25.23	向南偏西
交通运输设备制造业	1987～1992年	132.90	26.58	向西偏南
	1992～1997年	123.36	24.67	向东偏南
	1997～2002年	6.31	1.26	向东偏南
	2002～2007年	79.00	15.80	向东偏北
	2007～2012年	84.23	16.85	向西偏南
	2012～2017年	10.48	2.10	向西偏北
电气机械及器材制造业	1987～1992年	114.16	22.83	向南偏西
	1992～1997年	166.67	33.33	向南偏西
	1997～2002年	40.87	8.17	向东偏南
	2002～2007年	29.35	5.87	向西偏南
	2007～2012年	43.21	8.64	向北偏西
	2012～2017年	53.69	10.74	向南偏西
通信设备、计算机及其他电子设备制造业	1987～1992年	244.18	48.84	向南偏西
	1992～1997年	118.28	23.66	向北偏东
	1997～2002年	138.41	27.68	向南偏东
	2002～2007年	53.41	10.68	向南偏东
	2007～2012年	120.95	24.19	向西偏南
	2012～2017年	51.61	10.32	向西偏南
仪器仪表及文化、办公用机械制造业	1987～1992年	57.07	11.41	向南偏东
	1992～1997年	210.36	42.07	向南偏东
	1997～2002年	67.77	13.55	向南偏东
	2002～2007年	75.50	15.10	向西偏北
	2007～2012年	137.22	27.44	向北偏东
	2012～2017年	39.56	7.91	向东偏南

资料来源：作者计算。

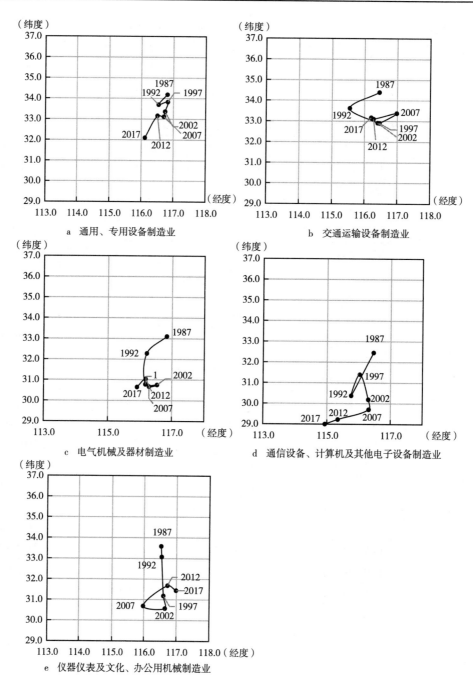

图 4-9　1987~2017 年技术密集型制造业重心迁移

资料来源：作者计算。

　　"通用、专用设备制造业"1987 年分布于上海、江苏、浙江、山东、四川、辽宁，部门布局较为分散，到 2017 年分布于江苏、浙江、山东、广东、河南、湖南，已大量集聚在沿海地区。其中 2012~2017 年向西南方向移动，移动距离较大，移动速度较快。主要有辽宁、山东该部门的增加值比重大幅减少，分别由 7.7%、15.5%下降为 1.8%、12.5%；江苏、广东该部门的增加值比重上升，分别由 12.9%、6.9% 上升为 16.7%、9.7%，合力推动重心往西南方向移动。

"交通运输设备制造业"重心移动较为稳定。城市化的发展促使我国各省份加快高铁、地铁等便利化交通线路的建设，空运、陆运等运输业需求量激增，各地区同步高水平发展。从 1987 年分布于北京、上海、江苏、湖北、四川、辽宁、吉林等省份，到 2017 年分布于上海、江苏、浙江、山东、广东、湖北、吉林、重庆等省份。

"电气机械及器材制造业"重心移动也相对稳定。该部门集聚程度较高，分布在上海、江苏、浙江、山东、广东等沿海地区，到 2017 年安徽省的部门增加值比重有所增加。

"通信设备、计算机及其他电子设备制造业"呈现出先西南、后东南、再西南的移动趋势。从 20 世纪 80 年代电子产业主要用于军工和国防，产业布局由国家政策而定，到 2010 年以后互联网的发展，电子产业主要用于民用，且处于技术创新期，聚集在沿海地区和高校、科研机构分布广泛的区域。1987 ~ 2017 年，基本上分布在北京、天津、上海、江苏、广东，以及西部地区的四川。2012 ~ 2017 年北部地区的增加值比重在下降，南方的增加值比重在逐步上升。此外，技术密集型产业中利用芯片、机床等各种先进设备大量依赖进口，2017 年该部门进口依存度已达到 57.7%，出口依存度达到 32.3%，一定程度促使该部门重心有向西南移动的趋势。

"仪器仪表及文化、办公用机械制造业"与其他技术密集型制造业不同，从 2007 ~ 2017 年重心一直往东迁移。该部门主要分布在上海、江苏、浙江、山东、广东，且 2012 ~ 2017 年江苏、浙江的增加值比重仍在增加。

技术密集型产业是国家的重要战略性产业，关系到国家的技术水平和产业竞争力的提升。不同类型的技术密集型产业处于产业生命周期的不同阶段，会导致产业空间布局的差异，特别是处于创新期的产业，会更容易集聚在某一地区共同抵御风险，而当产业逐渐成熟则会扩散到劳动力成本较低的地区。其中，"通信设备、计算机及其他电子设备制造业"属于高度地理集中产业，从 2012 年集聚的前四位省份为广东、江苏、上海、湖北，到 2017 年重心迅速向西南方向移动，2017 年集聚的前四位省份为广东、江苏、四川、福建。说明该产业在我国近年来得以迅速发展，产业逐渐成熟化，并由沿海地区向中部、西部分布迁移。"仪器仪表及文化、办公用机械制造业"同属于高度地理集中产业，从 2012 年集聚前四位省份为江苏、广东、浙江、山东，到 2017 年重心仍向东南方向移动，且集聚程度加深，集聚的前四位省份为江苏、浙江、广东、河南。说明该产业仍属于快速成长的创新阶段，依赖于沿海地区的研发能力和外资水平等。

现阶段，我国相当一部分技术密集型产业已经趋于成熟。对于创新型的技术密集型产业来说，产业空间布局还由城市的研发水平、外资比重、地方政府支持、产业集聚、沿海区位等因素的显著影响；对于成熟型的技术密集型产业来说，主要由地方政府支持、产业集聚和交通条件产生影响，由于市场的力量在逐步增强，产业集聚是不可忽略的必要因素。

（三）其他产业重心迁移

1987 ~ 2017 年"电力、热力、燃气及水生产和供应业"与"建筑业"的重心移动幅度均较小，前者东西方向在 115°19′E ~ 113°76′E 范围内移动，南北方向在 33°71′N ~ 32°38′N

范围内移动；后者东西方向在 115°05′E ~ 113°50′E 范围内移动，南北方向在 33°56′N ~ 32°42′N 范围内移动。基本上重心一直处在河南，同时也都有往西移动的趋势（见图 4 – 10）。

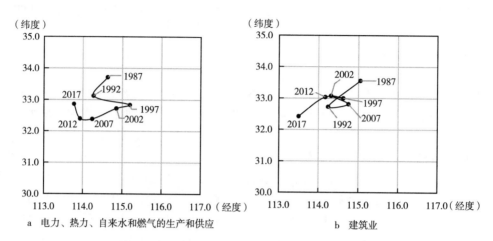

图 4 – 10　1987 ~ 2017 年其他产业重心迁移

资料来源：作者计算。

第五节　重心迁移的贡献度分解

进一步，根据每个省份重心迁移的贡献度进行排名，根据重心作用力的分解将省份分为"同向作用力省份"和"反向作用力省份"。前者定义为与经济或产业重心移动方向保持一致的促使重心迁移的力量，依据省份在某一时间段内增加值比重的变化和相对于初期时间段经济重心的地理位置可以分为"拉力"与"推力"两种力量。后者定义为与经济或产业重心移动方向相反的促使重心迁移的力量，同样地，也可以划分为"拉力"和"推力"两种力量。下面将结合中国经济重心作用力以实例详述。

一、中国经济重心迁移贡献度分解

1987 ~ 1992 年中国经济重心向西向南迁移，且向南移动幅度较大，向西移动幅度相对较小。一方面，广东为拉动经济重心向西向南移动的第一省，经纬方向贡献度分别高达 46% 和 40%，除此之外，南部沿海省份中海南省经纬方向贡献度分别为 15% 和 12%，福建省经济增长对重心南移的贡献度为 18%；辽宁、吉林、黑龙江作为东北地区的省份地区生产总值增速相对缓慢，成为使经济重心西移和重心南移的重要推力，经度方向上的贡献度分别为 27%、12%、9%，纬度上的贡献度分别为 39%、18%、14%，因此，相对而言东北地区三个省份对重心南移的贡献度更大；此外，西南地区的重庆和云南，特别是重庆，其地区生产总值快速增长为重心往西南移动提供重要拉力，经度方向上的贡献度分别为 29%、9%，纬度方向上的贡献度分别为 34%、9%。另一方面，山东、四川、湖南、湖北等省份为促使经济重心向相反方向移动提供力量（见图 4 – 11、图 4 – 12）。

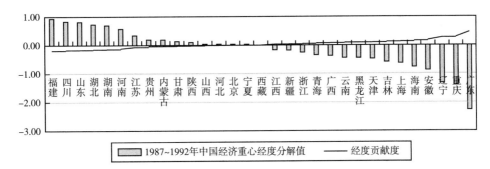

图 4 - 11 1987 ~ 1992 年中国经济重心分阶段经度贡献度示意

资料来源：作者计算。

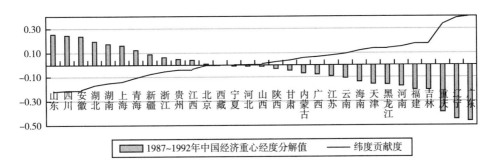

图 4 - 12 1987 ~ 1992 年中国经济重心分阶段纬度贡献度示意

资料来源：作者计算。

1992 ~ 2002 年重心向东向南移动，且向东移动幅度较大，向南移动幅度相对较小。在经度方向上，北京、山东、江苏、浙江、福建等东部省份地区生产总值快速增长，拉动重心向东移动，共有 83% 的贡献度；在纬度方向上，浙江、江苏、上海、福建、广东等南部省份经济快速发展，对重心持续南移起到重要拉动作用，同时还有东北地区辽宁、吉林、黑龙江和西北地区陕西、甘肃、新疆经济增速的减缓，是经济重心向南的移动推力，共有 13 个贡献度为 10% 以上的省份，使得该阶段整体呈现出重心向东向南的移动（见图 4 - 13、图 4 - 14）。

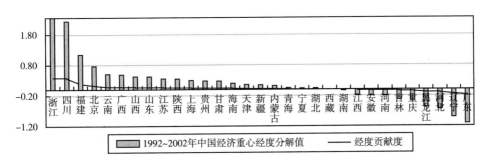

图 4 - 13 1992 ~ 2002 年中国经济重心分阶段经度贡献度示意

资料来源：作者计算。

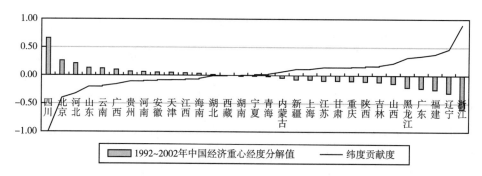

图 4 - 14　1992 ~ 2002 年中国经济重心分阶段纬度贡献度示意
资料来源：作者计算。

2002 ~ 2012 年重心主要向西稍偏北移动，内蒙古、陕西经济增长拉动重心西移的贡献度分别为 38%、21%，此外，东部省份上海、黑龙江、浙江、福建、北京经济增速放缓对重心西移的贡献度分别为 36%、32%、22%、20%、12%。同时还有江苏、河北、天津等省份促使经济重心向相反方向移动，其贡献度分别为 51%、19%、16%（见图 4 - 15、图 4 - 16）。

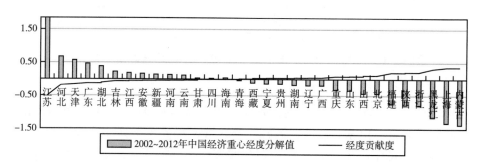

图 4 - 15　2002 ~ 2012 年中国经济重心分阶段经度贡献度示意
资料来源：作者计算。

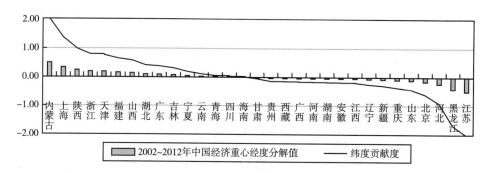

图 4 - 16　2002 ~ 2012 年中国经济重心分阶段纬度贡献度示意
资料来源：作者计算。

2012 ~ 2017 年重心向西向南移动，且向南移动幅度较大，向西移动幅度相对较小。东北地区辽宁、黑龙江、吉林经济缓慢增长对推动经济重心向西向南的移动均做出了较大贡献，其对重心西移的贡献度分别为 80%、26%、16%，对重心南移的贡献度分别为 24%、8%、5%。广东、贵州、重庆、四川等一些位于西南部的省份经济快速增长，拉动重心西移的贡献度分别为 46%、19%、15%、12%，对重心南移的贡献度分别为 8%、4%、4%、3%。除此之外，经度方向上还有湖北、湖南两省经济增长分别贡献了 17%、10%，纬度方向上河北、安徽分别贡献了 8% 和 6%，使得该阶段整体呈现出重心向西向南的移动（见图 4-17、图 4-18）。

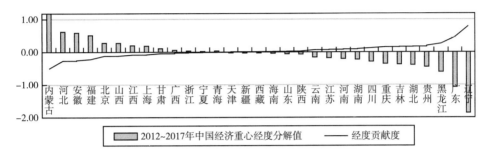

图 4-17　2012~2017 年中国经济重心分阶段经度贡献度示意

资料来源：作者计算。

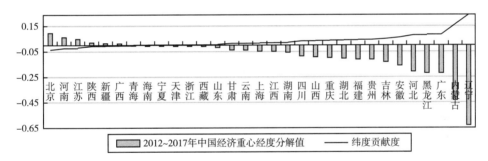

图 4-18　2012~2017 年中国经济重心分阶段纬度贡献度示意

资料来源：作者计算。

下面结合 2012~2017 年中国经济重心移动的作用力，详细介绍关于"同向作用力省份""反向作用力省份""拉力""推力"的含义。图 4-19 中将 2012 年中国经济重心作为原点，则各省份的点表示与原点的相对地理位置，横轴为经度方向，纵轴为纬度方向。实线箭头表示各省份对重心施加的作用力，即代表了重心迁移方向；虚线箭头表示将作用力分解在两个方向的作用力，即代表 2012~2017 年中国经济重心向西南方向迁移。四个象限分布的不同省份对中国经济重心迁移的作用力，主要受其增加值比重增减及其重心相对位置共同作用。

可以看到，中国经济重心迁移方向在第三象限，若第三象限内的省份增加值比重上升则为同向作用力省份中的拉力，即图中实心圆点代表的广东、四川、重庆、贵州、云南、西藏、湖南、湖北和海南；若第三象限内的省份增加值比重下降则为反向作用力中的推力，即空心三角形代表的广西。第一象限内的省份增加值比重上升则为反向作用力省份中的拉力，即实心三角形代表的北京市；第一象限内的省份增加值比重下降则为同向作用力中的推力，

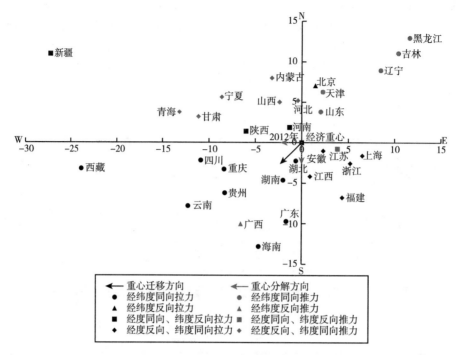

图 4 - 19　2012 ~ 2017 年中国经济重心作用力示意

资料来源：作者计算。

即图中空心圆点代表的黑龙江、吉林、辽宁、天津和山东。以上为经度方向和纬度方向上施加相同作用力的情况。

　　以下为经度方向和纬度方向施加不同作用力的情况。第二象限中陕西、河南和新疆的增加值比重上升，于是作为拉力提供了经度方向上的同向作用力和纬度方向上的反向作用力；而第二象限中的其他省份增加值比重下降，作为推力提供了经度方向上的反向作用力和纬度方向上的同向作用力。第四象限中上海、浙江、福建、安徽和江西增加值比重上升，作为拉力提供了经度方向上的反向作用力和纬度方向上的同向作用力；而江苏增加值比重下降提供了经度方向上的同向作用力和纬度方向上的反向作用力。以下其他阶段经济重心和产业重心的作用力的分解情况以此类推，不再赘述。

　　依据中国经济重心贡献度分解结果，找出中国经济重心迁移的"同向作用力"与"反向作用力"省份，如表 4 - 12 所示。

表 4 - 12　　　　　1987 ~ 2017 年中国经济重心迁移的"同向作用力"
与"反向作用力"省份（Top5）

四阶段	重心迁移方向	同向作用力省份					反向作用力省份				
		第一	第二	第三	第四	第五	第一	第二	第三	第四	第五
1987 ~ 1992 年	向西	广东	重庆	辽宁	安徽	海南	福建	四川	山东	湖北	湖南
1992 ~ 2002 年	向东	浙江	四川	福建	北京	云南	广东	辽宁	河北	黑龙江	重庆
2002 ~ 2012 年	向西	内蒙古	上海	黑龙江	浙江	陕西	江苏	河北	天津	广东	湖北

续表

四阶段	重心迁移方向	同向作用力省份					反向作用力省份				
		第一	第二	第三	第四	第五	第一	第二	第三	第四	第五
2012~2017年	向西	**辽宁**	广东	**黑龙江**	贵州	湖北	**内蒙古**	河北	安徽	福建	北京
1987~1992年	向南	广东	辽宁	重庆	**吉林**	福建	山东	四川	**安徽**	**湖北**	**湖南**
1992~2002年	向南	浙江	辽宁	福建	广东	**黑龙江**	四川	北京	河北	山东	云南
2002~2012年	向北	内蒙古	上海	陕西	浙江	天津	江苏	**黑龙江**	河北	北京	山东
2012~2017年	向南	辽宁	内蒙古	广东	**黑龙江**	河北	北京	河南	江苏	陕西	新疆

注：表中加粗的省份为推力省份。

资料来源：作者计算。

二、第一产业重心迁移贡献度分解

1987~1992年第一产业重心向南偏西移动，移动距离为51.05千米。究其原因，一方面，在经度方向上，东部地区进行产业结构升级，农业重心向西移动，特别是江苏、浙江农业比重降低，其贡献度分别为18%、9%；西南地区重庆和云南省农业比重增高，其贡献度分别为21%、12%；同时还有农业大省广东、湖北、广西等地的稳步增长，贡献度均达15%以上，安徽省贡献度最高为30%。另一方面，在纬度方向上，西南地区重庆、云南和南部沿海地区广东、广西、福建农业比重均有所升高，其贡献度分别为155%、82%、98%、84%、79%；内蒙古、河南等农业大省农业比重均有下降，从而共同推动该阶段农业重心向南移动（见图4-20、图4-21）。

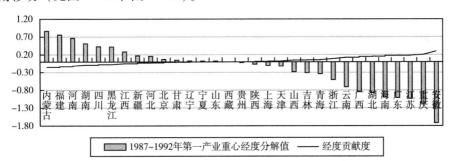

图4-20　1987~1992年第一产业重心分阶段经度贡献度示意

资料来源：作者计算。

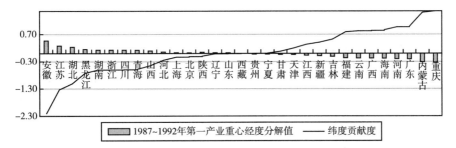

图4-21　1987~1992年第一产业重心分阶段纬度贡献度示意

资料来源：作者计算。

1992～2002 年第一产业重心向北偏东，移动距离为 58.32 千米。四川、广东的第二、三产业比重大幅度上升，农业产业比重降低，为主要推动农业重心向东且向北移动的同向作用力省份，四川和广东经度贡献度分别为 44%、43%，纬度贡献度分别为 27%、19%（见图 4-22、图 4-23）。

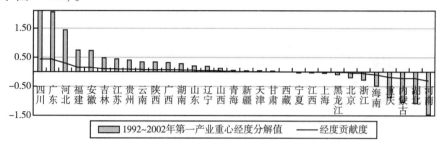

图 4-22　1992～2002 年第一产业重心分阶段经度贡献度示意

资料来源：作者计算。

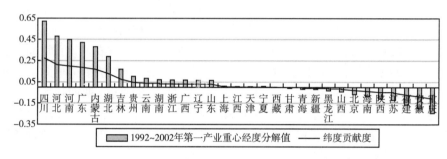

图 4-23　1992～2002 年第一产业重心分阶段纬度贡献度示意

资料来源：作者计算。

2002～2012 年第一产业重心向北偏西，移动距离为 56.45 千米。一方面，新疆、陕西等西北省份农业的发展拉动重心西移的贡献度分别均为 21%，拉动重心北移的贡献度分别为 31%、19%。另一方面，浙江其他产业的发展使得农业所占比重降低，推动重心向西，向北移动分别贡献了 33%、24%。除此之外，在经度方向上，山东、福建、江苏、湖南第一产业的增加值比重均显著降低，对重心西移的贡献度分别为 34%、18%、18%、17%；在纬度方向上，黑龙江、辽宁、广东、江苏、福建等省份对重心北移的贡献度分别为 39%、19%、14%、14%、12%（见图 4-24、图 4-25）。

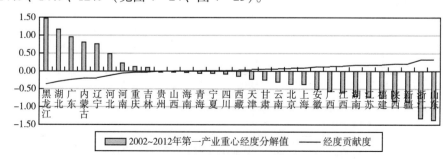

图 4-24　2002～2012 年第一产业重心分阶段经度贡献度示意

资料来源：作者计算。

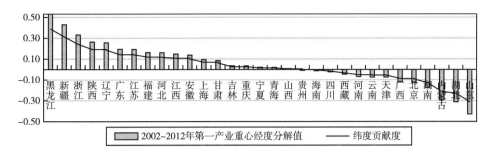

图 4-25 2002~2012 年第一产业重心分阶段纬度贡献度示意

资料来源：作者计算。

2012~2017 年第一产业重心向西偏南，移动距离为 67.23 千米。贵州、辽宁、吉林、河北均为产业重心向西南移动的同向作用力省份，拉动重心西移的贡献度分别为 31%、24%、22%、22%，拉动重心南移的贡献度分别为 21%、22%、21%、20%，西南省份的第一产业的发展拉动和东北部省份的推动共同促使该阶段产业重心向西南移动（见图 4-26、图 4-27）。

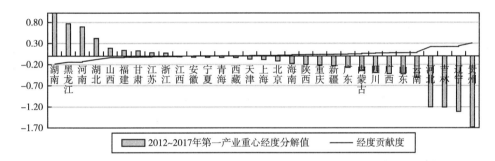

图 4-26 2012~2017 年第一产业重心分阶段经度贡献度示意

资料来源：作者计算。

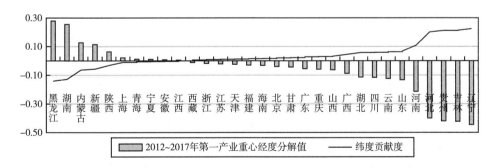

图 4-27 2012~2017 年第一产业重心分阶段纬度贡献度示意

资料来源：作者计算。

进一步，依据第一产业重心贡献度分解结果，找出中国第一产业重心迁移的"同向作用力"与"反向作用力"省份如表 4-13 所示。

表 4 – 13　　　　　　1987 ~ 2017 年第一产业重心迁移的"同向作用力"
与"反向作用力"省份（Top5）

四阶段	重心迁移方向	同向作用力省份					反向作用力省份				
		第一	第二	第三	第四	第五	第一	第二	第三	第四	第五
1987 ~ 1992 年	向西	**安徽**	重庆	**江苏**	广东	海南	**内蒙古**	福建	**河南**	湖南	四川
1992 ~ 2002 年	向东	四川	**广东**	河北	福建	安徽	河南	**湖北**	内蒙古	重庆	海南
2002 ~ 2012 年	向西	山东	**浙江**	新疆	陕西	**福建**	黑龙江	湖北	**广东**	**内蒙古**	辽宁
2012 ~ 2017 年	向西	贵州	辽宁	吉林	河北	云南	**湖南**	黑龙江	河南	湖北	山西
1987 ~ 1992 年	向南	重庆	内蒙古	广东	河南	海南	**安徽**	**江苏**	湖北	黑龙江	**湖南**
1992 ~ 2002 年	向北	四川	河北	河南	广东	内蒙古	重庆	安徽	福建	江苏	**陕西**
2002 ~ 2012 年	向北	黑龙江	新疆	**浙江**	陕西	辽宁	山东	湖北	**内蒙古**	湖南	北京
2012 ~ 2017 年	向南	辽宁	**吉林**	贵州	**河北**	**河南**	黑龙江	**湖南**	内蒙古	新疆	陕西

注：表中加粗的省份为推力省份。
资料来源：作者计算。

三、第二产业重心迁移贡献度分解

1987 ~ 1992 年第二产业重心向南偏西移动。一方面，东北地区辽宁、黑龙江、吉林的传统重工业逐步衰落成为推动第二产业重心向西向南移动的主要同向作用力，三省的贡献度在经度方向上分别为 19%、13%、8%，在纬度方向上分别为 41%、30%、18%；另一方面，广东因其优越的区位优势成为使第二产业重心向西南移动的第一同向作用力，经纬度方向贡献度分别为 40%、51%（见图 4 – 28、图 4 – 29）。

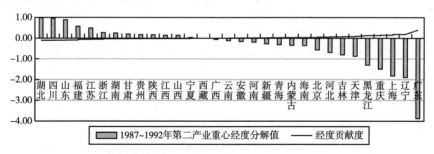

图 4 – 28　1987 ~ 1992 年第二产业重心分阶段经度贡献度示意

资料来源：作者计算。

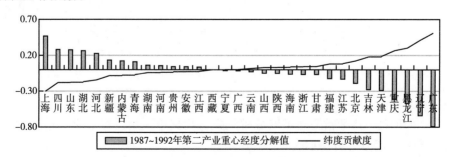

图 4 – 29　1987 ~ 1992 年第二产业重心分阶段纬度贡献度示意

资料来源：作者计算。

1992～2002 年第二产业重心向南偏东移动。究其原因：一方面，由于东部优先发展，特别是制造业除资本密集型以来资源禀赋因素外，大多集中于东部地区，山东、江苏、浙江、福建的制造业大幅度发展拉动重心向东移动其经度贡献度分别为 202% 、15% 、287% 、246% ；另一方面还有东北地区传统重工业持续衰落的原因，对推动重心南移仍起到了重要作用，其纬度贡献度分别为 51% 、10% 、7% （见图 4 - 30、图 4 - 31）。

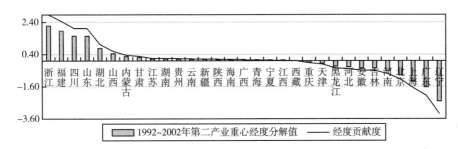

图 4 - 30　1992～2002 年第二产业重心分阶段经度贡献度示意

资料来源：作者计算。

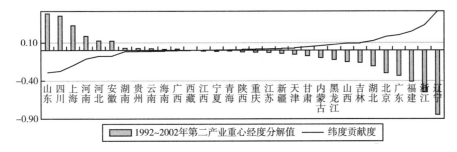

图 4 - 31　1992～2002 年第二产业重心分阶段纬度贡献度示意

资料来源：作者计算。

2002～2012 年第二产业重心向西移动稍偏向北。一方面，西部省份内蒙古、陕西等制造业比重有所上升，特别是资本密集型制造业，拉动产业重心向西移动的贡献度分别为 28% 和 14% ；另一方面，东部省份上海、浙江、山东、北京等省份的技术密集型制造业比重快速增加，但这些省份第二产业总体上仍是下降的，因此也对第二产业重心西移产生了推力，其贡献度分别为 29% 、19% 、14% 、12% （见图 4 - 32、图 4 - 33）。

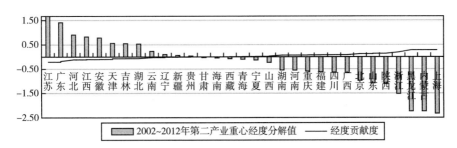

图 4 - 32　2002～2012 年第二产业重心分阶段经度贡献度示意

资料来源：作者计算。

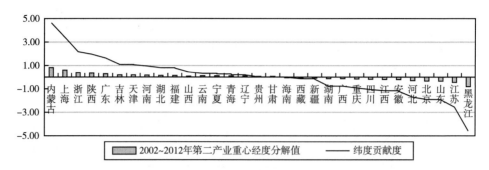

图 4－33　2002～2012 年第二产业重心分阶段纬度贡献度示意

资料来源：作者计算。

2012～2017 年第二产业重心向南偏西移动。一方面，除了东北地区传统工业衰落的情况外，广东省大力发展服务业，第二产业比重大幅度下降，西南地区贵州、重庆的技术密集型产业比重上升，共同作用促使重心向西移动，贡献度分别为 50%、34%、20%；另一方面，重心向南移动还有内蒙古、河北、山西等产业结构升级发展第三产业的原因，贡献度分别为 19%、4%、4%（见图 4－34、图 4－35）。

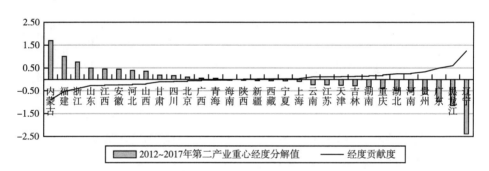

图 4－34　2012～2017 年第二产业重心分阶段经度贡献度示意

资料来源：作者计算。

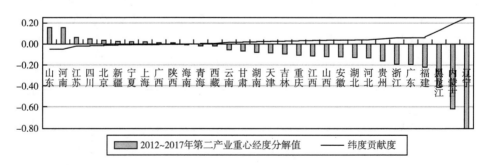

图 4－35　2012～2017 年第二产业重心分阶段纬度贡献度示意

资料来源：作者计算。

依据第二产业重心贡献度分解结果，找出中国第二产业重心迁移的"同向作用力"与"反向作用力"省份如表 4－14 所示。

表 4 - 14　　　　1987 ~ 2017 年第二产业重心迁移的"同向作用力"
与"反向作用力"省份（Top5）

四阶段	重心迁移方向	同向作用力省份					反向作用力省份				
		第一	第二	第三	第四	第五	第一	第二	第三	第四	第五
1987 ~ 1992 年	向西	广东	辽宁	上海	重庆	黑龙江	湖北	四川	山东	福建	江苏
1992 ~ 2002 年	向东	浙江	福建	四川	山东	湖北	辽宁	广东	上海	北京	河南
2002 ~ 2012 年	向西	上海	内蒙古	黑龙江	浙江	陕西	江苏	广东	河北	江西	安徽
2012 ~ 2017 年	向西	辽宁	黑龙江	广东	贵州	河南	内蒙古	福建	浙江	山东	江西
1987 ~ 1992 年	向南	广东	辽宁	黑龙江	重庆	天津	上海	四川	山东	湖北	河北
1992 ~ 2002 年	向南	辽宁	浙江	福建	广东	北京	山东	四川	上海	河南	河北
2002 ~ 2012 年	向北	内蒙古	上海	浙江	陕西	广东	黑龙江	江苏	山东	北京	河北
2012 ~ 2017 年	向南	辽宁	内蒙古	黑龙江	福建	广东	山东	河南	江苏	四川	北京

注：表中加粗的省份为推力省份。
资料来源：作者计算。

四、第三产业重心迁移贡献度分解

1987 ~ 1992 年第三产业重心向南偏西移动。该阶段国家重点发展基础产业同时控制轻纺工业扩张，辽宁、河北等东部省份第三产业增加值比重降低，贡献度分别为 83%、52%，相反地，重庆、海南、云南等省第三产业增加值比重大幅上升，贡献度为 58%、49%、36%，共同作用使该阶段重心向西且南移动（见图 4 - 36、图 4 - 37）。

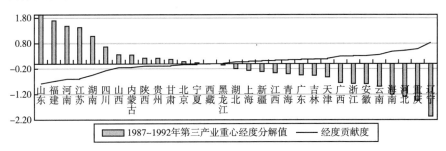

图 4 - 36　1987 ~ 1992 年第三产业重心分阶段经度贡献度示意
资料来源：作者计算。

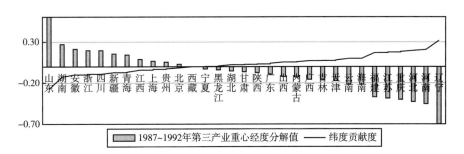

图 4 - 37　1987 ~ 1992 年第三产业重心分阶段纬度贡献度示意
资料来源：作者计算。

1992～2002 年第三产业重心向东偏南移动。浙江、北京、上海等东部省份大力发展高技术产业，经济发展推动消费水平的上升，服务业的需求激增，拉动重心向东移动，其贡献度分别为 28%、18%、9%，同时有南部省份第三产业的快速发展和北部省份第三产业的缓慢增长推动了南北差距并逐渐拉大，其中浙江省为第一同向作用力，贡献度为 78%，黑龙江省为第二同向作用力，贡献度为 39%（见图 4-38、图 4-39）。

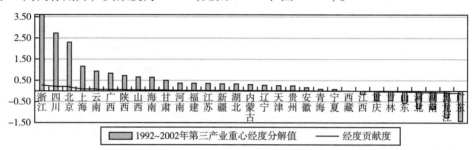

图 4-38　1992～2002 年第三产业重心分阶段经度贡献度示意

资料来源：作者计算。

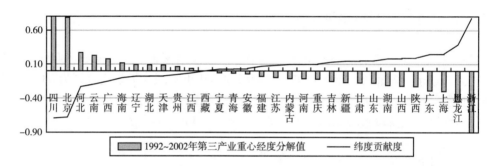

图 4-39　1992～2002 年第三产业重心分阶段纬度贡献度示意

资料来源：作者计算。

2002～2012 年第三产业重心向西移动，但移动距离较短，只有 4.93 千米。该阶段中国东部和西部第三产业均有发展，整体来说较为稳定，重心移动幅度较小一方面，内蒙古、山西、贵州、陕西等拉动重心略向西移，同时稍偏向北，另一方面江苏、山东、河南、河北、天津反向拉动使重心维持在一个相对稳定的状态（见图 4-40、图 4-41）。

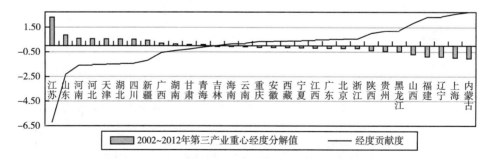

图 4-40　2002～2012 年第三产业重心分阶段经度贡献度示意

资料来源：作者计算。

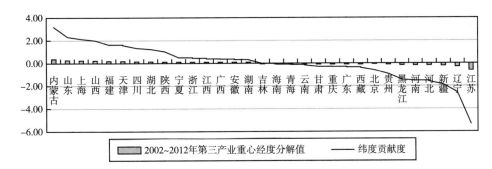

图4-41　2002~2012年第三产业重心分阶段纬度贡献度示意

资料来源：作者计算。

2012~2017年第三产业重心向南偏西移动。辽宁的第三产业增加值比重下降以及广东省的持续发展主要作用该阶段重心向西且向南移动，对重心向西的贡献度分别为30%和21%，对重心向南的贡献度分别为21%和9%。此外，该阶段四川省产业比重大幅度上升，推动重心移动的经纬度贡献分别为18%和12%（见图4-42、图4-43）。

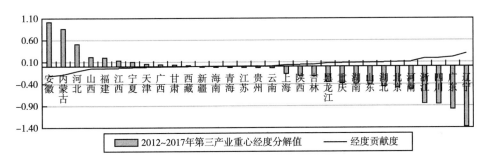

图4-42　2012~2017年第三产业重心分阶段经度贡献度示意

资料来源：作者计算。

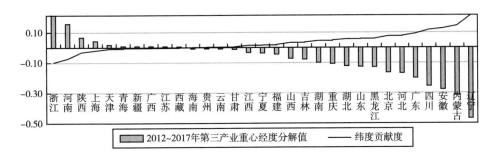

图4-43　2012~2017年第三产业重心分阶段纬度贡献度示意

资料来源：作者计算。

依据第三产业重心贡献度分解结果，找出中国第三产业重心迁移的"同向作用力"与"反向作用力"省份如表4-15所示。

表 4 – 15　　　　　　**1987～2017 年第三产业重心迁移的"同向作用力"**
与"反向作用力"省份（Top5）

四阶段	重心迁移方向	同向作用力省份					反向作用力省份				
		第一	第二	第三	第四	第五	第一	第二	第三	第四	第五
1987～1992 年	向西	辽宁	重庆	河北	海南	云南	山东	福建	**河南**	江苏	**湖南**
1992～2002 年	向东	浙江	**四川**	北京	上海	云南	广东	**黑龙江**	湖南	河北	山东
2002～2012 年	向西	内蒙古	**上海**	辽宁	**福建**	山西	江苏	山东	**河南**	河北	天津
2012～2017 年	向西	辽宁	广东	四川	浙江	河南	安徽	**内蒙古**	河北	山西	福建
1987～1992 年	向南	辽宁	河南	河北	重庆	江苏	山东	**湖南**	**安徽**	浙江	四川
1992～2002 年	向南	浙江	**黑龙江**	上海	广东	**陕西**	四川	北京	河北	云南	广西
2002～2012 年	向北	内蒙古	山东	**上海**	山西	福建	江苏	**辽宁**	**新疆**	河北	河南
2012～2017 年	向南	辽宁	**内蒙古**	安徽	四川	广东	**浙江**	河南	陕西	**上海**	天津

　　注：表中加粗的省份为推力省份。
　　资料来源：作者整理。

第六节　研究启示

　　本章运用 1987～2017 年中国省际间投入产出表来研究中国经济重心迁移特征从而揭示产业空间分布，结合重心模型并改进当前的重心分解模型梳理改革开放以来中国经济重心和三次产业重心的迁移情况并从省份的角度分析其背后的影响因素。主要有以下几点结论和启示。

　　第一，运用多年份、可比较的投入产出数据计算中国经济重心、三次产业空间重心及其驱动力分解，这一方法能够清晰、直观地说明产业空间分布的变化和产业迁移的方向，提供产业空间格局变化的总体状况，是这一方法的突出优势。

　　第二，整体上看 1987～2017 年这 30 年间，中国经济重心向西南方向迁移，其中纬度方向上一直向南变动，客观反映出我国经济活动南北差异的长期变化过程；经度方向上则东西方向反复，经历了先西后东再向西的变迁过程，特别是 2002～2017 年这 15 年的经济重心西移，与我国推进东中西部地区协调发展的政策一致，体现了政策效果。这既说明了持续推动中部崛起、西部大开发战略的有效性和必要性，也说明了加大、加快我国北方地区尤其是东北地区经济和产业结构调整力度的必要性和艰巨性。

　　第三，1987～2017 年这 30 年的三次产业重心迁移趋势和幅度各不相同。第一产业位于中国经济重心西侧，除 2012～2017 年向西南移动之外，之前均向北移动，说明我国北方省份在粮食生产方面占主力地位；第二产业位于中国经济重心东侧，第三产业位于中国经济重心略偏西侧，与中国经济重心轨迹变动方向基本一致；第二、三产业在纬度方向上均持续向南，经度方向呈现先西后东再西的变迁过程，2012～2017 年第三产业对经济重心迁移的影响最大，之前均是第二产业对经济重心影响最大。这说明了我国深化专业化分工，加快服务产品和服务模式创新，促进生产性服务业与先进制造业融合，推动生产性服务业加速发展的有效性，有力推动了三次产业在更高水平上发展的协调性。

第四，制造业的空间重心变化与第二产业相似，但制造业的重心更偏东南。2012～2017 年制造业重心变化有加快的趋势，这反映了这一时期国家着力构建科学合理城市化格局、农业发展格局和生态安全格局的努力收到了良好效果，今后需要进一步加强中西部地区的新旧基础设施的建设，提高国内市场化一体化程度，发挥超大规模国内市场和内需潜力的优势，推动中西部尤其是西南地区贵州、重庆、四川等地技术密集型制造业的发展。

第五，不同要素密集程度的制造业重心变化存在显著差异，需根据不同类型制造业空间重心移动的规律，制定有针对性的促进产业转移的政策。例如，我国资本密集型制造业在经度方向上空间重心移动幅度大，纬度方向上空间重心移动幅度小，这既有资本密集型制造业特点，也有相关软硬环境不相适应的原因，应加大对资本密集型制造业移动的关注。又如技术密集型制造业从改革开放初期涌现于东部沿海地区，到如今在西南省份势头正猛，一定程度上受国家政策、产业转型和对外开放程度提升的影响，需要对技术密集型部门具体细分，制定相应政策。

（本章作者：周玲玲、黄怡）

参考文献：

[1] 樊杰，W·陶普曼. 中国农村工业化的经济分析及省际发展水平差异 [J]. 地理学报，1996 (5).

[2] 周民良. 经济重心、区域差距与协调发展 [J]. 中国社会科学，2000 (2)：42－53，206.

[3] 徐建华，岳文泽. 近20年来中国人口重心与经济重心的演变及其对比分析 [J]. 地理科学，2001 (5)：385－389.

[4] 许月卿，李双成. 我国人口与社会经济重心的动态演变 [J]. 人文地理，2005 (1)：117－120.

[5] 乔家君，李小建. 近50年来中国经济重心移动路径分析 [J]. 地域研究与开发，2005 (1)：12－16.

[6] 冯宗宪，黄建山. 重心研究方法在中国产业与经济空间演变及特征中的实证应用 [J]. 社会科学家，2005 (2)：77－80，83.

[7] 樊杰，陶岸君，吕晨. 中国经济与人口重心的耦合态势及其对区域发展的影响 [J]. 地理科学进展，2010，29 (1)：87－95.

[8] 李鹏，安树伟. 2000年以来西部地区经济重心变动研究 [J]. 西安财经学院学报，2012，25 (2)：50－55.

[9] 白雪. 中国经济重心空间演变及产业重心分解 [J]. 经济问题探索，2015 (6)：18－24.

[10] 涂建军，刘莉，张跃，李琪，朱月，向文. 1996—2015年我国经济重心的时空演变轨迹——基于291个地级市数据 [J]. 经济地理，2018，38 (2)：18－26.

[11] 贺灿飞，朱彦刚，朱晟君. 产业特性、区域特征与中国制造业地理集聚 [A]. 中国地理学会 (The Geographical Society of China). 中国地理学会百年庆典学术论文摘要集

［C］．中国地理学会（The Geographical Society of China）：中国地理学会，2009：1.

　　［12］Bellone F，Cunningham R．All roads lead to center Laxton［J］．Journal of Economic Integration，1993，13（3）：47 – 52.

　　［13］Aboufadel E，Austin D．A new method for computing the mean center of population of the United States［J］．The Professional Geographer，2006，58（1）：65 – 69.

　　［14］Yener Kandogan．Globalization and Shifting Economic Centers of Gravity［J］．Thunderbird International Business Review，2014，56（3）：261 – 271.

第五章 中国省际贸易的演变特征：1997～2017年

融入全球价值链的出口导向型发展模式或者说国际大循环经济发展战略，是改革开放尤其是加入WTO以来我国整体及各省份经济快速发展的主要经验之一。但2008年金融危机之后，国际经济形势复杂诡谲，以美国为代表的贸易保护主义、单边主义、民粹主义等强化，逆全球化暗流涌动。尤其是中美贸易摩擦与新冠肺炎疫情肆虐，让中国深刻意识到，即便是在全球价值链分工背景下，即便是在各国之间已形成"你中有我，我中有你"的格局之下，对于中国这样一个人口众多的发展中大国来说，构建以国内需求为主要动力的经济发展模式的重要性和必要性。在这样的背景下，我国提出要加快形成以国内大循环为主体、国内国际双循环相互促进的新发展格局。只有立足国内需求，才能增强抵抗经济风险的能力，使经济拥有较大的回旋余地，才能确保在遭遇外部冲击时，国内产业和经济不会面临"断裂"和"崩溃"的风险。而国内需求的有效刺激，需要在全国范围内合理配置资源，需要各省份通过省际贸易互通有无。可以说，省际贸易是形成以国内大循环为主体、国内国际双循环新发展格局的重要内容。

改革开放以来，随着我国经济体制改革逐步深化，尤其是党的十八届三中全会明确市场在资源配置中起决定性作用之后，国内市场一体化水平快速提升，国内区域间分工不断深化，省际经贸联系日益紧密。那么，我国省际贸易经过多年发展之后，到底呈现出怎样的格局与特征？有待系统全面地研究。本章旨在回望和研究国内省际贸易的发展格局，厘清其发展趋势和特征，为构建新发展格局的政策制定提供一定参考，具有重要现实意义。

第一节 文献综述

虽然现有对国际贸易研究的文献浩如烟海，但关于省际贸易尤其是中国省际贸易的文献却是屈指可数。

而仔细揣摩相关文献发现，其研究的内容或视角主要分为以下几类：（1）研究得最多且最深入的是中国省际贸易壁垒或市场一体化或边界效应问题（Young，2000；Poncet，2003；赵永亮等，2008；行伟波和李善同，2010；行伟波、李善同，2009；盛斌、毛其淋，2011）；（2）省际贸易数据估算（刘卫东等，2012；李善同等，2008；张亚雄等，2012；张红梅和李黎力，2018）；（3）省际贸易特征和格局，包括贸易偏好（行伟波、李善同，2010；张少军，2013；张少军、李善同，2013；徐现祥、李郇，2012）、贸易依存度（陈家海，1996）、贸易集中度、贸易差额（刘金山、李宁，2013）、贸易空间流向和分布（于洋，2013；孙久文、彭薇，2010）；（4）省际贸易与省内贸易和国际贸易的关系（熊贤良，

1993；熊贤良，1994；钟昌标，2002；黄玖立，2011）；（5）省际贸易冲突问题（叶裕民，2000）；（6）省际贸易基本情况（中国社科院财贸所"中国省际贸易与省际投资"课题组，1993）；（7）省际贸易对经济发展的贡献（张少军、李善同，2017）；（8）其他的研究还有，闫丽珍等（2008）评估了玉米省际贸易的合理性及其对区域水土资源平衡的影响；刘名远和林民书（2013）以能源要素省际贸易为例，对要素价格扭曲与我国区域经济利益实现问题进行了实证分析。

无疑这些文献丰富和深化了中国省际贸易研究，但研究依然是缺乏的，对省际贸易格局的研究更是屈指可数。而这种欠缺实际上根植于数据的可获得性（张红梅、李黎力，2018）。目前，我国并没有对省际贸易数据进行统计，同时鉴于需要大量的人力、财力、物力和时间的投入，通过调研手段直接获取省际贸易数据相当困难，因而获取一手数据可谓举步维艰，但有学者运用间接途径获得的省际贸易数据，对中国省际贸易格局进行了研究。例如，行伟波和李善同（2010）采用了 2002 年包含 30 个省份的省级多区域投入产出表中估计的省际贸易数据，徐现祥和李郇（2012）使用了 1985～2008 年 29 个省份的铁路货运量数据来考察省际贸易格局，张少军（2013）、张少军和李善同（2013）运用 1987 年、1992 年、1997 年、2002 年和 2007 年的投入产出表数据，于洋（2013）使用了基于引力模型估算而得的 1993～2010 年的省际贸易数据。这些研究都较好地对中国省际贸易格局做了分析，但仍存在不足之处，如数据没有更新到可获得的最新年份。

基于此，本章旨在系统地考察 1997～2017 年中国的省际贸易演变特征。与既有文献相比，本章一方面使用了国务院发展研究中心的中国际间多区域投入产出表数据库的数据，其省际贸易数据的可靠性高，跨度时间长且新；另一方面对省际贸易格局的研究较为系统全面。本章之后的结构安排如下：第二节为数据、区域与指标说明；第三节从省际贸易总额、省际贸易依存度、省际贸易差额、省际贸易集中度和省际贸易产业结构这五个方面对省际贸易发展格局进行分析；第四节为结论与政策启示。

第二节　数据、区域与指标说明

我国省际贸易数据主要有四条间接获取途径，即"金税工程"信息系统、铁路货运量数据、投入产出表以及估算法（张红梅、李黎力，2018）。本章的省际贸易数据来源于国务院发展研究中心编制的中国省际间多区域投入产出表，也即本书及其系列书籍所发布的表，包括 1997 年、2002 年、2007 年、2012 年与 2017 年。由于中国省际间多区域投入产出表的编制需以国家统计局间隔 5 年编制一次的省级投入产出表为基础，目前该表只更新到 2017 年，因而本章使用的 2017 年中国省际间多区域投入产出表是在现有数据基础上能编制的最新年份的表。同时，本章旨在回顾国内大循环内容之一的"省际贸易"的演变特征，为现在和未来国内大循环的构建提供了一定参考，因此使用 1997～2017 年的数据便能较好地实现研究目的。

本章的区域单元为 30 个省份，即不包含港、澳、台和西藏在内的中国 30 个省（区、市）。之所以不包含西藏是因其统计数据缺乏，虽然 2012 年与 2017 年有西藏数据，但为了方便比较，各年份都统一选取 30 个省份。同时，进一步把 30 个省份划分为东、中、西和东北四大区域。结合 30 个省份的选取情况，所指的东部包括：北京、天津、河北、上海、江苏、浙江、福建、山东、广东和海南；中部包括：山西、安徽、江西、河南、湖北和湖南；西部包括：内蒙古、四川、重庆、贵州、云南、陕西、甘肃、青海、宁夏、新疆和广西；东北即辽宁、吉林和黑龙江。

本章将从省际贸易总额、贸易依存度、贸易差额、贸易集中度和贸易产业结构这五个角度来鸟瞰中国省际贸易演变特征。

其中，省际贸易总额是指某省份的国内省外流出与省外流入之和（按当年价格计算而得），需要注意的是，四大区域的省际贸易总额不包括区域内部各省份之间的贸易。省际贸易依存度等于省际贸易总额与地区生产总值之比，它分为流出依存度和流入依存度，前者为国内省外流出额与地区生产总值之比，后者为国内省外流入额与地区生产总值之比。省际贸易差额是某省份的国内省外流出与省外流入之差，它包含三类，即省际贸易顺差（某省份对其他省份的产品服务总流出大于其总流入）、省际贸易逆差（某省份对其他省份的产品服务总流出小于其总流入）和省际贸易平衡（某省份对其他省份的产品服务总流出与总流入相等）。

此外，省际贸易集中度是指省际贸易集中于某产业的程度以及集中于某省份的程度，本章将借助主要用于判断产品市场集中度和垄断程度的赫芬达尔－赫希曼指数（herfindahl-hirschman index，HHI），来对中国国内省际贸易集中于某产业的程度以及集中于某省份的程度进行分析，也由此把省际贸易的集中度划分为产业集中度和区域集中度。赫芬达尔－赫希曼指数于 1975 年提出，受到普遍认可。它是指某行业中各竞争企业市场份额的平方和，其表达式为：

$$HHI = s_1^2 + s_2^2 + \cdots + s_n^2 = \sum_{i=1}^{n} s_i^2 , \ s_i = x_i/x \qquad (5.1)$$

其中，HHI 即赫芬达尔－赫希曼指数，s_i 是 i 企业市场份额，x 是该行业的市场规模，x_i 是 i 企业的规模，n 是该行业的企业数量。HHI 的取值范围为 0 ~ 1，其值越大，那么该行业的市场集中度就越高，说明这个行业越趋于完全垄断，反之则趋于完全竞争。对于本章的省际贸易集中度而言，式（5.1）中的 s_i 表示的是 i 产业（或省份）的贸易份额，x 是所有产业（或省份）的省际贸易总额，x_i 是 i 产业（或省份）的省际贸易总额，n 是产业（或省份）的数量。HHI 的值越大，也就是省际贸易集中度越高，说明该国的省际贸易越依赖于几个产业（或省份）。

最后，通过省际贸易中排名前六的产业情况与省际贸易的三次产业结构来分析省际贸易产业结构。

第三节　省际贸易演变特征

一、省际贸易总额的演变特征

首先，改革开放以来，我国省际经济联系不断加强，省际贸易快速增长[①]。从图 5 – 1

---

① 需要注意的是，本部分的省际贸易额是按照当期价格水平计算得到的贸易额，故其增减情况为没有剔除价格影响的名义增减。

可见，一方面，全国省际贸易总额呈上升趋势。全国省际贸易总额由 1997 年的 8.18 万亿元上升到 2017 年的 101.66 万亿元，增长 12 倍。每 5 年平均增长率高达 99.46%，尤以 2007 ~ 2012 年这 5 年的增长率最高，高达 122.55%，这与金融危机重创下国际贸易增速下挫有一定关系。另一方面，分区域来看，东部、中部、西部和东北省际贸易总额大体上都呈上升趋势，且速度以上升为主。东部省际贸易总额由 4.41 万亿元上升到 55.25 万亿元，增长 12 倍，每 5 年平均增长率为 99.34%。中部省际贸易总额在波动中上升，由 1997 年的 1.57 万亿元上升到 2012 年的 17.81 万亿元之后，2017 年下降至 12.81 万亿元，但整体增长 8 倍，每 5 年平均增长率为 104.22%。西部省际贸易总额由 1.49 万亿元上升到 23.52 万亿元，增长 15 倍，每 5 年平均增长率为 113.39%。东北省际贸易总额由 0.71 万亿元上升到 10.07 万亿元，增长 14 倍，每 5 年平均增长率为 99.64%。

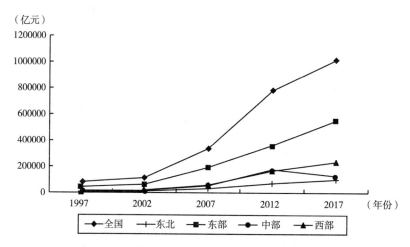

图 5 - 1　1997 ~ 2017 年全国和四大区域省际贸易总额的变化趋势

其次，东部地区是我国省际贸易的主要阵地。由图 5 - 2 可见，东部地区的省际贸易额占全国的比重在 55% 上下徘徊，且 2007 年出现一个转折，占比一改以往缓慢上升的态势而下降，从 58.15% 下降到 49.04%。中部省际贸易额占全国的比重在 18% 上下徘徊，2012 年出现转折，占比由上升转为下降，从 22.28% 下降到 2017 年的 12.6%。西部省际贸易额占全国的比重在 17% 上下徘徊，占比缓缓攀升。东北省际贸易额占全国的比重在 10% 上下徘徊，波动不大。可见，东部省际贸易总量占全国比重遥遥领先于其他区域，这与东部开发较早、交通便利、技术领先等密切相关。

最后，我国省际贸易整体存在临近偏好。1997 ~ 2017 年，各省份的省际贸易总量呈现出以自身为中心而向周围递减的趋势。这意味着，各省份的产品和服务首先选择在省内进行贸易，其次是临近省份，而极少把偏远省份作为贸易伙伴，也就是贸易伙伴的选择存在临近偏好。当然，事有例外，也有部分地区并不遵循临近偏好，比如新疆，其主要贸易伙伴已延伸到东部沿海地区。此外，京津冀地区也比较特殊，除了河北遵循临近偏好之外，北京和天津均与京津冀之外的其他省份联系更为密切，比如天津与长三角，北京与河南、安徽等地。

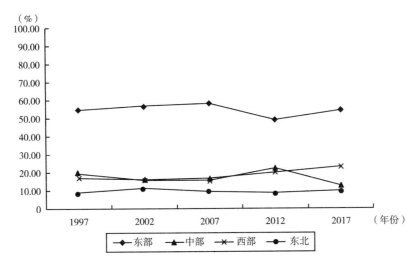

图 5 - 2　1997～2017 年四大区域省际贸易总量占全国比重的变化趋势

二、省际贸易依存度的演变特征

第一，省际贸易依存度整体呈现下降趋势。如图 5 - 3 所示，2017 年，许多省份的省际贸易依存度相对往年下降。例如，相对 1997 年，2017 年有 19 个省份省际贸易依存度明显下降，下降较多的省份是青海、天津、甘肃和湖北，分别下降了 0.84%、0.81%、0.61%、0.6%。仅有海南、重庆、上海、吉林、陕西和浙江等少数省份省际贸易依存度相对往年上升，相对 1997 年，2017 年分别上升了 2.4%、2.36%、1.59%、1.44%、1.15% 和 1.14%。整体而言，这说明省际贸易对当地经济拉动作用在下降，也意味着通过省际贸易来拉动区域经济发展进而促进构建国内大循环还具有较大潜力。

第二，省际贸易流入依存度与省际贸易流出依存度具有正相关关系。1997～2017 年流出依存度总体较高的省份有北京、天津、上海、安徽、海南和重庆；流出依存度总体较低的省份有福建、山东、湖北、四川和云南。1997～2017 年流入依存度总体较高的省份有北京、天津、吉林、上海、安徽、海南、重庆、宁夏和青海；流入依存度总体较低的省份有福建、山东、湖北和四川（见图 5 - 3）。由此可见，省际贸易流入依存度与省际贸易流出依存度正相关，从图 5 - 4 的散点图亦能看出端倪，即流入依存度越大，流出依存度越大，反之亦然。

三、省际贸易差额的演变特征

如图 5 - 5 所示，可以将 30 个省份划分为以下六类：第一类是近似贸易平衡的省份，有内蒙古、山西、海南和江西。实际上没有出现绝对的贸易平衡，只是相对其他省份而言，每年的变化不大，且都在贸易平衡上下徘徊，故而"近似贸易平衡"。第二类是一直保持贸易顺差的省份，包括河北、上海、江苏、辽宁和山东。其中，上海是最大的贸易顺差省份，说明上海省际贸易流出额始终高出省际贸易流入额许多。第三类是一直处于贸易逆差的省份，

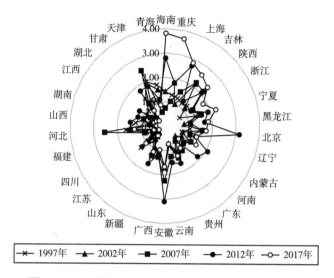

图 5 - 3　1997 ~ 2017 年各省份省际贸易依存度

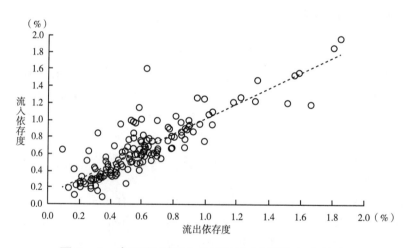

图 5 - 4　省际贸易流入依存度与流出依存度关系

包括贵州、云南、甘肃、青海、宁夏和新疆，其中，云南、新疆这类沿边省份的逆差值较大，而其他省份的逆差值较小，趋于贸易平衡。第四类是由贸易逆差变为贸易顺差的省份，包括北京、安徽、湖南和吉林。第五类是由贸易顺差变为贸易逆差的省份，包括黑龙江、河南和重庆。其中，河南于 2012 年一改往年的贸易顺差变成到贸易逆差大省。第六类是贸易差额每年变化较大或在贸易平衡上下较大波动的省份，包括浙江、福建、广东、湖北、广西和四川等。

　　整体而言，省际贸易差额呈现出以下特征：第一，省际贸易顺差省份大多集中在东部；第二，省际贸易逆差省份大多集中在西部及一些沿海沿边地区的外贸大省；第三，近似贸易平衡区集中在中西部地区；第四，从图 5 - 5 以及表 5 - 1 中省际贸易差额的样本极差和标准差在不断变大可以看出，1997 ~ 2017 年各省份的省际贸易差额的差异在逐步扩大。

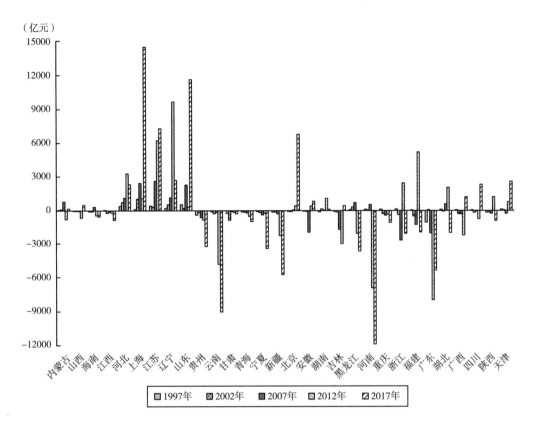

图 5 - 5　　1997～2017 年各省份的省际贸易差额

表 5 - 1　　　　　　　　1997～2017 年省际贸易差额的样本统计值　　　　　　　单位：亿元

年份	标准差	最小值	最大值	样本极差
1997	268. 18	- 1055. 12	539. 01	1594. 13
2002	352. 98	- 847. 70	1040. 06	1887. 76
2007	1195. 65	- 2647. 28	2626. 07	5273. 34
2012	3392. 46	- 7968. 37	9690. 97	17659. 34
2017	5201. 18	- 11901. 29	14594. 82	26496. 10

四、省际贸易集中度的演变特征

从表 5 - 2 可知，1997～2017 年排名前 5 位的省份的省际贸易总额占全国的比重始终在 38% 左右，也即其余 25 个省份的省际贸易总额仅占全国的 62% 左右。同时，省际贸易总额排名前 5 位的省份除 2012 年两个省份来自中部，2017 年一个省份来自西部以外，其余年份的前 5 位省份全部来自东部。省际贸易的集中度可见一斑。

表 5 - 2   1997～2017 年省际贸易总额排名前 5 位的省份

年份	省际贸易总额排名前 5 位	前 5 位省际贸易总额占全国比重（%）	所属区域（个）		
			东部	中部	西部
1997	江苏，广东，河北，山东，上海	40.66	5	0	0
2002	浙江，广东，河北，江苏，北京	38.19	5	0	0
2007	广东，河北，浙江，江苏，上海	42.13	5	0	0
2012	江苏，北京，河南，上海，安徽	33.63	3	2	0
2017	广东，浙江，江苏，上海，重庆	35.46	4	0	1

为了更加细致和准确地研究省际贸易集中度，本文将借助赫芬达尔－赫希曼指数来对中国国内省际贸易集中于某产业的程度以及集中于某省份的程度进行分析。利用公式（5.1）分别计算中国省际贸易 5 个年份的产业集中度和区域集中度，结果如图 5－6 和图 5－7 所示。

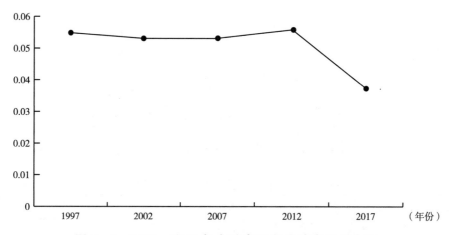

图 5 - 6   1997～2017 年中国省际贸易的产业集中度

一方面，中国省际贸易的产业集中度始终较低，且呈下降趋势。从图5－6 可见，1997～2017 年，省际贸易产业集中度的 HHI 值始终保持在 0.1 以内。分时段来看，1997～2012 年省际贸易产业集中度的 HHI 值呈 "U" 型变化，先缓慢下降至 0.053 然后平稳上升至 0.056，但始终在 0.05 上下徘徊，较为稳定。2012 年出现转折，HHI 值从 0.056 急速下降至 0.037。可见，1997～2017 年，中国省际贸易产业集中度始终较低，即参与省际贸易的产业门类较多，且产业门类数量呈快速上升趋势。1992 年邓小平南方谈话以及中共十四大建立社会主义市场经济体制的提出，促进了我国市场经济的发展和国内市场的自由开放，从而推动了各种产品在国内各区域之间的贸易，也与产品创新加速和消费者需求多样化有关，因此，省际贸易不再是依赖于少数产业，而是门类多样、产品繁多的 "百花齐放" 贸易。

另一方面，中国省际贸易的区域集中度较低，且呈 "W" 型变化趋势。1992 年邓小平南方谈话以及中共十四大建立社会主义市场经济体制的提出，促进了我国市场经济的发展和国内市场的自由开放，从而推动了各区域参与国内省际贸易，因此，1997 年之后区域集中度呈下降趋势。2001 年我国正式加入 WTO 之后，东部沿海地区作为我国出口主阵地，出口

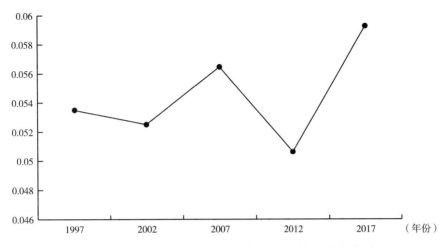

图 5 - 7　1997～2017 年中国省际贸易的区域集中度

带动型省际贸易使得东部成为省际贸易的主要流出地和流入地区，区域集中度加强。而2008 年金融危机之后，全球国际贸易下滑，在一定程度上促进了国内各地区间的贸易，抑制了东部出口带动型省际贸易，因此区域集中度呈下降趋势。但是金融危机未改变我国出口格局，省际贸易的区域集中度在经历一段下降历程之后又恢复上升趋势。整体而言，1997～2017 年省际贸易的区域集中度 HHI 值呈"W"型变化趋势，且在 0.05 上下徘徊，说明我国省际贸易的区域集中度较低，省际贸易呈"百家争鸣"之势。

五、省际贸易产业结构的演变特征

一方面，从各产业省际贸易量在总贸易量中的占比排名来看，前 6 位的产业体现出如下特征：初级产品贸易以及深加工产品贸易占比下降，服务贸易占比上升。如图 5 - 8 所示，作为初级产品部门，农林牧渔业省际贸易占比在 1997 年位居第一，但此后逐年下降，到 2012 年退出前六位的行列，至此，排名前六位的部门中已不包含初级产品部门。2012 年，排名前六位的部门为建筑业、金属冶炼及压延加工业、化学工业、交通运输设备制造业、通用专用设备制造业和食品制造及烟草加工业，大都属于深加工产品部门。而 2017 年排名前六的部门为化学工业、建筑业、交通运输设备、食品制造及烟草加工业、批发和零售业、金属冶炼及压延加工业，服务贸易占比上升。

另一方面，从 1997～2017 年全国及东、中、西和东北省际贸易的三次产业结构来看（见图 5 - 9），它呈现出以下两个特征：

第一，从整体来看，全国省际贸易中三次产业所占比重的结构由"二一三"变为"二三一"结构。第一产业省际贸易在省际贸易总额中的占比明显下降，由 1997 年的 11.6% 显著下降至 2017 年的 2.5%；第三产业省际贸易在省际贸易总额中的占比显著提升，由 1997年的 8.3% 迅速上升至 2017 年的 26.2%。

第二，分区域来看，东部地区产业结构始终保持"二三一"结构，中部、西部和东北地区由"二一三"结构变为"二三一"结构。东部地区第一产业省际贸易在省际贸易总额中的占比始终最小且不断下降，1997～2002 年下降幅度最大，从 8% 快速下降至 2.5%；第

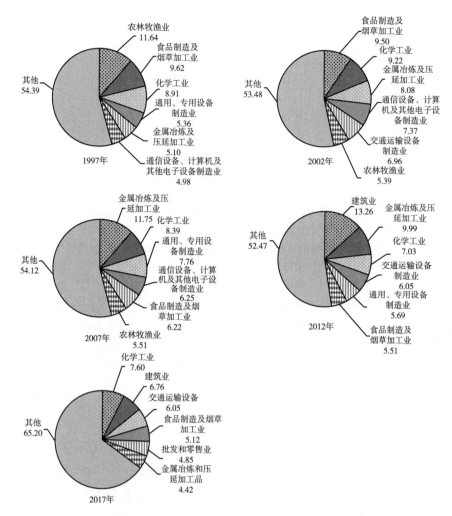

图 5-8 1997~2017 年中国省际贸易中排名前六的产业及其占比（%）

注：图中的占比表示各产业省际贸易额在中国省际贸易额中的占比。

二产业省际贸易在省际贸易总额中的占比始终最大但也呈现缓慢下降的趋势；第三产业省际贸易在省际贸易总额中的占比从 1997 年的 11.2% 不断上升至 2017 年的 26.7%。中部地区第一产业省际贸易在省际贸易总额中的占比从 1997 年的 17.9% 急速下降至 2017 年的 0.7%；第二产业省际贸易在省际贸易总额中的占比在 80% 上下徘徊，波动下降；第三产业省际贸易在省际贸易总额中的占比从 1997 年的 4% 激增至 2017 年的 28.3%，成为第三产业省际贸易在省际贸易总额中占比最多的区域。西部地区第一产业省际贸易在省际贸易总额中的占比从 1997 年的 16% 波动下降至 2017 年的 6.6%；第二产业省际贸易在省际贸易总额中的占比在 1997~2002 年呈现上升趋势从 79% 上升至 83% 但随后急速下降至 2017 年的 67.5%；第三产业省际贸易在省际贸易总额中的占比从 1997 年的 5.1% 一路攀升至 2017 年的 25.9%。东北地区第二产业省际贸易在区域贸易总额中的占比在 1997~2002 年呈上升趋势，从 81.8% 上升至 88%，2002~2017 年呈下降趋势，从 88% 下降至 78.2%；第三产业省际贸易在省际贸易总额中的占比从 1997 年的 5.9% 快速上升至 2017 年的

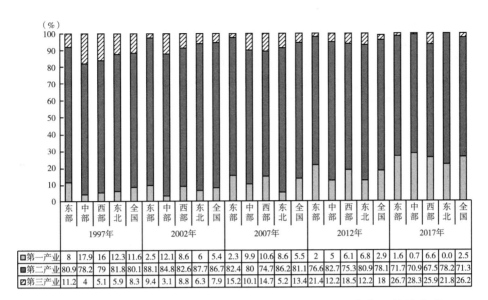

	东部	中部	西部	东北	全国	东部	中部	西部	东北	全国	东部	中部	西部	东北	全国	东部	中部	西部	东北	全国	东部	中部	西部	东北	全国
	1997年					2002年					2007年					2012年					2017年				
□第一产业	8	17.9	16	12.3	11.6	2.5	12.1	8.6	6	5.4	2.3	9.9	10.6	8.6	5.5	2	5	6.1	6.8	2.9	1.6	0.7	6.6	0.0	2.5
■第二产业	80.9	78.2	79	81.8	80.1	88.1	84.8	82.6	87.7	86.7	82.4	80	74.7	86.2	81.1	76.6	82.7	75.3	80.9	78.1	71.7	70.9	67.5	78.2	71.3
☒第三产业	11.2	4	5.1	5.9	8.3	9.4	3.1	8.8	6.3	7.9	15.2	10.1	14.7	5.2	13.4	21.4	12.2	18.5	12.2	18	26.7	28.3	25.9	21.8	26.2

图 5－9　1997~2017 年全国及四大区域省际贸易三次产业结构变化

21.8%。可见，对于四个地区而言，第一产业在省际贸易总额中的占比都在不断下降，第三产业的占比在不断上升，第二产业的占比虽然始终最大但也呈现缓慢下降的趋势。

第四节　研究结论和政策启示

省际贸易是构建以国内大循环为主体、国内国际双循环新发展格局的重要内容。本章基于国务院发展研究中心构建的中国多区域投入产出数据库中的省际贸易数据，从贸易总额、贸易依存度、贸易差额、贸易集中度和贸易产业结构这五个方面探究了 1997~2017 年中国省际贸易的演变特征。得出如下几点结论：第一，全国省际贸易总额整体呈上升趋势，且东部省际贸易总额占全国的比重始终最大；第二，我国省际贸易依存度整体呈现下降趋势，说明省际贸易对国内经济发展的拉动作用在下降，换言之，省际贸易对国内经济发展拉动作用有待进一步挖掘；第三，虽然我国省际贸易的产业集中度与区域集中度较低，呈现出"百花齐放，百家争鸣"的贸易格局，但是省际贸易存在区域失衡现象，贸易顺差省份大多集中在东部，贸易逆差省份大多集中在西部，近似贸易平衡省份集中在中西部，且 1997~2017 年，各省份的省际贸易差额的差异在逐步扩大；第四，初级产品贸易以及深加工产品贸易占比下降，服务贸易占比上升；第五，全国、中部、西部及东北地区产业结构从"二一三"转变为"二三一"结构，东部地区则始终保持为"二三一"结构，第二产业贸易在我国整体及四大区域的省际贸易中始终占主导，而服务业贸易的占比在持续增长。

本章的政策启示包括：（1）虽然我国省际贸易在迅速发展，但对许多省份而言，其对经济发展的带动作用在下降，因此需促进区际开放和市场一体化，挖掘省际贸易巨大潜力，进一步推动国内省际贸易发展，以增强其对经济发展的带动作用。例如，构建高效的国内流通体系，包括开放有序的线下市场和线上市场，通过信息化建设，建立智慧化仓储管理系统和物流系统，促进不同经营模式和业态优势互补、信息互联互通。（2）推动省际贸易发展，需审慎地解决省际贸易失衡现象，促进区域间贸易协调发展。比如，应推进西部地区形成更多的区域性甚至全国性的供给中心（或枢纽），通过打造产业链集群等方式提高具有潜力的成渝地区的供给地位，以改善西部地区省际贸易长期逆差状态，从而形成东中西东北联动的国内大循环格局。（3）需优化产业布局，促进东部、中部、西部与东北地区基于自身优势形成一批具有全国甚至全球竞争力的产业链集群，以形成各具优势的省际贸易供给中心，活跃省际贸易。

（本章作者：张红梅、张雨桐）

参考文献：

［1］赵永亮，徐勇，苏桂富. 区际壁垒与贸易的边界效应［J］. 世界经济，2008（2）：17－29.

［2］行伟波，李善同. 引力模型、边界效应与中国区域间贸易：基于投入产出数据的实证分析［J］. 国际贸易问题，2010（10）：32－41.

［3］行伟波，李善同. 本地偏好边界效应与市场一体化——基于中国地区间增值税流动数据的实证研究［J］. 经济学（季刊），2009（4）：1455－1474.

［4］盛斌，毛其淋. 贸易开放国内市场一体化与中国省际经济增长：1985～2008 年［J］. 世界经济，2011（11）：44－66.

［5］刘卫东，刘红光，范晓梅，陈杰，唐志鹏. 地区间贸易流量的产业——空间模型构建与应用［J］. 地理学报，2012（2）：147－156.

［6］李善同，侯永志等. 中国区域协调发展与市场一体化［J］. 北京：经济科学出版社，2008.

［7］张亚雄，刘宇，李继峰. 中国区域间投入产出模型研制方法研究［J］. 统计研究，2012（5）：3－9.

［8］张红梅，李黎力. 中国省际贸易：数据获取与数据库构建［J］. 当代财经，2018（4）：88－97.

［9］张少军. 贸易的本地偏好之谜：中国悖论与实证分析［J］. 管理世界，2013（11）：39－49.

［10］张少军，李善同. 中国省际贸易的演变趋势特征与展望：1987－2007［J］. 财贸经济，2013（10）：100－107.

［11］徐现祥，李郇. 中国省际贸易模式. 基于铁路货运的研究［J］. 世界经济，2012（9）：41－60.

［12］陈家海. 地区工业化进程中的省际贸易格局及政策倾向. 载周振华主编，中国经济分析 1995：地区发展［M］. 上海：上海人民出版社，1996.

［13］刘金山，李宁. 我国省际贸易及其价格传导效应研究［J］. 财贸经济，2013（6）：97－108.

［14］于洋. 中国省际贸易流量再估算与区间分解［J］. 中国经济问题，2013（5）：100－108.

［15］孙久文，彭薇. 基于区域贸易联系的国内省际贸易合作［J］. 社会科学研究，

2010 (6)：20 - 25.

[16] 熊贤良. 国内省际贸易与国际竞争力：以我国制成品为例的分析 [J]. 经济研究，1993 (8)：71 - 76.

[17] 熊贤良. 国内省际贸易与对外贸易关系的理论及在我国的表现 [J]. 财贸经济，1994 (12)：38 - 42.

[18] 钟昌标. 国内区际分工和贸易与国际竞争力 [J]. 中国社会科学，2002 (1)：94 - 100.

[19] 黄玖立. 对外贸易，区域间贸易与地区专业化 [J]. 南方经济，2011 (6)：7 - 22.

[20] 叶裕民. 中国省际贸易冲突的形成机制与对策思路 [J]. 经济地理，2000 (6)：13 - 16.

[21] 中国社科院财贸所"中国省际贸易与省际投资"课题组. 中国国内市场发展研究：省际投资与省际贸易格局 [J]. 财贸经济，1993 (7)：35 - 40.

[22] 张少军，李善同. 省际贸易对中国经济增长的贡献研究 [J]. 数量经济技术经济研究，2017 (2)：38 - 54.

[23] 闫丽珍，石敏俊，闵庆文，成升魁. 中国玉米省际贸易与区域水土资源平衡 [J]. 资源科学，2008 (7)：1032 - 1038.

[24] 刘名远，林民书. 省际贸易，要素价格扭曲与区域经济利益空间失衡——基于空间面板误差模型的实证分析 [J]. 财经科学，2013 (2)：56 - 64.

[25] 刘建，许统生，涂远芬. 交通基础设施，地方保护与中国国内贸易成本 [J]. 当代财经，2013 (9)：87 - 99.

[26] 李善同，董礼华，何建武. 2012 年中国地区扩展投入产出表：编制与应用 [M]. 北京：经济科学出版社，2018.

[27] Young, Alwyn, 2000. The Razor's Edge：Distortions and Incremental Reform in China [J]. The Quarterly Journal of Economics, 115 (4)：1091 - 1135.

[28] Poncet S. Measuring Chinese Domestic and International Integration [J]. China Economic Review, 2003, 14 (1)：1 - 21.

第六章 国内市场一体化研究

党的十九届五中全会明确提出，要加快形成以国内大循环为主体、构建国内国际双循环相互促进的新发展格局。构建高效、繁荣、稳定的国内大循环，其关键在于打破地域分割，充分发挥省际间的比较优势、清除市场壁垒，建立统一的国内大市场。这不仅是在当前新冠肺炎疫情全球蔓延、世界经济深度衰退、国际贸易不断萎缩的背景下，保障统筹发展和经济安全的重要举措，也是提高国家整体经济效率、释放经济增长潜力、促进经济发展行稳致远的突破点。

改革开放以来，我国对外贸易发展迅速，已成为世界贸易大国之一，与此同时国内省际贸易也有所增长。省际贸易作为我国区域分工和专业化水平的重要体现，它能够反映我国内部区域整合和市场一体化的程度，省际贸易的发展有助于发挥各省的比较优势，建立直接与间接的经济技术联系和互补依存关系，从而促进区域经济增长、实现地区均衡发展、推进全国市场一体化进程。本章将以1997~2017年为研究时段，在这段时间内，中国从加入世界贸易组织到成为世界上经济规模最大的国家之一，经历了经济飞速发展的时期，而国内的市场也出现了繁荣的景象。国际贸易和国内贸易的同时增长既体现了中国国家实力的上升，也体现了中国制造业在参与国际产业链的同时国内市场也出现了显著扩展。本章将利用1997年、2002年、2007年、2012年、2017年中国省际间投入产出表估算出的省际双边贸易数据来衡量省际贸易规模、分析省际贸易流量和流向，测算省际贸易依存度；并通过引力模型估计出历年的边界效应大小，从而对国内市场的一体化程度进行研究。

本章的结构安排如下：第一节为研究综述；第二节介绍研究方法及数据来源；第三节对省际贸易流量、省际贸易依存度等进行分析；第四节为市场一体化估计结果分析；第五节为结论及政策建议。

第一节 研究综述

市场一体化与市场分割是一对相对应的概念，一方面，它描述的是一种状态，在这种状态下，一个完整区域内不同地方的市场主体之行为受到同一的供求关系的调节（李善同、侯永志，2008）。另一方面，它描述的是一个过程，在这个过程中，不同区域之间的行政区划界线将被打破，贸易壁垒得以消除，产品、服务和生产要素在空间上的流动更加自由和便利，同质的产品、服务和资本要素之价格趋于相同（陈红霞、李国平，2009）。目前，对于中国国内市场一体化的研究，大致从以下几方面展开。

一、测度市场一体化程度及变化趋势

目前，测度市场一体化程度的方法主要有以下几种：一是价格法，由于市场分割将导致地区间产品价格的离散化，因此可以根据区域间相关产品的价格是否趋于一致来评估国际市场整合程度或者是某个国家内部市场整合程度，通常是建立价格的协整模型、基于协整的误差修正模型或面板单位根模型等来进行分析（帕斯利等，2001；奥克斯利等，2011）。二是生产法，通过考察地区产出结构的相似度、生产效率等来度量区域间市场整合程度。三是经济周期法，若各地区经济周期的相关程度高，则表明市场的一体化程度高。四是贸易法，主要从贸易规模、贸易壁垒两方面展开。一方面，随着一体化程度的提高，地区间的贸易量会显著增加，反之，较大的贸易量也反映了地区间市场整合程度的提升（贝伦斯，2004；刘生龙，胡鞍钢，2011；黄森，2014）。另一方面，用边界效应反映地区间贸易壁垒的大小（市场分割程度），如果地区间贸易壁垒增加了，则认为市场非一体化水平提升（庞塞特，2003；赵永亮等，2009；行伟波，李善同，2010；张少军，2013）。

目前，国内外学者对于中国国内市场一体化的程度及变化趋势大致持两种不同看法。第一类看法是中国国内市场向非一体化方向发展。部分学者认为，改革开放以来我国内部市场一体化虽然有所推进，但依然存在较为严重的贸易障碍和市场分割现象，主要表现在：省际间的行政壁垒以及地方政府的"地方保护主义"策略使地方政府有动机设置各种贸易壁垒；财政分权制度下地方政府具有强烈的财政激励，倾向于保护本地的资源、市场和税基，导致市场扭曲；官员晋升的绩效考核机制激励地方政府之间为增长而竞争，并进一步导致了地方保护主义和国内市场分割等。扬（2000）基于生产法角度，通过考察1978~1997年我国各地区产业结构的趋同性来证明地方经济发展中资源配置扭曲，他认为国内市场处于越来越严重的分割状态；庞塞特（2002）基于贸易法角度，测算出1987~1997年中国各省份之间的边界效应不断上升，甚至认为中国省际间的贸易壁垒已达到欧盟内部各国之间的水平。刘昊、祝志勇等（2021）采用相对价格法对各城市群商品市场的市场分割程度进行测度，发现不同行政区划所带来的边界效应逐渐减弱，而城市群之间市场分割水平较高，说明我国产品市场一体化正从以省界为界限的地区性市场向以城市群为界限的区域性市场演进。

第二类看法是，国内市场一体化水平在逐步提升。诺顿（1999）基于贸易法的研究发现，1987~1992年各省份制造业产品的贸易流量有所提升，表现出国内市场一体化水平提升的态势；桂琦寒（2006）基于价格法考察了中国国内商品市场整合程度及变化趋势，发现中国市场一体化在逐步提升；吴三忙（2010）基于生产法的研究发现，中国制造业地理集聚程度提高的同时，地区专业化水平也明显提高，由此认为改革开放以来中国市场一体化水平不断提高。李善同、侯永志（2008）通过对国内市场一体化状况的抽样调查，认为国内市场正在走向一体化。

二、影响市场一体化的主要因素

影响市场一体化进程的主要因素大致分为两类：一类是自然因素，主要是地理距离产生的天然屏障对要素流动带来的阻碍，运输成本作为贸易成本的一部分会随着距离的增加而增加（安德森和温科普，2004；胡梅尔斯，2007），在一定程度上会减少区域间贸易量。

　　另一类是人为因素，大多数研究认为，中国国内市场一体化与地方政府行为有直接联系，地方保护主义是导致市场分割的重要原因。我国存在行政区经济现象（鲁勇，2002；周黎安，2004），地方政府都追求行政区域边界内的利润最大化（洪银兴等，2003），当本地的生产者面临外部市场竞争时，地方政府可以通过行政手段强制性地使管辖范围内的本地市场变成封闭或半封闭的分割性的市场（银温泉等，2001）。地方保护是市场经济中行政权力与市场干预相结合的产物，地方保护所导致的要素价格扭曲、竞争秩序混乱、区域市场分割使市场经济的价格发现和促进竞争功能受到严重削弱（余东华等，2010），具体表现为商品贸易、人口、资本和知识流动的阻碍与壁垒，产生效率损失、资源的扭曲效应等（郑毓盛等，2003；刘培林，2005；徐现祥等，2005），社会福利受到严重损失。

　　地方政府保护的动机可以从两个方面来进行解释：一是财税激励，在地方经济绩效最大化的激励下，地方政府的财政自主权越高其地方保护意识越强，对于财力薄弱的地区而言，财政支出的压力也是其加强地方保护和地方封锁的动因之一，这些都是导致贸易壁垒或市场分割的因素（赵永亮等，2008；何雄浪等，2014）。二是政治晋升激励，在经济绩效优先的政绩观下，地方官员间存在嵌入于经济竞争当中的政治晋升博弈，地方政府官员会理性地选择市场分割，以免殃及自身经济增长以及相应的晋升可能性，合作的空间非常狭小（周黎安，2004，2007；张军，2005；徐现祥等，2007；付强、乔岳，2011）。地方政府从本地经济发展的短期利益出发，通过地区性行政垄断分割市场来保护本地生产者至少可以在短期内获得更快的经济增长（陆铭、陈钊，2009）。分权式改革后，不少地方政府发动新一轮的赶超，将延长产业链、提高当地产品附加值作为促进当地经济发展的重要手段，在当地的基础设施、技术水平、资金供给等客观条件都不具备的条件下，新的赶超只有在地方保护和市场分割的条件下才能实现（林毅夫、刘培林，2004）。除此之外，非正式制度也是地区市场分割形成的重要原因，如民族多样性、行政区划、方言多样性等因素都会对地区市场分割水平产生不同程度的影响（高翔、龙小宁，2016；丁从明等，2018）。

第二节　研究方法及数据来源

一、研究方法

　　本章主要从省际贸易规模、贸易壁垒（边界效应）两个方面，考察我国国内市场一体化程度的变化情况。通常情况下，随着市场一体化程度的提高，省际间贸易量会有所增加，反之，较大的省际间贸易量也反映了地区间市场整合程度的提升。

　　本章用本地偏好和边界效应（border effect）的大小，来反映由贸易壁垒（或地区边界）导致市场分割程度的变化。其中，边界效应表示当经济规模和贸易距离被控制后，省内贸易是省际贸易的多少倍，反映的是基于行政边界的市场分割程度。本章将借鉴标准的引力模型，通过引入地区边界变量（domestic）将引力模型发展为边界效应模型，并对 1997 年、2002 年、2007 年、2012 年、2017 年的边界效应变化情况进行估计。

　　引力模型的基本观点是，区域间的贸易量与两个地区的国民生产总值等经济规模因素成正比，与地理距离等贸易成本因素成反比。这是因为：地区的生产规模和国民收入越大，市场需求就越大，地区间的贸易量也越大；地理距离会导致双边贸易产生运输成本，所以两个地区相距越远，运输成本越高，地区间的贸易就越少。另外，大量研究表明，关税壁垒和非关税壁垒等因素也会影响双边贸易。传统的引力模型如下[①]：

$$\ln Trade_{ij} = a_{ij} + \beta_1 \ln GDP_i + \beta_2 \ln GDP_j + \beta_3 \ln D_{ij} + \varepsilon_{ij} \tag{6.1}$$

其中，i 表示贸易中的流出者，j 表示流入者（i，j=1，2…，n），$Trade_{ij}$ 表示 i 地区从 j 地区的"进口"贸易，GDP 表示经济规模，$\ln D_{ij}$ 是 i 和 j 之间地理距离的对数函数。这个方程的含义是：区际贸易量与贸易双方的产值相关，且贸易壁垒只与距离因素有关，边界等其他非关税壁垒都放在残差项中。方程（6.1）右边的距离项系数即是区际贸易的距离弹性，在本研究中意味着两省份间距离每增加1%，那么两省份贸易将下降 β_3%。当 $i = j$ 时，引力方程反映的就是省内贸易。此时 i 省的地区生产总值等于 j 省地区生产总值，所有其他反映各省特征的变量也都做类似处理。

与已有研究一样，我们设立一个虚拟变量来反映省际间的行政边界，这个虚拟变量系数的大小反映了中国省际边界对省际贸易影响的平均程度。边界虚拟变量定义如下：

$$Border_{ij} = \begin{cases} 1, if\, i \neq j \\ 0, if\, i = j \end{cases} \tag{6.2}$$

式（6.2）表示，当贸易发生在省内时，边界虚拟变量值为0；当贸易跨省时，边界虚拟变量值为1。边界虚拟变量度量了省际间的行政边界在减少双边贸易上的平均效应。把它引入方程，可得如下引力模型：

$$\ln Trade_{ij} = a_{ij} + \beta_1 \ln GDP_i + \beta_2 \ln GDP_j + \beta_3 \ln D_{ij} + \emptyset\, Border_{ij} + \varepsilon_{ij} \tag{6.3}$$

$e^{|\emptyset|}$ 就是边界效应，它度量了在控制了经济规模和两省的贸易成本后，平均来看省内贸易对省际贸易的倍数，也反映了在省际贸易中本土偏好的程度。

此外，许多实证研究都表明，在边界效应模型中设置"邻近"变量也非常重要的。"邻近"变量表示双方是否相邻，一般对地区间贸易具有正的效应，且往往高度显著，这被称为邻近效应（Adjacent Effect）。引入"邻近"变量后，方程变为：

$$\ln Trade_{ij} = a_{ij} + \beta_1 \ln GDP_i + \beta_2 \ln GDP_j + \beta_3 \ln D_{ij} + \emptyset\, Border_{ij} + \lambda Adjacent + \varepsilon_{ij} \tag{6.4}$$

方程（6.4）中，当地区 i 和地区 j 在地理上相邻时，Adjacent = 1，反之 Adjacent = 0。

$$Adjacent = \begin{cases} 1, 如果相邻 \\ 0, 如果不相邻 \end{cases} \tag{6.5}$$

二、数据来源

国家统计局分别公布了 1997 年、2002 年、2007 年、2012 年、2017 年每个省份的投入产出表，每个省份投入产出表中的流入和流出数据提供了该省份和中国其他地区之间的贸易

---

① 丁伯根（Tinbergen，1962）最早提出了引力模型，并被后续的大量研究所采用。在实践中，引力模型较好地解释了双边贸易的流量（Anderson and van Wincoop，2004）。

信息。但是，在投入产出表中，由于"其他地区"是一个整体，因此流入流出值衡量的仅是某个省份对多个省份的贸易流动额。

本章使用的省际贸易数据来源于国务院发展研究中心发展战略和区域经济研究部编制的中国省际间投入产出表，该表反映了任何两个省份之间的贸易情况，而不是一个省份与中国其他地区间的双边贸易。该表涵盖 30 个省（区、市），不包含港、澳、台和西藏地区。省内贸易由该省份的总产出减去该省份的出口以及省际流出来计算。

第三节　中国省际贸易格局现状分析

一、省际贸易流量变化趋势

随着中国整体经济发展，国内地区间贸易总量也在迅速增长。引力模型表明，两地区间的贸易规模与两地的地区生产总值成正比，与两地间的距离成反比，中国国内省际贸易流量也较好地体现出了这一规律。从表 6 - 1 罗列的 1987 年、1992 年、1997 年、2002 年、2007年、2012 年、2017 年 7 个年份省际贸易流量和地区生产总值在全国的排名情况来看，1997年以来，广东、江苏、山东、浙江、河南 5 省地区生产总值排名一直保持在前 5 名，省际贸易流量排名靠前的也大多属于东部地区，2017 年重庆的省际贸易流量位居全国第 5，在此之前西部地区没有一个省份进入前 5 名。综合来看，省际贸易流量靠前的省份基本上也是地区生产总值排名靠前的地区，两者的重合度非常高，这也说明地区生产总值是影响中国省际贸易的重要因素。

表 6 - 1　　　　1987 ~ 2017 年省际贸易流量和 GDP 排名前 5 位的省份　　　　单位：%

年份	省际贸易流量排名	比重	地区生产总值排名	比重
1987	上海、江苏、浙江、河南、广东	40.2	江苏、山东、广东、四川、辽宁	35.8
1992	江苏、河北、广东、山东、上海	45.1	广东、山东、江苏、四川、辽宁	38.2
1997	江苏、广东、河北、山东、安徽	41.1	广东、江苏、山东、浙江、河南	38.2
2002	浙江、广东、河北、江苏、山东	39.9	广东、江苏、山东、浙江、河南	40.2
2007	广东、河北、江苏、浙江、河南	43.3	广东、江苏、山东、浙江、河南	42.0
2012	北京、江苏、上海、广东、河南	41.3	广东、江苏、山东、浙江、河南	39.1
2017	上海、江苏、广东、浙江、重庆	44.8	广东、江苏、山东、浙江、河南	40.67

二、省际贸易依存度

为了进一步说明中国各省份的省际贸易联系强度，并以此说明中国国内市场的一体化程度，本章对中国的省际贸易依存度进行了测算，结果如表 6 - 2 所示。省际贸易依存度表示为某省份的省际流入和流出之和与该省份地区生产总值之比，说明一个地区经济增长对于省际贸易的依赖程度。省际贸易依存度又分流出依存度和流入依存度，前者为省际流出额与地区生产总值之比，后者为省际流入额与地区生产总值之比。

表 6 - 2　　　　　1997~2017 年中国省际贸易依存度及其地区差异

地区	省际贸易依存度					流出依存度					流入依存度				
	1997年	2002年	2007年	2012年	2017年	1997年	2002年	2007年	2012年	2017年	1997年	2002年	2007年	2012年	2017年
北京	1.06	1.59	1.60	3.15	1.74	0.52	0.79	0.80	1.59	0.99	0.53	0.81	0.80	1.56	0.75
天津	1.98	1.91	2.49	1.78	1.18	1.04	0.96	1.22	0.92	0.66	0.95	0.95	1.27	0.86	0.52
河北	1.64	1.46	2.53	1.45	1.28	0.87	0.79	1.31	0.78	0.67	0.77	0.67	1.23	0.66	0.61
山西	1.23	0.58	0.66	1.45	0.84	0.61	0.28	0.33	0.70	0.44	0.62	0.30	0.33	0.75	0.41
内蒙古	1.18	0.81	1.27	2.08	1.52	0.60	0.43	0.70	1.02	0.76	0.58	0.38	0.57	1.07	0.75
辽宁	0.75	0.77	1.11	1.36	1.40	0.40	0.43	0.61	0.70	0.76	0.34	0.34	0.50	0.66	0.64
吉林	1.16	2.14	2.21	1.28	2.60	0.57	1.04	0.94	0.52	1.32	0.59	1.10	1.26	0.76	1.29
黑龙江	1.03	0.80	1.08	1.68	1.83	0.53	0.44	0.59	0.76	0.80	0.50	0.36	0.49	0.91	1.03
上海	1.25	0.99	1.54	2.72	2.85	0.64	0.58	0.87	1.51	1.66	0.61	0.40	0.67	1.20	1.19
江苏	1.33	0.66	0.92	1.26	1.05	0.70	0.35	0.51	0.72	0.57	0.64	0.32	0.41	0.54	0.48
浙江	0.69	1.33	1.33	1.25	1.84	0.36	0.64	0.60	0.66	0.90	0.33	0.69	0.74	0.59	0.94
安徽	1.77	1.70	2.24	3.09	1.67	0.88	0.85	0.99	1.56	0.85	0.88	0.86	1.25	1.53	0.82
福建	0.80	0.54	0.88	0.43	0.48	0.40	0.22	0.37	0.35	0.21	0.40	0.33	0.51	0.09	0.27
江西	0.88	0.85	0.70	1.23	0.41	0.44	0.38	0.34	0.61	0.18	0.44	0.47	0.36	0.62	0.23
山东	0.74	0.65	0.52	0.41	0.48	0.41	0.34	0.31	0.21	0.32	0.33	0.32	0.22	0.20	0.16
河南	0.77	0.58	1.04	1.86	0.77	0.40	0.29	0.54	0.81	0.25	0.37	0.29	0.50	1.04	0.52
湖北	0.92	0.58	0.49	0.46	0.33	0.48	0.28	0.27	0.28	0.14	0.44	0.30	0.21	0.18	0.19
湖南	0.91	0.62	0.94	1.18	0.48	0.44	0.33	0.47	0.62	0.24	0.48	0.29	0.47	0.57	0.24
广东	1.12	0.74	1.24	0.73	1.11	0.49	0.37	0.59	0.30	0.52	0.63	0.37	0.65	0.44	0.58
广西	1.18	1.20	1.30	1.19	1.00	0.59	0.55	0.62	0.51	0.53	0.58	0.66	0.68	0.68	0.46
海南	1.41	1.42	0.75	2.80	3.81	0.66	0.64	0.50	1.32	1.85	0.75	0.78	0.24	1.47	1.97
重庆	1.30	1.81	1.04	1.81	3.66	0.69	0.84	0.48	0.89	1.80	0.61	0.97	0.57	0.92	1.86
四川	0.61	0.45	0.55	0.49	0.28	0.31	0.21	0.27	0.23	0.17	0.30	0.25	0.28	0.26	0.11
贵州	1.41	1.09	1.43	1.67	1.33	0.46	0.47	0.61	0.77	0.55	0.95	0.62	0.82	0.89	0.78
云南	0.83	0.72	1.27	1.52	0.74	0.39	0.30	0.62	0.53	0.09	0.44	0.42	0.65	0.99	0.65
陕西	1.24	1.09	2.14	2.05	2.39	0.56	0.51	1.05	1.07	1.17	0.68	0.58	1.09	0.98	1.21
甘肃	1.39	0.93	1.14	1.77	0.78	0.55	0.37	0.56	0.87	0.37	0.84	0.56	0.59	0.90	0.41
青海	1.73	1.52	0.59	1.11	0.89	0.58	0.56	0.17	0.42	0.26	1.15	0.96	0.42	0.69	0.63
宁夏	1.35	1.52	1.60	1.89	2.23	0.59	0.54	0.60	0.89	0.63	0.76	0.98	1.01	0.99	1.61
新疆	1.39	0.97	1.31	1.69	1.16	0.63	0.45	0.62	0.69	0.32	0.76	0.52	0.70	0.99	0.84
全国平均值	1.17	1.07	1.26	1.56	1.4	0.56	0.51	0.61	0.76	0.67	0.61	0.56	0.65	0.8	0.74

　　从全国范围来看，1997 年、2002 年、2007 年、2012 年、2017 年全国 30 个省份的省际贸易依存度均值依次为 1.17、1.07、1.26、1.56、1.4，呈现出先下降、后上升、再下降的变化趋势。1997～2012 年，中国各省份的省际贸易联系总体上不断强化，国内市场一体化程度也呈现出总体加深的趋势。2017 年，除东北三省、上海、浙江、山东、广东、海南、重庆、陕西、宁夏等省份的省际贸易依存度有所上升外，其他省份均有所下降。1997～2017 年，省际贸易依存度总体较低的省份包括福建、山东、湖北和四川，省际贸易依存度较高的省市包括北京、上海、安徽、吉林、重庆和海南，而河北、天津、四川、福建、湖北、广西等地 2012 年、2017 年的省际贸易依存度下降幅度较为明显。

　　1997～2017 年，流入依存度和流出依存度较高的省份中，西部省份有所增多，如重庆、陕西、内蒙古等，且流出依存度和流入依存度具有一定正相关关系，尤其是 2012 年和 2017 年，流出依存度较大的省份与流入依存度较大的省份基本趋同。如表 6-3 所示。

表 6-3　　1997～2017 年省际贸易流量和地区生产总值排名前 5 位的省级地区

年份	省际贸易依存度前 5 位	省际贸易依存度后 5 位
1997	天津、安徽、青海、河北、海南	河南、辽宁、山东、浙江、四川
2002	吉林、天津、重庆、安徽、北京	山西、湖北、河南、福建、四川
2007	河北、天津、安徽、吉林、陕西	山西、青海、四川、山东、湖北
2012	北京、安徽、海南、上海、内蒙古	广东、四川、湖北、福建、山东
2017	海南、重庆、上海、吉林、山西	福建、山东、江西、湖北、四川
年份	流入依存度前 5 位	流出依存度前 5 位
1997	青海、天津、贵州、安徽、甘肃	天津、安徽、河北、江苏、重庆
2002	吉林、宁夏、重庆、青海、天津	吉林、天津、安徽、重庆、河北
2007	天津、吉林、安徽、河北、陕西	河北、天津、陕西、安徽、吉林
2012	北京、安徽、海南、上海、内蒙古	北京、安徽、上海、海南、陕西
2017	海南、重庆、宁夏、吉林、陕西	海南、重庆、上海、吉林、陕西

第四节　市场一体化估计结果分析

一、估计结果

　　利用引力模型估计的 1997 年、2002 年、2007 年、2012 年、2017 年各年度的边界效应估计结果如表 6-4 所示，所有的回归结果均能在 1% 的显著性水平下通过显著性检验，说明标准引力模型能够很好地解释中国省际间贸易。经济规模对省际间贸易规模有显著的正效应，有力地论证了引力模型的假定；地区间距离对省际间贸易规模有显著负面影响，即两地间距离越短，则省际间贸易规模越大。

表 6-4

1997～2017 年引力模型中的边界效应估计结果

因变量 log(trade)	1997 年	1997 年	2002 年	2002 年	2007 年	2007 年	2012 年	2012 年	2017 年	2017 年
log(gdp)i	0.6856 *** (0.0543)	0.6782 *** (0.0547)	0.5538 *** (0.0490)	0.5360 *** (0.0494)	0.8150 *** (0.0921)	0.8014 *** (0.1019)	0.5678 *** (0.0325)	0.5684 *** (0.0326)	0.4416 *** (0.0481)	0.4409 *** (0.0484)
log(gdp)j	0.8513 *** (0.0208)	0.8436 *** (0.0214)	0.7971 *** (0.0290)	0.7762 *** (0.0314)	0.9636 *** (0.0362)	0.9404 *** (0.0335)	0.7166 *** (0.0325)	0.7172 *** (0.0326)	0.8414 *** (0.0481)	0.8406 *** (0.0484)
log(distance)	-0.2497 *** (0.0396)	-0.2313 *** (0.0384)	-0.3398 *** (0.0565)	-0.3601 *** (0.0468)	-0.3109 *** (0.0633)	-0.3363 *** (0.0594)	0.3068 *** (0.0442)	-0.2995 *** (0.0558)	-0.2706 *** (0.0665)	-0.2783 *** (0.0843)
adjacent		0.1148 *** (0.0501)		0.0848 (0.0739)		0.0770 (0.0932)		0.0202 (0.0950)		-0.0212 (0.1423)
border	-4.1320 *** (0.1520)	-4.0800 *** (0.1282)	-4.0879 *** (0.1967)	-3.9464 *** (0.1542)	-4.0518 *** (0.2461)	-3.9019 *** (0.2191)	-3.8104 *** (0.1907)	-3.8336 *** (0.2197)	-4.0674 *** (0.2583)	-4.1241 *** (0.3093)
Constant	6.8201 *** (0.5413)	6.5665 *** (0.5491)	8.4740 *** (0.5949)	8.3956 *** (0.6293)	4.2529 *** (0.8783)	4.1877 *** (0.9924)	-0.8099 (0.5522)	-0.8517 (0.5865)	-1.0315 (0.8534)	-0.9841 (0.9112)
Border effect	62.30	59.15	59.61	51.75	57.50	49.50	45.2	46.2	58.4	61.8
Observations	900	900	900	900	900	900	900	900	900	900
R-squared	0.9070	0.9086	0.7971	0.8016	0.8048	0.8087	0.6933	0.6933	0.6502	0.6499

注：*** 表示 5% 水平显著，* 表示 10% 水平显著。

在引入"相邻"变量的边界效应模型实证结果显示，只有 1997 年相邻变量对省际贸易有显著的正面影响，即展现出省际间贸易的邻近效应。2002 年、2007 年、2012 年、2017 年相邻变量对省际贸易的影响不显著，从某种程度上说明，邻近效应在我国省际贸易中已经在很大程度上弱化了。

通过回归结果还可以发现，我国省际贸易壁垒大体呈现出先下降后上升的发展趋势。边界效应从 1997 年 62.30 下降到 2002 年的 59.61，又下降到 2007 年的 57.5、2012 年的45.2，呈现出持续递减趋势，而 2017 年边界效应的值上升至 58.4。其中，引入邻近变量的回归分析模型中，2017 年的边界效应值为 61.8，略高于未引入邻近变量时的边界效应值 58.4。

考虑政策环境的变化也是导致边界效应值发生变化不可忽视的因素之一，"一带一路"倡议等政策的深入实施在一定程度上改变了国内各省份对外贸易的区位优势，对于西部及东部地区的部分省份，国际贸易的相对重要性在上升，省际贸易的重要性在下降。因此，将各省份按照是否属于《推动共建丝绸之路经济带和 21 世纪海上丝绸之路的愿景与行动》中圈定的 18 个省份进行了划分。从表 6-5 和表 6-6 的结果来看，实施"一带一路"倡议的省份的与未实施的省份相比，边界效应值相对较低。可见，政策环境的变化可能会重塑省际间的贸易流向与经济协作关系，进而在一定程度上弱化了某些省份之间的贸易关联，导致边界效应发生改变。

表 6-5　　1997～2017 年实施"一带一路"倡议的省份的边界效应估计结果

因变量 log（trade）	（1） 1997 年	（2） 2002 年	（3） 2007 年	（4） 2012 年	（5） 2017 年
lngdpi	-0.0026 （0.1411）	0.8782 *** （0.1446）	0.4425 ** （0.1880）	0.9499 *** （0.1820）	0.8087 *** （0.3014）
lngdpj	-1.0613 *** （0.3739）	-1.0524 * （0.5473）	0.1466 （0.2373）	0.9180 *** （0.1574）	2.7109 *** （0.5213）
lndis	-0.3676 *** （0.0265）	-0.4524 *** （0.0388）	-0.4891 *** （0.0504）	-0.3346 *** （0.0458）	-0.3770 *** （0.0758）
border	-4.1837 *** （0.0882）	-4.1194 *** （0.1291）	-3.8196 *** （0.1679）	-3.7576 *** （0.1767）	-3.6530 *** （0.2926）
地区固定效应	YES	YES	YES	YES	YES
_ cons	17.2703 *** （2.9210）	11.8872 *** （4.4049）	7.1458 ** （2.7886）	-5.3502 ** （2.4252）	-21.9571 *** （6.1100）
N	464	464	464	464	464
adj. R^2	0.9611	0.9253	0.8930	0.9018	0.8421

注：括号中数值为标准差；***、**、* 分别表示在 1%、5% 和 10% 水平上显著。

表 6 - 6 1997 ~ 2017 年未实施"一带一路"倡议的省份的边界效应估计结果

因变量 log（trade）	（1）	（2）	（3）	（4）	（5）
	1997 年	2002 年	2007 年	2012 年	2017 年
lngdpi	- 0.0381 （0.1617）	0.7351 *** （0.1482）	0.2588 （0.2006）	0.6098 *** （0.2011）	0.1625 （0.2892）
lngdpj	1.0265 *** （0.0787）	1.2100 *** （0.0713）	0.9319 *** （0.1046）	1.4744 *** （0.1119）	1.8543 *** （0.2299）
lndis	- 0.3006 *** （0.0306）	- 0.3621 *** （0.0400）	- 0.4518 *** （0.0542）	- 0.3120 *** （0.0470）	- 0.3391 *** （0.0675）
border	- 4.1334 *** （0.0898）	- 4.4023 *** （0.1175）	- 4.0987 *** （0.1590）	- 3.7939 *** （0.1673）	- 4.8412 *** （0.2405）
地区固定效应	YES	YES	YES	YES	YES
_ cons	2.1001 （1.4235）	- 4.3456 *** （1.4504）	1.7780 （2.1781）	- 7.4056 *** （2.2750）	- 6.7489 * （3.7957）
N	377	377	377	377	377
adj. R^2	0.9579	0.9361	0.8944	0.9016	0.8490

注：括号中数值为标准差；*** 、* 分别表示在 1% 、10% 水平上显著。

　　而利用《中国统计年鉴》中的分地区商品零售价格指数，采用"价格法"计算的中国国内市场分割指数（见图 6 - 1）所反映的变化趋势恰好相反，自 2015 年以来，市场分割指数有所下降。

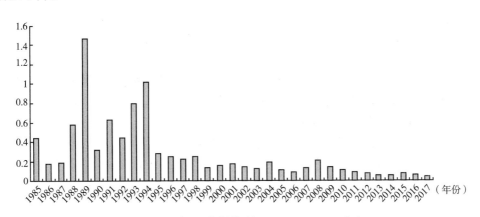

图 6 - 1　市场分割指数（1985 ~ 2017 年）

二、边界效应"U"型变化的原因分析

　　从引力模型估计的边界效应值的变化情况来看，省际贸易壁垒呈现"U"型变化的趋势，2017 年边界效应的值较 2012 年有了显著提升。而边界效应的这种变化趋势与国内市场

出现的一系列新特征有一定关系，非贸易壁垒因素如贸易格局、消费需求、生产分工、要素转移等均会对地区的产业和经济发展产生一定影响，进而影响省际间贸易，具体如下：

1. "一带一路"倡议等政策环境对省际贸易格局的新塑造

政策环境的变化是导致边界效应值发生变化不可忽视的因素之一。随着"一带一路"建设、新时代西部大开发、西部陆海新通道建设等国家发展战略深入实施，西部地区对外开放程度和基础设施建设得到进一步改善，在一定程度上改变了国内各省区对外贸易的区位优势。尤其是西部后发地区嵌入全球市场的能力不断提升，这些地区可直接与国际开展经贸合作，减少了对东部沿海省份的依赖，对省际间贸易产生了一定影响。例如，在"一带一路"框架下，中西部省份通过发挥陆海新通道和中欧班列等优势，与全球的贸易往来进一步增强。海关数据显示，2020 年重庆、四川、云南的进出口额占全国的比重分别为 2.03%、2.51%、0.84%，分别较 2012 年增长 0.65 个、0.98 个、0.30 个百分点。

2. 国内生产格局的变化

就国家整体分工格局而言，之前东部地区产业集聚程度相对较高而中西部地区经济活动密度低，产业集聚相对薄弱。一件最终产品的完成需要中间产品在省际间进行多次循环穿越。近年来，我国经济发展的空间结构正在发生深刻变化，国内产业格局呈现"大分散、小集聚"的特征。中西部地区生产能力和经济水平不断发展，使得这些地区省内的产业链逐渐完善，很多产品的生产、销售、使用在省内即可实现。因此，中间产品在空间上的流动需求降低。

从产业的角度看，现代产品复杂度在持续上升，技术复杂度的增加需要信息的密集交流。生产距离的拉近更加便于信息与技术的交流传递，从而会形成产业的空间集聚。产业链上下游环节在同一地理空间内集聚，将在一定程度上减少省际间的中间品贸易。以湖南的轨道交通行业为例，过去该行业相关配套产品在湖南省内的供给比例大概只有 50% ~ 60%，而当前可能达到 80% 左右。部分快消行业（如服装、鞋帽等行业）对生产、管理的及时性要求较高，以短链形式布局，即生产的上下游环节都能够在城市群内部实现，更符合其行业特征。这类行业以短链模式快速发展，其跨区域的贸易强度则会出现下降。因此，行业空间集聚程度上升也会导致省际间贸易规模的下降。此外，近年来由于产业转移可能会导致原有的国内贸易转变成国际贸易，使相关行业的国内省际贸易流量出现下降。国内生产空间格局的变化，将进一步影响省际间贸易的变动。

省际贸易规模的变化还可能是由于特定区域（如长三角、粤港澳大湾区等区域）内部的联系日益紧密，一体化程度不断加强，但对于区域之间以及非区域内部省份的贸易联系的重视程度不足所致。因此关于国内市场的新变动，需要进行更为精细化的研究，单独考察几个省份在特定区域间的联动关系。此外，当从中间品、消费品、资本品等不同产品细分类别角度进一步分析时，市场特征可能也会有所差异。

3. 数字经济发展改变传统贸易形式

数字技术正逐渐成为驱动经济发展的"核心要素"。在以互联网、大数据为代表的数字技术推动下，电子商务、云服务等新模式、新业态不断涌现，给国内贸易市场带来新变化。线上购物平台打破了传统意义上面对面的产品与服务供需互动模式，虚拟交易使得供需之间的产生、经销等传统价值链环节碎片化、便捷化、低成本、高效率。商品经营端能够更加准确把握市场需求，从而减少库存、店面数量、货物中转次数等。电子商务在全国范围内的快速发展使得原有本地化的经销物流体系变成了全国性统一体系，这会降低区域分割的程度，促进市场一体化。同时，随着电子商务规模不断扩大，电商平台如京东、当当等企业会选择在不同地区建立自己的物流中心进行统一配货，从而导致电子商务企业与物流中心分布不一致现象，呈现零售端与仓储端相分离的新特征，进而引起贸易统计数据与实际交易数据在区域上产生差异，使原有的描述地区间贸易格局的指标出现偏颇。

4. 服务消费增长带来本地服务贸易占比上升

服务相较于商品更具有天然的区域属性，服务的跨区域可贸易性要远低于商品。居民消费需求结构的变动、服务性消费比重持续增长导致贸易结构的变化，本地服务贸易占比上升致使某些领域省际间商品贸易占比下降。数据表明，近年来，我国的消费规模达到了新的高度。2013～2019 年，我国全年社会消费品零售总额从 23.2 万亿元增长到 40.8 万亿元，2019 年最终消费支出对经济增长的贡献率保持在 60% 左右，消费连续 6 年成为拉动经济增长的第一引擎。同时，随着收入提高与恩格尔系数的下降，城乡居民对教育文化娱乐、交通通信、医疗保健等的等服务型消费需求增长迅速，2013～2019 年，城市和农村居民在教育、文化和娱乐上的消费支出占比分别从 10.7%、10.1% 上升至 11.8%、11.1%，这充分表明，国内市场的消费结构正处于持续升级的过程之中，服务领域的消费所占比重将继续提升。

经过 40 多年的改革开放，中国市场一体化程度显著提升，但商品市场的分割状态并未完全消除，我国各省份和区域之间还存在着一定程度的贸易壁垒，市场分割现象仍然存在。主要表现在：一是物流成本依然较高，货运费、高速费较高以及不合理收费等现象仍比较明显，对跨区域贸易和供应链的运行都会造成负面影响。二是全球经济增长放缓，贸易保护主义盛行，各经济体货币政策分化以及金融市场波动加剧，各方相互争抢有限市场份额导致竞争进一步加剧，造成贸易壁垒回升。三是地方政府之间的恶性竞争依然严重，地区产业保护仍是贸易壁垒形成的重要原因。四是要素市场分割对市场一体化产生潜在影响，如劳动力跨区域的流动减少，省内的短距离流动增加，人口的流动方向仍然是以农村向城市流动为主；高端人才流动缺乏规则、制度和监管透明度；技术扩散壁垒也出现增强迹象等，这些要素流动的壁垒均会对国内市场一体化进程产生负面作用，同时也可能会对商品市场造成一定影响。

第五节　结论与政策

本章利用由 1997 年、2002 年、2007 年、2012 年、2017 年中国省际间投入产出表中的省际贸易数据及引力模型，从省际贸易规模、省际贸易依存度、贸易壁垒（边界效应）几个方面，对我国国内市场一体化程度的变化情况进行研究。主要结论有以下几点：

（1）从省际贸易规模来看，国内地区间贸易总量迅速增长，在中国经济发展进程中发挥着重要作用。地区生产总值是影响中国省际贸易的重要因素，省际贸易流量靠前的省份很多也是地区生产总值排名靠前的地区，2017 年省际贸易规模较高的省份依然以上海、广东、浙江、江苏等东部地区为主，西部地区的重庆省际贸易流量增长显著。

（2）从省际贸易依存度的变化来看，1997～2012 年我国省际贸易依存度大致呈现出先上升、后下降、再上升的趋势，总体上表现为上升趋势，由此表明国内市场一体化程度也呈现出总体加深的趋势。2017 年，大部分省份省际贸易依存度有所下降，尤其是河北、天津、四川、福建、湖北、广西等地省际贸易依存度下降幅度较为明显。

（3）从引力模型的估计结果来看，我国省际贸易壁垒大体呈现出先下降后上升的发展趋势。1997 年、2002 年、2007 年、2012 年各年度的边界效应值呈现出持续递减趋势，2017 年边界效应有显著上升。结合前面绝大部分省份 2017 年省际贸易依存度下降的结果来看，我国的省际贸易壁垒现阶段依然较高，国内贸易以省内贸易为主。

边界效应呈现出的"U"型变化趋势与近些年来国内市场出现的一系列新特征密不可分，非贸易壁垒因素如贸易格局、消费需求、生产分工、要素转移等均会对地区的产业和经济发展产生一定影响，进而影响省际间贸易。一是"一带一路"为内陆、沿边地区直接嵌入全球市场并参与价值链分工提供了机遇和可能，减少这些地区对东部沿海省份的依赖，引起省际间中间品贸易规模下降。二是数字经济正颠覆传统贸易模式，电子商务呈现零售端与仓储端相分离的新特征，可能引起省际贸易统计数据与实际交易情况的偏离。三是随着居民收入的提高，消费结构快速升级，服务性消费比重持续增长，导致省际间商品贸易流量下降。四是国内产业呈现"大分散、小集聚"的分工格局，很多产品的各个环节在省内即可实现；并且产业转移可能会导致原有的国内贸易转变成国际贸易，减弱省际间中间品贸易需求。上述变化均能够导致边界效应出现上升，但是国内市场的这些新特点、新变化受经济、社会等多重因素影响，并非是由于流动障碍造成的。此外，还有其他因素也会影响国内市场一体化发展。一方面，全球化强势逆流以及电子商务等新贸易模式的蓬勃发展，使得国际贸易与国内贸易均呈现出短链化、跨区域次数显著下降的新特征；另一方面，人口、资金、技术等要素流动的新特征也将给省际间贸易带来新变化。

面对我国经济发展的新阶段、新形势和新变化，国内市场发展呈现出诸多新特点。随着国际贸易环境恶化、全球价值链重构、电子商务、云服务等新模式、新业态不断涌现，市场需求结构及要素流动呈现新变化等多重外部条件的变化，我国市场一体化面临着新的挑战。为促进省际贸易的持续发展和市场一体化程度的进一步提升，未来我国要继续完善促进要素有序自由流动的体制，加快全国统一市场的建设。充分发挥市场在资源配置中的决定性作用作为深化改革的重要导向，加快铲除影响要素跨区域跨行业流动、影响市场作用发挥的因素，加快形成统一开放、竞争有序的市场体系。此外，区域政策的制定实施需要从过去注重发挥地方各自的积极性，向更加注重区域协同发展转变。区域政策要更加注重区域间的联动发展和区域一体化的发展，强化区域合作的利益导向和动力机制。通过发挥内需潜力，推动国内国际双循环相互促进，更好利用国际国内两个市场、两种资源，实现更加强劲可持续的发展。

（本章作者：王菲）

参考文献：

［1］李善同，侯永志. 中国区域协调发展与市场一体化［M］. 北京：经济科学出版社，2008.

［2］陈红霞，李国平. 1985—2007 年京津冀区域市场一体化水平测度与过程分析［J］. 地理研究，2009，28（6）：1476 – 1483.

［3］Poncet, S. 中国市场正在走向"非一体化"？——中国国内和国际市场一体化程度

的比较分析 [J]. 世界经济文汇, 2002 (1): 3 - 17.

[4] 行伟波, 李善同. 本地偏好、边界效应与市场一体化——基于中国地区间增值税流动数据的实证研究 [J]. 经济学 (季刊), 2009, 8 (4): 1455 - 1474.

[5] 李善同. 2007 年中国地区扩展投入产出表: 编制与应用 [M]. 北京: 经济科学出版社, 2016.

[6] 刘昊, 祝志勇. 从地区性市场走向区域性市场——基于五大城市群市场分割的测算 [J]. 经济问题探索, 2021 (1): 124 - 135.

[7] 唐为. 要素市场一体化与城市群经济的发展——基于微观企业数据的分析 [J]. 经济学 (季刊), 2021, 21 (1): 1 - 22.

[8] 高翔, 龙小宁. 省级行政区划造成的文化分割会影响区域经济吗? [J]. 经济学 (季刊), 2016, 15 (2): 647 - 674.

[9] 丁从明, 吉振霖, 雷雨, 梁甄桥. 方言多样性与市场一体化: 基于城市圈的视角 [J]. 经济研究, 2018, 53 (11): 148 - 164.

[10] 史卫, 陈平, 路先锋. 新发展格局背景下我国价值链升级与市场一体化研究 [J]. 广东社会科学, 2021 (2): 16 - 25.

[11] 刘昊, 朱志勇. 从地区性市场走向区域性市场——基于五大城市群市场分割的测算 [J]. 经济问题探索, 2021 (1): 124 - 135.

[12] Poncet, S. Measuring Chinese Domestic and International Integration [J]. China Economic Review, 2003, 14 (1): 1 - 22.

第七章　我国各省份碳排放影响因素研究

2020 年 9 月，习近平总书记在第七十五届联合国大会一般性辩论中宣布，中国将提高国家自主贡献力度，采取更加有力的政策和措施，碳排放力争 2030 年前达到峰值，努力争取 2060 年前实现碳中和。这一方面体现了我国的大国担当，坚定了我国积极应对气候变化的决心；另一方面也是对我国低碳发展转型的严峻考验。

这一承诺提出后，我国各省份、各行业积极响应，纷纷提出了 2030 年前达峰的时间承诺。然而，我国 2030 年达峰实际上并不意味着所有省份均须在 2030 年前达峰。从国际经验来看，一个经济体整体达峰，并不意味着其内部所有地区在此节点之前达峰。以美国及其各州、欧盟及其成员国为例，美国于 2007 年碳达峰，大多数州在 2007 年以后碳排放量下降，但碳排放量最大的得克萨斯州在美国碳达峰之后，与能源相关的碳排放量仍有上升（2007~2016 年上升了 6.5%，数据来源 EIA）；欧盟于 1979 年碳达峰，其最大碳排放国——德国也于 1979 年达峰，但第二大碳排放国（基于 2019 排名）意大利 2005 年碳达峰，第三大碳排放国波兰 1987 年碳达峰，第四大碳排放国西班牙 2006 年左右才实现碳达峰（数据来源于 GCB）。

这背后其实暗含了两个重要的概念——生产视角碳排放量和消费视角碳排放量。生产视角碳排放量也称区域碳排放量（territorial carbon emissions），顾名思义，是指一个地区本地生产、生活活动在其区域范围内所产生的碳排放。消费视角碳排放则是指一个地区所消费的产品和服务在其生产、流通、消费过程中所产生的全部碳排放。两者之差称为碳排放净流出，与国际贸易类似地，若碳排放净流出为正，即本地生产—他地消费的碳排放大于他地生产—本地消费的碳排放，可称之为碳排放出超；反之可称为碳排放入超。

国际上大量对生产视角和消费视角碳排放的研究得到一个共识性发现：发达国家往往碳排放入超，而发展中国家往往碳排放出超。这一现象在我国地区之间也存在，经济较发达的地区往往碳排放入超，而经济欠发达地区往往碳排放出超；后者为前者的发展提供了能源和资源支撑，产业结构较为高碳化，达峰难度较大，达峰时间可能也较晚。不同于国家间碳排放责任的拉扯推诿，我国各区域是一个经济体的构成部分，具有在整体层面进行协调配合的空间。对于区域间、省份间碳排放责任的探讨可以更多地考虑系统性，兼顾区域经济发展和全国碳达峰、碳中和目标，实现碳减排效果的整体最优。

为此，本章首先利用历史碳排放数据判断各省份是否已经达峰，再在此基础上按照达峰节点分阶段分析影响各省份碳排放的驱动因素。同时，考虑生产视角与消费视角碳排放的差异及消费视角碳排放对实现碳达峰、碳中和的重要意义，从生产和消费两个视角对我国各省份历史碳排放量进行核算，并在两个视角下分析各省份碳排放量发展的影响因素。最后根据研究结果提出政策建议。

第一节　文献综述

一、有关生产视角和消费视角的探讨

国际上对生产视角和消费视角碳排放的讨论主要集中在发达国家和发展中国家所应承担的碳减排责任上。这一对国家碳减排责任的热议基于大量研究的一个共识性发现：发达国家往往碳排放入超，而发展中国家往往碳排放出超（Peters et al, 2011）。其背后的原因主要有二：一是碳泄漏，即发达国家为了规避本国碳排放压力，将一些碳排放较高的生产活动"转移"到了发展中国家（Peters, 2014）。这里的"转移"既包括产业的直接转移，也包括放弃本地生产转向进口的间接转移。从而使得发达国家的消费视角碳排放高于其生产视角碳排放。二是全球产业链分工的不断深化，即由于劳动力成本、原材料成本等非环境保护性因素所引起的产业链的全球性布局。对于全球价值链的研究发现，发达国家往往位于增加值较高的"微笑曲线"的两端，即前端的研发设计和后端的营销服务环节；而发展中国家往往位于增加值较低的"微笑曲线"中部，即生产制造的环节（Wang et al, 2013）。不难看出，发达国家所处环节恰为碳排放强度较低的环节，而发展中国家所处环节多为碳排放强度较高的环节。

将上述国家间生产与消费视角碳排放的研究方法迁移到中国区域，学者们将对国家间碳排放责任划分问题的探讨延伸到了中国区域之间。研究发现，在我国省份之间也存在类似的现象：东部沿海经济较发达地区的生产视角碳排放往往低于其消费视角碳排放，即碳排放入超；而中西部经济欠发达地区的生产视角碳排放往往高于其消费视角碳排放，即碳排放出超（Mi et al, 2017；Pan et al, 2018）。学者们基于这一研究结果探讨了我国区域之间的碳不公平问题，也有研究以此为基础研究我国省份碳减排政策有效性的问题（Li et al, 2021）。与国家间类似地，我国经济发达地区碳排放入超和经济欠发达地区碳排放出超现象的形成也可归因于环境规制下的碳泄露和基于非环境因素的产业链构建两大因素，但在我国区域之间，后者的影响可能更为显著。

二、我国省份碳排放驱动因素研究

在了解各省份碳排放结构特征的基础上，碳排放变化的驱动因素也是一个主要关注点。一些学者采用各省的单区域投入产出表在省区层面研究了碳排放增长的驱动因素，如冯奎双等（Feng et al, 2012）研究了各省份2002～2007年碳排放的驱动因素，发现东部沿海省份的生产技术优于中西部省份，较发达区域低碳化不仅得益于技术进步，还与其向欠发达地区的排放转移有关，城市化和生活方式的转变的中国区域碳排放有较大影响。田欣等（Tian et al, 2013）利用北京市的单区域投入产出表分析了技术及社会经济因素对其碳排放增长的影响，研究发现，1995～2007年，最终需求的增长以及生产结构的改变导致了北京市碳排放的增加，而能源强度的降低则对北京的低碳化发展贡献显著；产业结构向重工业及服务业的转变则使这些部门成为北京碳排放增长的重要驱动力。耿涌等（Geng et al, 2013）则以辽宁为例探讨了中国区域碳排放的驱动因素，研究采用辽宁1997年、2002年、2007年单区域投入产出表，发现人均消费活动是辽宁省碳排放增长的主要驱动因素，其次是消费结构、生产结构和人口规模，而能源强度和能源结构则部分地抵消了二氧化碳排放的增长；在部门层面，电力、热力生产及供应业，建筑业所导致的碳排放最高；从最终使用角度来看，贸易在该区域碳排放增长中最为重要、其次是固定资产投资和城市居民家庭消费。郑林昌等（2017）研究了河北省贸易隐含碳排放的影响因素，发现 2007～2012 年，碳排放强度对其碳排放有抑制作用，而生产技术的变化不利于减排。

居民消费的碳排放增长也是一个聚焦较多的主题。如汪臻（2012）利用各省投入产出表研究了 1997～2007 年各省份居民消费碳排放的驱动因素，发现技术进步对碳排放有抑制作用，但生产技术的变化不利于减排，消费模式拉动了碳排放的增长。袁宝龙等（Yuan et al, 2015）采用中国多省份单区域投入产出表考察了 2002～2007 年居民消费所引发的间接碳排放及其驱动因素，结果显示城市化的扩张和消费结构的升级在居民间接排放的增长中扮演着重要角色；消费率的转变使各地区排放强度皆有所下降，而对东部地区影响尤为显著；碳排放强度的持续下降对排放量的减少贡献显著，而人均消费量的增长则在居民间接排放的增长中具有支配作用。刘晔等（2016）借助各省份 2002 年和 2007 年的单区域投入产出表研究了 2003～2012 年中国省域城镇居民碳排放的驱动因素，发现消费结构和能源结构的影响大于产业结构，工业部门对各地城镇居民碳排放有重要影响。

近些年来，越来越多的研究聚焦于省份层面。钟章奇等（2017）以河南省为例研究了中国 2002～2010 年省际碳排放转移的驱动因素，发现碳排放转移的流入流出主要受最终需求的影响，但去向和来源的地区有所不同。米志付等（Mi et al, 2017）将中国省级省际间投入产出模型与 GTAP 数据相连接，研究了 2007～2012 年中国省际碳排放转移及中国出口隐含碳排放的驱动因素，发现生产结构和效率改善是抑制其增长的主要因素。米志付等（Mi et al, 2018）也得到了一致的结论。周德群等（Zhou et al, 2018）研究了中国 2002～2012 年省际贸易隐含碳排放增长的原因，发现省际贸易规模的增长导致了碳排放转移的增长，而技术进步对其增长有抑制作用。潘晨等（2022）借助我国省份省际间投入产出模型，重点关注了 2002～2012 年，省际贸易结构变化对我国碳排放的影响。

通过上述对相关文献的梳理可以看出，目前已有相当数量的研究基于区域间投入产出模型研究中国碳排放问题，并从碳排放总量、隐含碳排放、碳排放强度等多个角度开展研究。同时，既有国家层面的分析，也有区域、省域层面的分析。但现有研究还有以下方面可以改进。一是实证研究的时间跨度不够长，因而对政策的启示有限。这可能主要是受制于投入产出及碳排放数据的可得性。二是缺少针对有政策含义的时间节点的分阶段分析。在不同发展阶段，各区域碳排放的主要驱动因素可能不同，例如，在碳排放迅速增长阶段和增速放慢阶段，碳排放量发展变化的主要驱动力将发生转变。因而，对不同地区、不同阶段的碳排放驱动因素的有针对性的分析更有助于减排政策的制定。

第二节　研究方法和数据

一、概念辨析及核算范围

（一）生产视角碳排放与消费视角碳排放

生产视角碳排放包括一个地区的本地生产、生活活动在其区域范围内所产生的碳排放。

由"本地生产—本地消费"的碳排放和"本地生产—他地消费"两部分构成。通常利用各部生产活动所消耗的化石能源数据、工业生产过程的非能源活动碳排放来核算。

消费视角碳排放包含一个地区所消费的所有产品和服务在其生产、流通、消费过程中所产生的碳排放，由"本地生产—本地消费"的碳排放和"他地生产—本地消费"的碳排放两部分构成。通常需要利用省际间投入产出模型进行核算；特别地，为了更好地了解各省份碳排放及省份间的碳排放互动关系，本章将各省份出口拉动的碳排放纳入该省份消费视角碳排放。

（二）碳排放核算范围

本章所谈及的"碳排放"是指二氧化碳的排放，而不是包含多种温室气体的碳当量排放。只考虑二氧化碳排放的原因有二，一是我国碳达峰承诺中的"碳"特指二氧化碳；二是当前二氧化碳仍是主要温室气体。此外，在因素分解中，本章所分解的碳排放特指化石能源燃烧所产生的碳排放。

二、研究方法

（一）生产视角碳排放核算

本章对生产视角碳排放的核算是对各省份化石能源消费及工业生产过程（主要是水泥生产过程）所产生的二氧化碳排放量的核算。具体地，基于各省份能源平衡表及 CEADs 所估计的分部门能源终端消费量，沿用潘晨等（Pan et al, 2018）的估计方法加以核算。由于缺少连续年份的各省份水泥熟料产量数据，本章直接采用 CEADs 数据库中的工业生产过程二氧化碳排放[①]。囿于篇幅，本章在此仅对碳排放核算方法做简单说明：

一是终端能源消费碳排放的估计。基于 CEADs 数据库所提供的各省份部门终端能源消费量以及能源平衡表（均转换为标准量）估计各省份各部门终端能源消费所产生的二氧化碳排放。首先，应对非能源用途（用作材料、原料）消费量和损失量进行处理，在此基础上利用燃料的含碳量及碳氧化率得到这部分能源消费的二氧化碳排放量。排放因子取自《中国温室气体清单研究 2005》。特别地，对于煤炭（不包括型煤、焦炭和煤气）的排放因子，利用 IPCC 建议的方法 3（IPCC，2006）（区分部门和设备）进行推算。其他燃料的排放因子在部门间一致。

二是能源加工转换过程碳排放的估计。这部分估算基于转换为标准量的各省份能源平衡表。首先，计算各加工转换过程的碳损失量。每个加工转换过程所使用的排放因子取该加工转换过程所对应的工业部门的排放因子的值。特别地，火力发电和供热所用煤炭采用《中国温室气体清单研究 2005》中所提供的排放因子。然后根据碳损失量计算能源加工转换过程的二氧化碳排放量，并将其加到相应部门。

至此可得到 1997～2017 年涵盖 17 种化石燃料、45 个生产部门、2 个居民消费部门的二氧化碳排放量。

---

① 未直接采用 CEADs 数据库各省分部门碳排放量数据的原因是，本章狭义消费视角碳排放的核算需要用到火力发电和供热两个能源加工转换过程的碳排放量，而 CEADs 未提供此数据。

（二）消费视角碳排放核算

消费视角碳排放量需借助省际间投入产出模型来核算，具体方法见式（7.1）。

$$C_{cons}{}^s = cf \cdot L \cdot \hat{y}^s \tag{7.1}$$

式（7.1）中，$C_{cons}{}^s$ 代表地区 s 的消费视角碳排放向量，其元素代表该地区每个部门的消费视角碳排放量。cf 是所有地区、所有部门的碳排放强度行向量，$cf = C_{prod} \cdot \hat{x}^{-1}$，其中，$C_{prod}$ 和 x 分别代表各省份各部门生产视角碳排放向量及其总产出。L 是列昂惕夫逆矩阵，$L = (I - A)^{-1}$，$A = Z \cdot \hat{x}^{-1}$，其中，A 是中间消耗系数矩阵，Z 是省际间投入产出模型中的中间投入矩阵。y^s 则是地区 s 的最终需求列向量，$y^s = \left[y^{1,s}, y^{2,s}, \cdots, y^{n,s} \right]^T$，该向量包含所有地区对地区 s 最终需求的投入；同时，将出口所隐含的碳排放量计入了出口省份。

（三）生产视角碳排放驱动因素分解

本章采用了两种方法来分析生产视角的碳排放驱动因素。一是基于 Kaya 恒等式的结构分解分析，二是基于省际间投入产出模型的结构分解分析。具体方法如下：

1. 基于 Kaya 恒等式的结构分解分析

Kaya 恒等式由日本学者茅阳与一（Yoichi Kaya）于 1989 年在联合国政府气候变化专门委员会（IPCC）举办的研讨会上提出。该公式将二氧化碳排放量分解成与人类生产生活相关的单位能耗碳排放系数、能源消费强度、人均 GDP 和人口四个要素，分解形式简单且没有残差项，得到了广泛应用。我们对 Kaya 恒等式做了两个拓展，一方面加入了能源结构和产业结构两个因素，另一方面区分了生产碳排放和生活碳排放。分解方法如下：

$$C_{prod}{}^s = ce^s \cdot ES^s \cdot (ef^s \cdot IS^s \cdot GP^s + EP^s) \cdot P^s \tag{7.2}$$

式（7.2）中，$C_{prod}{}^s$ 代表地区 s 的生产视角碳排放总量。ce^s 代表单位能耗碳排放系数行向量，其元素是每种能源的碳排放系数，这里的能源品种包括煤、石油、天然气和一次电力四种。ES^s 是能源结构列向量，其元素是每种能源在能源消费总量中的占比。ef^s 是能源强度行向量，其元素是每个产业的能源强度；$ef^s = E \cdot \hat{va}^{-1}$，其中，$E$ 代表各产业的总能源消费量，包括终端能源消费量及加工转换过程能源消费量，va 则代表各产业的增加值向量。IS^s 表征产业结构，其元素是各产业增加值在该地区生产总值中的占比。GP^s 表示人均地区生产总值，反映该地区的经济发展水平。EP^s 则代表人均生活能源消费量。P^s 代表该地区的人口。

进一步，我们基于此拓展的 Kaya 恒等式进行结构分解分析，从而衡量各因素对碳排放量变化的贡献。结构分解分析的分解形式不唯一（Dietzenbacher et al，1998；Sun，1998），对于一个包含 b 个因素的分解，共有 b 的阶乘（$b!$）种不同的分解形式。每个因素所产生的效应的衡量由两部分构成，一部分是该因素（称之为被衡量因素）在起始与截至年份之间的变化量，另一部分是其他各因素（称之为水平因素）在起始或截至年份的水平。分解形式的不确定性恰是由水平因素取起始或截止到年份的水平而造成的。为此，迪特森巴赫等（Dietzenbacher et al，1998）建议采用所有分解形式的平均值，并指出两极分解形式的平均值与所有分解形式的平均值较为接近，即通常所说的两极法。两极法极大地减少了计算量，得到了广泛应用，本章也采用两极法表征最终分解结果。两极分解形式如式（7.3）和式

（7.4）所示。

分解形式一：

$$
\Delta C_{prod}{}^{s} = ce_1^s \cdot ES_1^s \cdot (ef_1^s \cdot IS_1^s \cdot GP_1^s + EP_1^s) \cdot P_1^s -
$$

$$
ce_0^s \cdot ES_0^s \cdot (ef_0^s \cdot IS_0^s \cdot GP_0^s + EP_0^s) \cdot P_0^s \qquad (7.3)
$$

$$
= \Delta ce^s \cdot ES_0^s \cdot (ef_0^s \cdot IS_0^s \cdot GP_0^s + EP_0^s) \cdot P_0^s + \qquad dce_1
$$

$$
ce_1^s \cdot \Delta ES^s \cdot (ef_0^s \cdot IS_0^s \cdot GP_0^s + EP_0^s) \cdot P_0^s + \qquad dES_1
$$

$$
ce_1^s \cdot ES_1^s \cdot (\Delta ef^s \cdot IS_0^s \cdot GP_0^s + EP_0^s) \cdot P_0^s + \qquad def_1
$$

$$
ce_1^s \cdot ES_1^s \cdot (ef_1^s \cdot \Delta IS^s \cdot GP_0^s + EP_0^s) \cdot P_0^s + \qquad dIS_1
$$

$$
ce_1^s \cdot ES_1^s \cdot (ef_1^s \cdot IS_1^s \cdot \Delta GP^s + EP_0^s) \cdot P_0^s + \qquad dGP_1
$$

$$
ce_1^s \cdot ES_1^s \cdot (ef_1^s \cdot IS_1^s \cdot GP_1^s + \cdot \Delta EP^s) \cdot P_0^s + \qquad dEP_1
$$

$$
ce_1^s \cdot ES_1^s \cdot (ef_1^s \cdot IS_1^s \cdot GP_1^s + EP_1^s) \cdot \Delta P^s \qquad dP_1
$$

分解形式二：

$$
\Delta C_{prod}{}^{s} = ce_1^s \cdot ES_1^s \cdot (ef_1^s \cdot IS_1^s \cdot GP_1^s + EP_1^s) \cdot P_1^s -
$$

$$
ce_0^s \cdot ES_0^s \cdot (ef_0^s \cdot IS_0^s \cdot GP_0^s + EP_0^s) \cdot P_0^s \qquad (7.4)
$$

$$
= \Delta ce^s \cdot ES_1^s \cdot (ef_1^s \cdot IS_1^s \cdot GP_1^s + EP_1^s) \cdot P_1^s + \qquad dce_2
$$

$$
ce_0^s \cdot \Delta ES^s \cdot (ef_1^s \cdot IS_1^s \cdot GP_1^s + EP_1^s) \cdot P_1^s + \qquad dES_2
$$

$$
ce_0^s \cdot ES_0^s \cdot (\Delta ef^s \cdot IS_1^s \cdot GP_1^s + EP_1^s) \cdot P_1^s + \qquad def_2
$$

$$
ce_0^s \cdot ES_0^s \cdot (ef_0^s \cdot \Delta IS^s \cdot GP_1^s + EP_1^s) \cdot P_1^s + \qquad dIS_2
$$

$$
ce_0^s \cdot ES_0^s \cdot (ef_0^s \cdot IS_0^s \cdot \Delta GP^s + EP_1^s) \cdot P_1^s + \qquad dGP_2
$$

$$
ce_0^s \cdot ES_0^s \cdot (ef_0^s \cdot IS_0^s \cdot GP_0^s + \Delta EP^s) \cdot P_1^s + \qquad dEP_2
$$

$$
ce_0^s \cdot ES_0^s \cdot (ef_0^s \cdot IS_0^s \cdot GP_0^s + EP_0^s) \cdot \Delta P^s \qquad dP_2
$$

式中，下标 0 和 1 分别代表起始年份和截至年份。式（7.3）中，$\Delta ce^s \cdot ES_0^s \cdot (ef_0^s \cdot IS_0^s \cdot GP_0^s + EP_0^s) \cdot P_0^s$ 为分解形式一下单位能耗碳排放系数变化的碳排放效应，记为 dce_1；类似地，有 dES_1、def_1、dIS_1、dGP_1、dEP_1 和 dP_1。式（7.4）各项记法同式（7.3）。

进一步地，我们依照两极法取两种分解形式的平均值，则有：

$$
\Delta C_{prod}{}^{s} \qquad (7.5)
$$

$$
= \frac{1}{2}(dce_1 + dce_2) + \qquad dce
$$

$$
\frac{1}{2}(dES_1 + dES_2) + \qquad dES
$$

$$
\frac{1}{2}(def_1 + def_2) + \qquad def
$$

$$
\frac{1}{2}(dIS_1 + dIS_2) + \qquad dIS
$$

$$
\frac{1}{2}(dGP_1 + dGP_2) + \qquad dGP
$$

$$
\frac{1}{2}(dEP_1 + dEP_2) + \qquad dEP
$$

$$\frac{1}{2}(dP_1 + dP_2) \qquad\qquad\qquad dP$$

由此可得地区 s 碳排放变化量各驱动因素的影响效应，分别是单位能耗碳排放系数变化的碳排放效应（ dce ）、能源结构变化的碳排放效应（ dES ）、能源强度变化的碳排放效应（ def ）、产业结构变化的碳排放效应（ dIS ）、人均地区生产总值变化的碳排放效应（ dGP ）、人均生活能源消费量变化的碳排放效应（ dEP ）以及人口变化的碳排放效应（ dP ）。

2. 基于省际间投入产出模型的结构分解分析

另外一种分解方法是基于省际间投入产出模型的结构分解分析。为识别贸易伙伴变化对各省份碳排放的影响，我们借鉴所提出的考虑贸易结构的结构分解分析法的第一阶段，在一般分解方法的基础上增加了最终需求的产品来源结构这一因素。同样地，由于分解形式不唯一，本章仍然采用了两极法。

分解形式一：

$$
\begin{aligned}
\Delta C_{prod}{}^{s} &= cf_1^{s} \cdot L_1^{*,s} \cdot (y_{srce}{}^{s,*}{}_1 \odot y_{sec}{}^{s,*}{}_1) \cdot y_v{}^{s,*}{}_1 - \\
&\quad cf_0^{s} \cdot L_0^{*,s} \cdot (y_{srce}{}^{s,*}{}_0 \odot y_{sec}{}^{s,*}{}_0) \cdot y_v{}^{s,*}{}_0 & (7.6) \\
&= \Delta cf^{s} \cdot L_0^{*,s} \cdot (y_{srce}{}^{s,*}{}_0 \odot y_{sec}{}^{s,*}{}_0) \cdot y_v{}^{s,*}{}_0 + & dcf_1 \\
&\quad cf_1^{s} \cdot \Delta L^{*,s} \cdot (y_{srce}{}^{s,*}{}_0 \odot y_{sec}{}^{s,*}{}_0) \cdot y_v{}^{s,*}{}_0 + & dL_1 \\
&\quad cf_1^{s} \cdot L_1^{*,s} \cdot (\Delta y_{srce}{}^{s,*} \odot y_{sec}{}^{s,*}{}_0) \cdot y_v{}^{s,*}{}_0 + & dy\,srce_1 \\
&\quad cf_1^{s} \cdot L_1^{*,s} \cdot (y_{srce}{}^{s,*}{}_1 \odot \cdot y_{sec}{}^{s,*}) \cdot y_v{}^{s,*}{}_0 + & dysec_1 \\
&\quad cf_1^{s} \cdot L_1^{*,s} \cdot (y_{srce}{}^{s,*}{}_1 \odot y_{sec}{}^{s,*}{}_1) \cdot \Delta y_v{}^{s,*} & dyv_1
\end{aligned}
$$

式（7.6）中，上标 s 代表地区 s， $*$ 代表所有地区；下标 0 和 1 指代年份。变量 cf^{s} 和 $L^{*,s}$ 的含义同公式（7.1）。 $y_v{}^{s,*}$ 是地区 s 为所有地区所提供的最终需求规模，包含最终消费、投资及出口三项。 $y_{sec}{}^{s,*}$ 代表最终需求的产品结构，其含义为各部门产品在最终需求中的占比。 y_{srce} 代表最终品的贸易结构，其含义为从各地区购入的产品在最终需求各部门产品中的占比。

为节省篇幅，此处仅列分解形式一的分解方法，而不再详细列出分解形式二和取平均值的公式，可参考上述基于 Kaya 恒等式的解释。

（四）消费视角碳排放驱动因素分解

对于消费视角碳排放，本章参考了 Kaya 恒等式的分解思路，采用基于省际间投入产出模型的结构分解分析方法来分析其驱动因素。具体方法如下：

消费视角下基于省际间投入产出模型的结构分解分析方法与生产视角基本原理一致，但因视角不同，各变量均存在一定差异。此处以分解形式一为例加以说明。

分解形式一：

$$
\begin{aligned}
\Delta C_{cons}{}^{s} &= cf_1 \cdot L_1 \cdot (y_{srce}{}^{*,s}{}_1 \odot y_{sec}{}^{*,s}{}_1) \cdot y_v{}^{*,s}{}_1 - \\
&\quad cf_0 \cdot L_0 \cdot (y_{srce}{}^{*,s}{}_0 \odot y_{sec}{}^{*,s}{}_0) \cdot y_v{}^{*,s}{}_0 & (7.7) \\
&= \Delta cf \cdot L_0 \cdot (y_{srce}{}^{*,s}{}_0 \odot y_{sec}{}^{*,s}{}_0) \cdot y_v{}^{*,s}{}_0 + & dcf_1
\end{aligned}
$$

$$cf_1 \cdot \Delta L \cdot (y_{srce}^{*,s}{}_0 \odot y_{sec}^{*,s}{}_0) \cdot y_v^{*,s}{}_0 + \qquad dL_1$$
$$cf_1 \cdot L_1 \cdot (\Delta y_{srce}^{*,s} \odot y_{sec}^{*,s}{}_0) \cdot y_v^{*,s}{}_0 + \qquad dysrce_1$$
$$cf_1 \cdot L_1 \cdot (y_{srce}^{*,s}{}_1 \odot \Delta y_{sec}^{*,s}) \cdot y_v^{*,s}{}_0 + \qquad dysec_1$$
$$cf_1 \cdot L_1 \cdot (y_{srce}^{*,s}{}_1 \odot \Delta y_{sec}^{*,s}) \cdot \Delta y_v^{*,s} \qquad dyv_1$$

可以看到，消费视角的分解与生产视角的主要区别在于各变量所涉及的地区。分解形式二和两极分解形式取均值的公式与生产视角一致，不再赘述。

三、数据处理

本章所采用的碳排放和能源消费数据处理方法见前文所述。这里对其他数据的来源和处理加以说明。1997～2017 年的分省份分行业增加值数据来自国家统计局，共包含 9 个行业，分别是农林牧渔业，工业，建筑业，批发和零售业，交通运输、仓储和邮政业，住宿和餐饮业，金融业，房地产业，以及其他行业。各省份人口数据也取自国家统计。本章所采用的省际间投入产出模型共包含 2002 年、2007 年、2012 年、2017 年 4 个年份，来自国务院发展研究中心李善同研究员团队。

（一）部门匹配

由于分行业增加值数据、省际间投入产出模型及碳排放和能源数据的部门划分不甚一致，我们需要将其按照部门含义进行匹配。表 7－1 和表 7－2 分别是分行业增加值数据—碳排放和能源数据的部门匹配结果以及省际间投入产出模型—碳排放和能源数据的部门匹配结果，前者用于基于 Kaya 恒等式的结构分解分析，后者用于基于省际间投入产出模型（MRIO模型）的结构分解分析。

表 7－1　　　　　　　　**基于 Kaya 恒等式的结构分解分析的部门分类**

序号	部门列表	序号	部门列表
1	农业	4	交通运输、仓邮和邮政业
2	工业	5	批发零售、住宿和餐饮业
3	建筑业	6	其他服务业

表 7－2　　　　　　　　**基于 MRIO 模型的结构分解分析的部门分类**

序号	部门列表	序号	部门列表
1	农林牧渔产品和服务	6	食品和烟草
2	煤炭采选产品	7	纺织品
3	石油和天然气开采产品	8	纺织服装鞋帽皮革羽绒及其制品
4	金属矿采选产品	9	木材加工品和家具
5	非金属矿和其他矿采选产品	10	造纸印刷和文教体育用品

续表

序号	部门列表	序号	部门列表
11	石油、炼焦产品和核燃料加工品	20	仪器仪表
12	化学产品	21	废品废料和其他制造业
13	非金属矿物制品	22	电力、热力的生产和供应
14	金属冶炼和压延加工品	23	燃气生产和供应
15	金属制品	24	水的生产和供应
16	通用、专用设备制造业	25	建筑业
17	交通运输设备	26	交通运输、仓储和邮政
18	电气机械和器材	27	批发零售和住宿餐饮
19	通信设备、计算机和其他电子设备	28	其他服务业

（二）价格处理

结构分解分析要求经济数据的价格可比，因此，我们采用相应的价格指数对上述经济数据进行了调整。值得说明的是，为了减小价格指数造成的多年累计误差，我们统一将经济数据折算为前一年（或前一个投入产出年）的价格，从而保证相邻两个年份（或相邻的投入产出年份）的经济数据可比。对于分行业增加值数据，我们利用 GDP 平减指数来调整价格，所采用的 GDP 平减指数系由国家统计局所公布的 GDP 指数推算而来。对于投入产出模型，我们依照潘晨等（Pan et al, 2017）中所提供的思路，优先使用分行业工业生产者价格指数和农产品生产价格指数，对于没有生产者价格指数的部门，则借用产品类别相近的商品零售价格指数或居民消费价格指数。这些价格指数的来源为国家统计局以及相应年份的《中国价格统计年鉴》。

第三节　研究结果

一、各省份历史碳排放量

（一）生产视角碳排放

本章从生产和消费两个视角展示我国各省份历史碳排放量，并基于生产视角历史碳排放量判断各省份是否已经达峰。各省份生产视角的历史碳排放量如图 7 - 1 所示。可以看出，1997 ~ 2017 年，我国大多数省份碳排放量总体上经历了缓慢增长、迅速攀升、增速放缓三个阶段，呈现典型的"S"型曲线，符合事物发展的一般规律。除个别经济发展起步较晚的欠发达省份，如青海、新疆等尚未呈现明显的增速放缓态势，大多数省份的碳排放量已经经过了发生、发展阶段，进入成熟期。一些省份如北京、天津等甚至出现了负增长，呈现出"碳达峰"的态势。

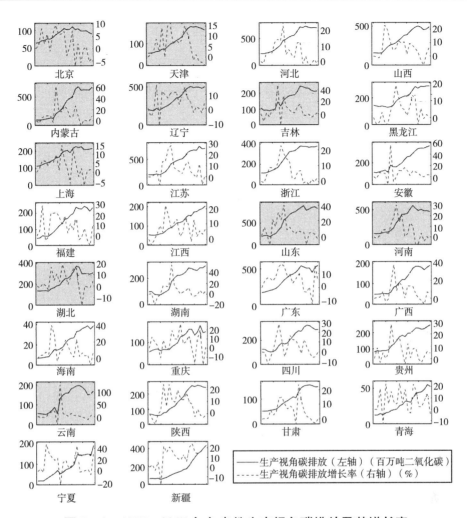

图 7 - 1　1997 ~ 2017 年各省份生产视角碳排放及其增长率

注：灰色底色标出的省份为可能已经达峰的省份。

国际上对于"碳达峰"的判断有两个依据：第一，在最近的清单年之前至少 5 年没有超过这一最高值；第二，这个国家无条件承诺未来排放不超过这个最高值（联合国《2018 年排放差距报告》）。本章借此判断依据的第一条来判断各省碳排放是否已经达峰，即在最近的清单年（2017 年）之前至少 5 年没有超过这一最高值。

从我们所核算的数据来看，可能已经达峰的省份有 10 个（在图 7 - 1 中用灰底标出），分别是北京、天津、内蒙古、辽宁、吉林、上海、山东、河南、湖北和云南。其中直辖市有 3 个，这显然与其属性实为城市有关。这 8 个省份的达峰时间均在 2011 年左右。北京达峰时间最早（2010 年），吉林、上海、河南、湖北次之（2011 年），接着是天津、内蒙古、辽宁、山东、和云南（2012 年）。从达峰后碳排放的变化态势来看，北京、天津、吉林、河南和湖北 5 省市的碳排放量在达峰后有显著下降，其他省份则处于平台期，在略低于峰值的排放水平波动。

未达峰的 20 个省份的碳排放趋势亦有所不同。河北、山西、黑龙江、浙江、福建、湖南、广东、广西、重庆、四川、陕西、甘肃等 12 个省份的碳排放虽尚未达到峰值，但已经呈现出进入成熟期的显著特征：其碳排放水平在一个较高的位置附近波动，碳排放量的增速则在 0 附近波动。这些省份可能即将进入碳达峰阶段。其余 8 个省份——江苏、安徽、江西、海南、贵州、青海、宁夏及新疆的碳排放量则仍然呈现上升态势，但其变化特征又不甚一致：其中多数省份的碳排放量虽然持续上升，但增速已经呈现出下降趋势，即碳排放量增速放缓；但江西和新疆的碳排放增速尚未见明显放缓。这 8 个省份达峰时间可能较晚，达峰难度较大。

（二）消费视角碳排放

从消费视角来看，我国各省碳排放的情况有所不同。图 7 – 2 展示了 1997 ~ 2017 年各省消费视角碳排放及其与生产视角碳排放的对比。总体上，经济较发达省份的消费视角碳排放显著高于其生产视角碳排放，而经济欠发达省份的消费视角碳排放则显著低于其生产视角碳排放。比较典型的经济发达省份如北京、上海、浙江、广州等，其 2017 年的消费视角碳排放分别高出其生产视角碳排放 114.66%、30.96%、49.25%、65.77%。这些省份发电（热）量通常小于其用电（热）量，即其经济发展所需要的电力和热力需要其他省份的支持。北京和上海 2017 年的用电（热）量为其发电（热）量的 1.74 倍和 1.64 倍，浙江和广州也达到了 1.15 和 1.22 倍。

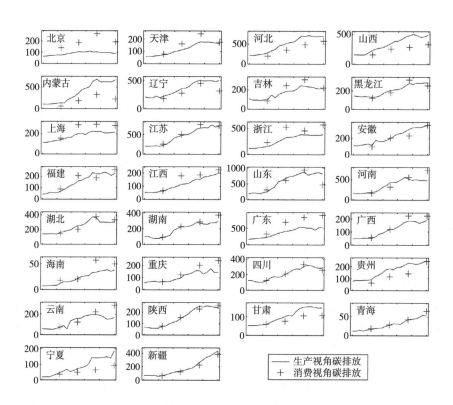

图 7 – 2　1997 ~ 2017 年各省份多视角碳排放（百万吨二氧化碳）

反之，山西、内蒙古、贵州、宁夏等省份则是典型的消费视角碳排放低于生产视角碳排放的省份，其 2017 年的消费视角碳排放分别低于其生产视角碳排放 31.94%、66.67%、1.3%（2017 年差异缩小）、50.34%。这些省份的用电（热）量显著低于其发电（热）量，2017 年，这些省份的用电（热）量仅约占发电（热）量的 70% 左右，可以说其支持着其他省份的经济发展。

另一个重要的发现是，虽然消费视角碳排放与生产视角碳排放之间存在差异，但如果以类此生产视角碳达峰的条件来判断，已经实现生产视角碳达峰的省份，其消费视角碳排放也基本达峰（天津例外，但其最近 5 年内仅有 1 年高于峰值）。这说明一个省份的碳排放是否达到峰值，主要取决于其供给自身的产品和服务所含碳排放是否不再增长，其深层次的原因则是产业结构的调整优化，关于这一点，我们将在消费视角下各省份历史碳排放驱动因素的分析中进一步证实。

二、生产视角下各省份历史碳排放驱动因素

（一）已达峰省份

生产视角的碳排放驱动因素分解能够反映各省份生产、生活活动的相关特征对其碳排放量的影响。首先分析已达峰省份的碳排放的驱动因素，为了解驱使这些省份碳排放达峰的主要因素，以及其达峰后呈现不同发展态势的影响因素，本章利用两套数据、两种分解方法从达峰前、达峰后两个阶段分析这些省份碳排放的主要驱动因素。由于 MRIO 模型可得年份有限，故以 2012 年作为各省份碳达峰参考年份。

图 7-3 和图 7-4 分别展示了两种分解方法下碳排放已经达峰的 10 个省份历史碳排放驱动因素的分解结果，图中曲线为碳排放量和各驱动因素碳排放效果的累积量。同时在表 7-3 中梳理了已达峰的 10 个省份在碳达峰前和碳达峰后碳排放的主要驱动力。我们发现，碳达峰之前，各省份能源强度均出现了较大幅度的下降，其中工业的能源强度的下降最为显著，其次是交通运输和仓储业，这两个产业也是碳排放的主要来源（见图 7-3）。基于 MRIO 的分解结果进一步印证了这一发现：碳排放强度变化所带来的碳排放效应与能源强度变化的碳排放效应趋势一致，其大幅下降是各省份碳达峰的主要驱动力（见图 7-4）。北京、天津、上海、山东和云南的产业结构也有所优化，主要得益于工业增加值在其地区生产总值中份额的下降，伴以服务业份额的上升，尤其是除交通运输仓储邮政及批发零售住宿餐饮以外的服务业。2007~2012 年，辽宁生产技术的改变也对其碳排放产生了微弱的减缓效应。此外，能源结构的优化为北京和云南的碳排放达峰做出了贡献，对北京而言，主要来自煤炭占比的下降和石油、天然气的上升；对云南而言，则主要来自煤炭占比的下降。

表 7-3　　　　　　　　　碳排放已达峰省份达峰前后主要驱动因素分析

省份	达峰前	达峰后
北京	能源强度和碳排放强度大幅下降、产业结构持续优化、能源结构有所优化	能源强度继续下降后趋于平缓、碳排放强度继续下降但幅度放缓、产业结构持续优化、能源结构有所优化 人口和人均地区生产总值增速放缓，最终需求总量增速放缓

续表

省份	达峰前	达峰后
天津	能源强度和碳排放强度大幅下降、产业结构持续优化	能源强度继续下降后趋于平缓、碳排放强度加速下降、产业结构持续优化、能源结构小幅优化 人口和人均地区生产总值增速放缓、最终需求总量增速放缓
内蒙古	能源强度和碳排放强度大幅下降、最终需求贸易结构略有改变	能源强度继续下降后趋于平缓、最终需求结构有所优化 人均地区生产总值增速放缓、最终需求总量增速放缓
辽宁	能源强度和碳排放强度大幅下降、生产技术有所优化	能源强度继续下降后趋于平缓甚至回升、产业结构持续优化、生产技术继续优化 人均地区生产总值增速放缓、最终需求总量下降
吉林	能源强度和碳排放强度大幅下降	能源强度继续下降后趋于平缓、碳排放强度继续下降但放缓 人均地区生产总值增速放缓、最终需求总量增速放缓
上海	能源强度和碳排放强度大幅下降、产业结构持续优化	能源强度继续下降后趋于平缓、产业结构持续优化、生产技术有所优化、最终需求贸易结构略有改变、能源结构小幅优化 人口和人均地区生产总值增速放缓、最终需求总量增速放缓
山东	能源强度和碳排放强度大幅下降、产业结构开始优化	能源强度继续下降后趋于平缓、碳排放强度继续下降但放缓、产业结构持续优化 人均地区生产总值增速放缓、最终需求总量增速放缓
河南	能源强度和碳排放强度大幅下降	能源强度继续下降后趋于平缓、碳排放强度继续下降但放缓、生产技术有所优化 人均地区生产总值增速放缓、最终需求总量增速放缓
湖北	能源强度和碳排放强度大幅下降	能源强度继续下降后趋于平缓、碳排放强度继续下降 人均地区生产总值增速放缓
云南	能源强度和碳排放强度大幅下降、产业结构有所优化、能源结构有所优化	能源强度继续下降后趋于平缓甚至回升、碳排放强度继续下降、产业结构持续优化、生产技术有所优化、能源结构持续优化 人均地区生产总值增速放缓、最终需求总量增速放缓

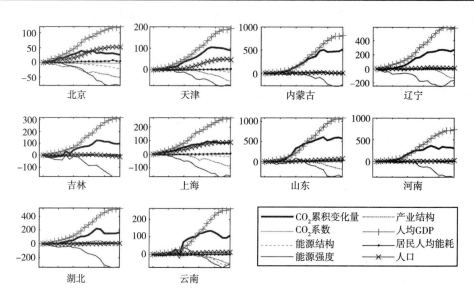

图 7 - 3　1997 ~ 2017 年基于 Kaya 分解的生产视角碳排放（已达峰）（百万吨二氧化碳）

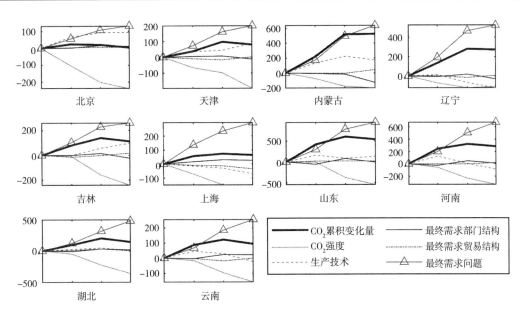

图 7 - 4　2002~2017 年基于 MRIO 的生产视角碳排放（已达峰）（百万吨二氧化碳）

碳达峰之后，驱动因素的影响更为复杂和多样化。各省份能源强度在继续下降后优化速度明显放缓，具体到各个产业发现，各省份工业和交通运输业能源强度的下降速度均有所减缓。与能源强度类似的，2012 年之后，大多数已达峰省份的碳排放强度下降带来的碳排放减缓效应也有所减弱。与此同时，人均地区生产总值和最终需求总量增速也开始减缓，经济发展进入了比较成熟的时期。北京、天津、辽宁、上海和云南的产业结构持续优化；其中，北京、天津、上海、云南工业增加值占比的下降速度与其碳达峰之前基本相当，辽宁、云南服务业增加值占比上升速度有所提高。2012~2017 年，辽宁、上海、河南和云南生产技术的变化对其碳排放也产生了一定的减缓作用，主要是由于这些省份对高碳排放产品消耗量比例的下降：辽宁对非金属矿物制品、金属冶炼和压延加工品的中间消耗比例下降，上海、河南、云南对电力热力的中间消耗比例下降，此外，云南对煤炭及金属冶炼和压延加工品中间消耗的比例也有所下降。相比于其碳达峰之前，北京和云南能源结构的优化对其碳排放量增长的抑制作用依然显著，但具体特征有所不同；北京主要是煤炭占比的大幅下降和天然气占比的迅速上升，云南则主要是煤炭占比的下降和以水电为主的一次电力占比的上升。可以看出，北京和天津碳达峰之后排放量进一步减少的重要原因是其产业结构和能源结构的优化。

从上述分析可以看出，碳达峰之前，能源强度和碳排放强度的改善是促使碳排放量达到峰值的主要因素，有些省份产业结构也开始出现优化；而碳达峰之后，经济发展也进入成熟期，能源强度和碳排放强度改善速度逐渐减缓，不再是减少碳排放的主要因素，产业结构、生产技术和能源结构的优化成为更可持续的助力减排的因素。达峰后能源强度和碳排放强度改善不再显著的可能原因是能源强度减小到一定程度后，进一步优化的成本变高、难度变大。到了这一阶段，往往需要技术上的突破才能实现能源强度的进一步优化。

（二）未达峰省份

对于未达峰省份历史碳排放驱动因素的分解有助于了解这些省份碳排放量尚未达峰的可能因素，为其尽快实现碳达峰提供路径依据。我们以已达峰省份碳排放量变化的驱动因素为主要关注点展开分析。图 7 - 5 和图 7 - 6 分别展示了两种分解方法下碳排放尚未达峰的 20 个省份的历史碳排放驱动因素的分解结果，图中曲线为碳排放量和各驱动因素碳排放效果的累积量。

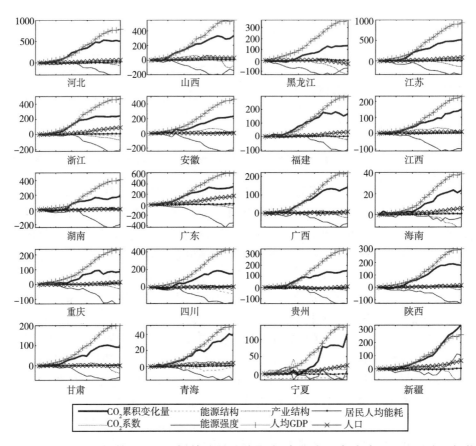

图 7 - 5　1997 ~ 2017 年基于 Kaya 恒等式的生产视角碳排放（未达峰）（百万吨二氧化碳）

首先关注促进已达峰省份碳排放量达峰的主要因素——能源强度和碳排放强度对未达峰省份碳排放量变化的作用。通过因素分解可以发现，近十年来，大多数未达峰省份的能源强度的下降为其碳排放量的增长起到了显著的抑制作用，但与已达峰省份类似地，近几年来，各省份能源强度改善的速度明显放缓，有些省份甚至出现了回升，如山西、黑龙江、广东等。宁夏和新疆更是例外，前者能源强度的改善对碳排放的作用时正时负，后者近年来能源强度明显上升，对碳排放的作用由负转正。研究期间，几乎所有未达峰省份的碳排放强度均有所改善，抑制了各省份碳排放的增长。但 2012 ~ 2017 年，大多数省份碳排放强度变化对碳排放的抑制作用有所减弱甚至回升，这与能源强度的变化趋势是统一的。

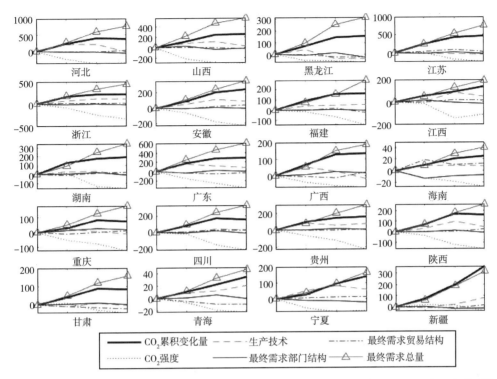

图 7 - 6　2002～2017 年基于 MRIO 的生产视角碳排放（未达峰）（百万吨二氧化碳）

近几年来，大多数省份的产业结构也有所优化，对其碳排放量变化抑制作用显著的有山西、黑龙江、江苏等省份。主要变化特征为工业增加值占比的下降和服务业增加值占比的上升，其中，交通运输仓储邮政和批发零售住宿餐饮类服务业增加值占比变化不大，占比的上升主要来自除这两大服务业之外的其他新兴服务业。

整个研究期间，生产技术的变化对各省份碳排放的影响不大，但一些省份经历了先升后降的变化过程，如河北、山西、江西、广西、陕西等。事实上，一些已达峰省份在研究期间也经历了类似的变化，天津的生产技术甚至在达峰后仍表现为促进碳排放的态势，这说明生产技术的变化尚未成为影响我国各省份碳排放的主要因素。

从达峰后碳排放量变化的另一因素——能源结构来看，大多数省份能源结构的调整尚未对其碳排放量的减少产生显著作用，仅四川能源结构产生了较大改善，为其研究期间累积碳排放量的减少产生了 44.52% 的贡献，主要得益于煤炭占比的减少和石油及水电为主的一次电力占比的上升。值得注意的是，河北、山西、江苏、广东等碳排放大省份的能源结构几乎没有优化，广东在 2011～2013 年煤炭占比甚至略有上升。

除上述几大因素以外，各省份碳排放增长的主要驱动力仍然是经济的发展，即人均地区生产总值的上升；未达峰省份最终需求总量的上升速度也尚未呈现明显减缓趋势；浙江、福建、广东、青海、新疆等省份人口的增长也促使了其碳排放量上升。由上述分析可以看出，未达峰省份碳排量尚未达峰的主要原因是能源强度的改善不足以抵消其经济和人口增长所引起的碳排放量增长，而更可持续的减排因素如产业结构、能源结构及生产技术的优化程度还比较有限。值得关注的是，这些省份在其碳排放量尚未达峰的阶段就出现了能源强度和碳排放强度改善速度减缓甚至回升的态势，这为其碳达峰乃至碳中和带来了更大的挑战。

三、消费视角下各省份历史碳排放驱动因素

消费视角下碳排放驱动因素的分解能够反映与一个省份相关联的各省份的生产、生活活动特征对该省份碳排放量的影响（见图 7–7）。

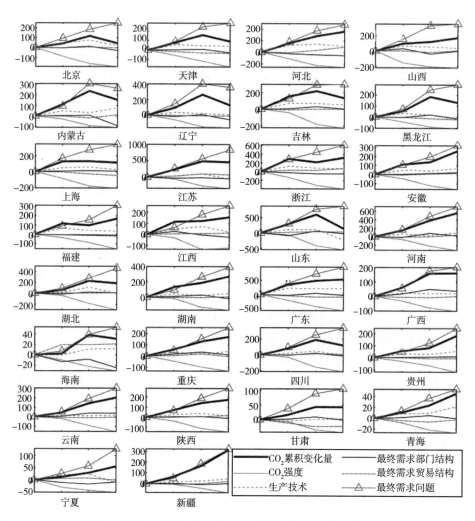

图 7–7　2002～2017 年基于 MRIO 的消费视角碳排放驱动因素分解（百万吨二氧化碳）

毋庸置疑，最终需求总量的上升依然是各省消费视角碳排放量上升的主要原因。通过进一步分解发现，出口所引起的碳排放量增长在各省份消费视角碳排放量增长中占比逐渐下降，从 2002～2007 年的 34.7% 下降到 2012～2017 年的 9.82%。这说明各省份自身最终需求总量的上升所引起的碳排放量增长在不断上升。

碳排放强度的下降仍是抑制各省份碳排放量增长的主要因素。基于 MRIO 分解的消费视

角碳排放强度实际上反映了所有省份碳排放强度变化对各个省份的影响。可以看到，虽然碳排放强度的下降对各省份消费视角碳排放量的影响均为抑制作用，但碳排放强度的变化对各省份碳排放量的影响程度并不一致，这与各省份的消费结构及产品来源结构有关。

2002～2012年，生产技术对部分省份的消费视角碳排放量也有一定的促进作用，与碳排放强度类似的，基于 MRIO 分解的消费视角下生产技术的变化实际上也是所有省份生产技术的变化；这一时期生产技术对消费时间碳排放量的影响主要是因为2002年我国电力系统改革中"厂网分开"所致，只是统计数据带来的"效应"，并无太大的实际意义。

大多数省份最终需求结构的变化使其消费视角碳排放量有所减少，比较突出的如河北、内蒙古、辽宁等省份，究其原因，主要是直接高碳排放部门（金属冶炼和压延加工、电力热力生产和供应等）或产业链高碳排放部门（建筑业等）部门在其最终需求结构中占比的下降所引起。

由上述分析可以发现，无论是生产视角还是消费视角，经济发展水平的提高和经济规模的增长都是促进碳排放增长的主要因素，而碳排放强度和能源强度的下降则是抑制碳排放增长的主要因素。产业结构的优化，从另一个角度也反映在最终需求部门结构上，对抑制碳排放的增长具有重要的结构性意义。

第四节　结论和政策启示

本章从生产和消费两个视角核算了我国各省份1997～2017年的碳排放量，并对两个视角下各省碳排放量发展变化的驱动因素做出分析，得出以下主要结论：（1）根据核算结果，截至2017年，我国共有10个省份可能实现了碳达峰。（2）与一般研究结论相统一地，经济较发达省份的消费视角碳排放往往高于其生产视角碳排放，经济欠发达省份的情况则与之相反；同时我们也发现，产业丰富度不够高的省份，其消费视角碳排放可能也较高。（3）通过对各省份生产视角和消费视角碳排放趋势的比较发现，一个省份的碳排放量是否能够达峰，本质原因在于其产业结构是否得到了优化。（4）因素分解发现，已达峰省份实现碳达峰的直接原因在于经济发展进入成熟期而增速放缓，同时其工业、交通运输等行业能源强度和碳排放强度的大幅下降；而更可持续的根本性原因则是结构性的变化：产业结构优化、需求结构调整、生产技术改进及能源结构转变。产业结构的优化体现为工业占比下降而新兴服务业占比上升；需求结构的调整实际上与产业结构优化相关联；生产技术的改进体现为高碳排放产品中间投入比例的降低；能源结构的转变则体现为天然气和一次电力占比的提高。

由上述结论可以看出，碳达峰是一个经济发展与人口增长等规模性因素所带来的碳排放增长，与能效提高、产业结构优化、需求结构调整、生产技术改进及能源结构转变等结构性因素所带来的碳排放减少逐渐平衡的动态过程。碳中和则是后者进一步优化及可能的碳汇技术辅助所带来的碳排放减少超过前者所带来的碳排放增长的动态过程。

当前，我国经济已由高速增长阶段转向高质量发展阶段。随着经济规模增速放缓，面向高质量发展的结构性调整优化成为我国实现碳达峰乃至碳中和的必由之路。当结构性调整的减排效果能够抵消规模增长所带来的碳排放增长时，便实现了碳达峰；而随着结构性调整的持续，其减排效果超越并远大于规模增长所带来的碳排放增长效应，碳排放量将大幅减少，当碳排放量与碳汇量相当时便能够实现碳中和。上述讨论对于我国实现碳达峰和碳中和具有这样几点启示：

（1）未达峰省份实现碳达峰需要进一步降低碳排放强度，其中包含两个途径：一是能源强度的下降；二是能源结构的调整。能源强度的下降能够显著减缓碳排放增长，我国各省份同一行业的能源强度尚有显著差异，能源强度仍有下降空间。能源结构的调整主要是提高水电、风电、光伏发电、核电等一次电力的比例，降低化石能源比例。虽然从对北京的分析发现，天然气替代煤炭的路径能够减缓碳排放增长，但长期来看，天然气替代煤炭只能在一定范围内以作为过渡，而不可大面积转向天然气。一是因为我国天然气资源并不丰富，页岩气、可燃冰等开采技术也不成熟；二是我国实现碳达峰、碳中和的时间窗口短，若对天然气过度依赖，则不久又将再一次面临转型之痛。调整能源结构应加快终端用能的电力替代；对于电力不能替代的环节，可以用氢能等非化石能源替代，如炼钢过程用氢做还原剂等；同时配合碳捕捉和储存技术。

（2）进一步调整各省份产业结构，以实现可持续的低碳转型发展。结构性调整是实现碳达峰的可持续的发展路径，也是实现碳达峰乃至碳中和的必由之路。产业结构调整具有两方面的含义：一是产业间比例的调整；二是产业内部生产环节的升级。产业间比例调整主要是指高碳排放产业比重的下降及低碳排放产业比重的上升，如各省份已经出现的工业增加值占比降低而服务业尤其是新兴服务业增加值占比上升的发展态势。产业内部生产环节的升级则是指在同一产业内部由碳排放量较高的环节向碳排放量较低环节的转变。产业结构调整是一项系统性的优化方案，从更广泛的意义上看，产业结构的优化与能效提高、生产技术改进、需求结构调整等均有关联。产业结构的优化能够通过改变各产业的占比或升级生产环节而提高总体能源利用效率，如降低低能效产业的占比，同时提高高能效产业占比。类似地，产业结构的改变也将改变生产技术，当产业结构中消耗高碳排放产品的产业或环节比重下降，生产技术整体上也将发生改进。产业结构调整也将使需求结构自然而然地变动，当然，需求结构的变化也会对产业结构造成影响，两者的关系的互动的。

（3）允许大部分省份先达峰，小部分比较困难的省份后达峰，并建立碳达峰"结对子"机制。通过本章的分析可以发现，我国各省份经济发展阶段、碳排放强度、产业结构、能源结构等还存在很大差异。受要素禀赋等因素的限制，对于一些省份来说，实现碳达峰的难度很大。并且如引言中所述，从国际经验来看，经济体内部小部分区域晚于经济体整体达峰时间的证据并不罕见。因此，我国要实现国家整体在 2030 年前碳达峰，可以允许大部分省份先达峰，小部分比较困难的省份后达峰，尤其是那些提供能源和资源较多的省份。此外，还可以基于消费视角碳排放，形成省份之间碳达峰"结对子"机制，由已经实现碳达峰的省份对口帮扶碳达峰难度较大的省份，助力其提高能效、优化产业结构、改进生产技术，共同走向碳中和。

（本章作者：潘晨）

参考文献：

［1］潘晨，李善同，何建武等．考虑省际贸易结构的中国碳排放变化的驱动因素分析［J］．管理评论，2022．

［2］汪臻．中国居民消费碳排放的测算及影响因素研究［D］．中国科学技术大学，2012．

［3］郑林昌，齐蒙，付加锋等．河北省贸易隐含二氧化碳排放及其影响因素研究［J］．气候变化研究进展，2017，13（2）：157－164．

［4］钟章奇，吴乐英，陈志建等．区域碳排放转移的演变特征与结构分解及减排对策分析——以河南省为例［J］．地理科学，2017，37（5）：773－782．

［5］刘晔，刘丹，张林秀．中国省域城镇居民碳排放驱动因素分析［J］．地理科学，2016，36（5）：691－696．

［6］Dietzenbacher E, Los B. Structural Decomposition Techniques: Sense and Sensitivity［J］. Econ Systems Res, 1998, 10（4）: 307－324.

［7］Feng K, Siu Y L, Guan D, et al. Analyzing Drivers of Regional Carbon Dioxide Emissions for China［J］. Journal of Industrial Ecology, 2012, 16（4）: 600－611.

［8］Geng Y, Zhao H, Liu Z, et al. Exploring driving factors of energy-related CO_2 emissions in Chinese provinces: A case of Liaoning［J］. Energy Policy, 2013, 60（6）: 820－826.

［9］Ipcc. 2006 IPCC Guidelines for National Greenhouse Gas Inventories［M］. 2. IGES, 2006.

［10］Li M, Gao Y, Meng B, et al. Managing the mitigation: Analysis of the effectiveness of target-based policies on China's provincial carbon emission and transfer［J］. Energy Policy, 2021（151）: 112189.

［11］Mi Z, Meng J, Green F, et al. China's "Exported Carbon" Peak: Patterns, Drivers, and Implications［J］. Geophys Res Lett, 2018, 45（9）: 4309－4318.

［12］Mi Z, Meng J, Guan D, et al. Chinese CO_2 emission flows have reversed since the global financial crisis［J］. Nature Communications, 2017, 8（1）: 1712.

［13］Pan C, Peters G P, Andrew R M, et al. Emissions embodied in global trade have plateaued due to structural changes in China［J］. Earth's Future, 2017, 5（9）: 934－946.

［14］Pan C, Peters G P, Andrew R M, et al. Structural changes in provincial emission transfers within China［J］. Environmental Science & Technology, 2018, 52（22）: 12958－12967.

［15］Peters G P. Policy Update: Managing carbon leakage［J］. Carbon Management, 2014, 1（1）: 35－37.

［16］Peters G P, Minx J C, Weber C L, et al. Growth in emission transfers via international trade from 1990 to 2008［J］. Proc Natl Acad Sci USA, 2011, 108（21）: 8903－8908.

［17］Sun J W. Changes in energy consumption and energy intensity: A complete decomposition model［J］. Energy Economics, 1998, 20（1）: 85－100.

［18］Tian X, Chang M, Tanikawa H, et al. Structural decomposition analysis of the carbonization process in Beijing: A regional explanation of rapid increasing carbondioxide emission in China

［J］. Energy Policy, 2013, 53（1）: 279 – 286.

［19］Wang Z, Wei S-J, Zhu K. Quantifying international production sharing at the bilateral and sector levels ［J］. Nber Working Paper, 2013: 19677.

［20］Yuan B, Ren S, Chen X. The effects of urbanization, consumption ratio and consumption structure on residential indirect CO_2 emissions in China: A regional comparative analysis ［J］. Applied Energy, 2015, 140: 94 – 106.

［21］Zhou D, Zhou X, Xu Q, et al. Regional embodied carbon emissions and their transfer characteristics in China ［J］. Struct Change EconDynam, 2018, 46: 180 – 193.

第八章　我国省份碳排放流向分解

贸易对一个地区的碳排放有着不可忽视的作用。一般来说，出口贸易在为出口国带来收入的同时，也出口了碳排放，即出口国为进口国承担了一定量的碳排放；反之，进口贸易则在一定程度上规避了部分碳排放。但由于各国进出口贸易的产品结构不同，发展中国家的出口贸易隐含碳往往高于其进口贸易隐含碳，而发达国家的出口贸易隐含碳则低于其进口贸易隐含碳，由此引发了有关公平和碳泄露的大量讨论。贸易隐含碳的这一现象也存在于我国省份之间。

近年来，价值链研究的兴起使得我们对全球贸易有了新的认识。不同国家在全球价值链分工体系中的角色不同，使其增加值获取能力存在很大差异。发展中国家往往处于获利较低的生产制造环节，而发达国家则多处于获利较高的研发、设计、服务环节。我国各省参与全球价值链分工的方式也存在显著的不同，东部沿海省份接入全球价值链分工的程度较深，其他省份则多通过东部沿海省间接参与全球价值链分工。那么，不同的价值链分工参与方式对我国各省碳排放有何影响？进而对我国各省份实现碳达峰与碳中和有何启示？

为回答上述问题，本章将价值链分解方法应用到碳排放领域，利用 2017 年内嵌我国省份的国际投入产出模型，对我国各省碳排放进行基于贸易的分解。进而通过分析各贸易路径隐含碳排放的特征及其差异，为我国各省份碳减排，实现碳达峰与碳中和路径提出对策建议。

第一节　文献综述

针对我国省份碳排放的结构性分析一直是碳排放领域相关研究的重要关注点。随着中国多区域投入产出研究的发展，不断有研究尝试从省份层面研究中国碳排放问题。如郭菊娥等（Guo et al，2012）利用中国多省份投入产出表分析了中国 2002 年国际贸易及省际贸易隐含碳排放，并从生产者和消费者两个视角核算了省份碳排放，结果显示，国际贸易隐含碳比重最高的是东部地区，净二氧化碳出口部门为劳动密集型产业，而净二氧化碳进口部门为能源密集型产业；省际贸易隐含碳呈现从东部地区流向中部地区的态势，能源密集型产业则是这一态势的主要贡献者。针对单一年份的研究较多，如张博（音）等（Zhang et al，2013）利用 2007 年中国多省份投入产出表研究了中国国内贸易对其区域能源消费的影响，发现贸易隐含能源消费主要从中西部地区流向东部地区；在国内贸易的影响下，东部地区隐含能源消费增长迅速，而一些中西部省份则大幅下降。冯奎双等（Feng et al，2013）利用多区域投入产出方法研究了中国 2007 年省际贸易及国际贸易隐含碳排放，发现中国 57% 的排放与其他省份的消费有关，其中沿海发达省所消费产品引起的二氧化碳排放中，有高达 80% 来自经济欠发达的中西部地区，这些地区多生产低增加值、高碳强度的产品，东部沿海地区的经济在很大程度上依赖于中西部地区的贡献。刘红光等（2014）分析了 2007 年中国省域碳足迹及其特征，并以江苏省为例对多区域投入产出方法在碳足迹空间分布研究中的应用进行了说明，研究发现，从最终消费视角看，中国人均碳足迹（国内部分）并不高，但不同省份间存在很大差异。冯奎双等（Feng et al, 2014）基于消费者原则研究了 2007 年中国 4 个直辖市（北京、天津、上海、重庆）的最终消费所引起的二氧化碳排放的空间分布及相关生产活动，结果表明，城市消费活动不但引起其地域范围内的碳排放，还引起其地域范围外的碳排放；城市消费模式对中国的低碳发展至关重要。钟章奇等（Zhong et al, 2015）通过对中国 2007 年 30 个省份的贸易隐含碳排放进行研究，提出各省联合承诺减排目标但负有不同减排任务的建议。孙立成等（2014）研究了 2007 年中国省际碳排放转移的经济溢出效应，发现省际碳排放转移具有空间集群特征，碳排放流入比流出有更强的经济溢出效应。还有一些研究比如程昊等（Cheng et al, 2018），庞军等（2017）也做了类似的分析。

随着中国多区域投入产出表开发的进一步发展，逐渐出现了一些时间跨度更大，数据年份更新的研究。如张友国（Zhang, 2017）利用省级多区域投入产出表研究了 2002～2010 年中国东、中、西三个区域之间的碳排放溢出效应，发现地区间贸易对各地区的碳排放具有很强的溢出效应。米志付等（Mi et al, 2017）的研究发现，2007～2010 年，投资对中国碳排放影响最大；2010～2012 年，西南省份的净省际碳排放转移发生了逆转，由净流出地转变为净流入地。王兆华等（Wang et al, 2018）对 2007～2010 年中国省域碳足迹的研究得到了与米志付等（2017）一致的发现。类似的研究还包括周德群等（Zhou et al, 2018），陈萌萌等（Chen et al, 2018），吴三忙等（Wu et al, 2018），潘晨等（Pan et al, 2018）。

通过上述对研究现状的梳理发现，目前有关我国省份碳排放结构的相关研究数量较多，但研究视角相对单一，主要集中在最终需求结构相关的碳排放、区域间碳排放转移等方面，针对碳排放流动路径的分析还很少。事实上，各区域碳排放以结构复杂的区域间贸易为载体产生了大量虚拟的区域间碳流动，通过追踪基于不同贸易路径的碳流动，有助于了解我国各省份碳排放与其所处产业链环节的关系，进而从产业结构调整的角度有针对性地制定减排政策。

第二节　研究方法和数据

一、研究方法

本章主要借鉴肖皓等（2020）的增加值分解方法，该研究基于是否跨境生产和消费将一个国家的国民生产总值分解到三类五个部分：一类是未贸易的增加值，即纯本地生产、本地最终消费的产品中所含本地增加值，过程中未发生跨境生产或消费。另一类是传统贸易产品中所含本地增加值，即纯本地生产、他地最终消费的产品中所含本地增加值，生产与消费发生了分离。还有一类是价值链贸易产品中所含本地增加值，该类产品的生产过程发生了跨境，即产生了中间品贸易。价值链贸易所含增加值可进一步分解为简单价值链贸易所含增加值和复杂价值链贸易所含增加值，前者生产过程中仅发生了单次跨境，后者生产过程中则发生了多次跨境。

本章用碳排放强度替代肖皓等（2020）一文中的增加值系数，则可将增加值分解方法应用到碳排放分解，见公式（8.1）。

$$(C^s)' = \widehat{cf^s}\, x^s \tag{8.1}$$

$$= \widehat{cf^s} L^{s,s}\, y^{s,s} \qquad\qquad\qquad \text{I}$$

$$+ \widehat{cf^s} L^{s,s} \sum_{r \neq s}^{G} y^{s,r} \qquad\qquad\qquad \text{II}$$

$$+ \widehat{cf^s} L^{s,s} \sum_{r \neq s}^{G} A^{s,r} L^{r,r}\, y^{r,r} \qquad\qquad \text{III.a}$$

$$+ \widehat{cf^s} L^{s,s} \sum_{t \neq s}^{G} A^{s,t} \sum_{u}^{G} B^{t,u}\, y^{u,s} \qquad\qquad \text{III.b}$$

$$+ \widehat{cf^s} L^{s,s} \left(\sum_{r \neq s}^{G} \sum_{t \neq s}^{G} A^{s,t} \sum_{u}^{G} B^{t,u}\, y^{u,r} - \sum_{r \neq s}^{G} A^{s,r} L^{r,r}\, y^{r,r} \right) \qquad \text{III.c}$$

式（8.1）中上标代表地区，例如 s 代表地区 s，u,s 代表从地区 u 到地区 s；G 是一个常数，代表区域数量。C^s 代表二氧化碳排放行向量，其元素是每个部门的碳排放量；cf 则是碳排放强度，$cf^s = C^s\,\widehat{x^s}^{-1}$，其中 x^s 代表总产出列向量；$L^{s,s}$ 代表该地区生产的纯本地列昂惕夫逆矩阵，$L^{s,s} = (I - A^{s,s})^{-1}$，其中 $A^{s,s}$ 是直接消耗系数矩阵；$B^{t,u}$ 是多区域列昂惕夫逆矩阵的子块，$B = (I - A)^{-1}$。

借由公式（8.1），可将一个地区的碳排放分解到三类五项：未贸易碳排放（部分 I），传统贸易隐含碳排放（部分 II），跨境生产贸易隐含碳排放（部分 III）。其中，跨境生产贸易隐含碳排放又可以分为单次跨境生产贸易隐含碳排放（III.a）和多次跨境生产贸易隐含碳排放（III.b – 回流本地，III.c – 流向他地）。

进一步地，将该分解方法拓展到一国子区域（以下以"省份"代称）层面，从而能够将贸易路径区分为国内部分和国际部分，如公式（8.2）所示。

$$(C^s)' = \widehat{cf^s}\, x^s \tag{8.2}$$

$$= \widehat{cf^s} L^{s,s}\, y^{s,s} \qquad\qquad\qquad \text{I}$$

$$+ \widehat{cf^s} L^{s,s} \sum_{r=1, r \neq s}^{P} y^{s,r} \qquad\qquad\qquad \text{II.p}$$

$$+ \widehat{cf^s} L^{s,s} \sum_{r=P+1}^{G} y^{s,r} \qquad\qquad\qquad \text{II.g}$$

$$+ \widehat{cf^s} L^{s,s} \sum_{r=1, r \neq s}^{P} A^{s,r} L^{r,r}\, y^{r,r} \qquad\qquad \text{III.a.p}$$

$$+ \widehat{cf^s} L^{s,s} \sum_{r=P+1}^{G} A^{s,r} L^{r,r}\, y^{r,r} \qquad\qquad \text{III.a.g}$$

$$+ \widehat{cf^s} L^{s,s} \sum_{t=1, t \neq s}^{P} A^{s,t} \sum_{u=1}^{P} B^{t,u}\, y^{u,s} \qquad\qquad \text{III.b.pp}$$

$$+ \widehat{cf^s} L^{s,s} \sum_{t=1, t \neq s}^{P} A^{s,t} \sum_{u=P+1}^{G} B^{t,u}\, y^{u,s} \qquad\qquad \text{III.b.pg}$$

$$+ \widehat{cf^s} L^{s,s} \sum_{t=P+1}^{G} A^{s,t} \sum_{u=1}^{P} B^{t,u}\, y^{u,s} \qquad\qquad \text{III.b.gp}$$

$$+ \widehat{cf^s} L^{s,s} \sum_{t=P+1}^{G} A^{s,t} \sum_{u=P+1}^{G} B^{t,u} y^{u,s} \qquad \text{III. b. gg}$$

$$+ \widehat{cf^s} L^{s,s} \left(\sum_{r=1,r\neq s}^{P} \sum_{t=1,t\neq s}^{P} A^{s,t} \sum_{u=1}^{P} B^{t,u} y^{u,r} - \sum_{r=1,r\neq s}^{P} A^{s,r} L^{r,r} y^{r,r} \right) \qquad \text{III. c. ppp}$$

$$+ \widehat{cf^s} L^{s,s} \sum_{r=1,r\neq s}^{P} \sum_{t=1,t\neq s}^{P} A^{s,t} \sum_{u=P+1}^{G} B^{t,u} y^{u,r} \qquad \text{III. c. pgp}$$

$$+ \widehat{cf^s} L^{s,s} \sum_{r=P+1}^{G} \sum_{t=1,t\neq s}^{P} A^{s,t} \sum_{u=1}^{P} B^{t,u} y^{u,r} \qquad \text{III. c. ppg}$$

$$+ \widehat{cf^s} L^{s,s} \sum_{r=P+1}^{G} \sum_{t=1,t\neq s}^{P} A^{s,t} \sum_{u=P+1}^{G} B^{t,u} y^{u,r} \qquad \text{III. c. pgg}$$

$$+ \widehat{cf^s} L^{s,s} \left(\sum_{r=P+1}^{G} \sum_{t\neq s}^{G} A^{s,t} \sum_{u=P+1}^{G} B^{t,u} y^{u,r} - \sum_{r=P+1}^{G} A^{s,r} L^{r,r} y^{r,r} \right) \qquad \text{III. c. ggg}$$

$$+ \widehat{cf^s} L^{s,s} \sum_{r=P+1}^{G} \sum_{t=P+1}^{G} A^{s,t} \sum_{u=1}^{P} B^{t,u} y^{u,r} \qquad \text{III. c. gpg}$$

$$+ \widehat{cf^s} L^{s,s} \sum_{r=1,r\neq s}^{G} \sum_{t=P+1}^{G} A^{s,t} \sum_{u=P+1}^{G} B^{t,u} y^{u,r} \qquad \text{III. c. ggp}$$

$$+ \widehat{cf^s} L^{s,s} \sum_{r=1,r\neq s}^{G} \sum_{t=P+1}^{G} A^{s,t} \sum_{u=1}^{P} B^{t,u} y^{u,r} \qquad \text{III. c. gpp}$$

式中变量含义与式（8.1）一致，新引入的变量 P 是一个常数，代表一国内省份的数量。借助此公式，可以将一个子区域的碳排放分解为三类 17 项。

二、研究数据

本章所采用的数据集主要有两个：一是 2017 年内嵌我国省份的世界投入产出模型，由作者构建；二是 2017 年我国省份分部门碳排放数据，由作者估计。内嵌我国省份的世界投入产出模型与碳排放数据的部门划分不同，需要对其按照部门含义进行匹配，表 8 - 1 和表 8 - 2 分别为匹配后的部门列表和区域列表。

表 8 - 1　　　　　　　　　　　　部门分类

序号	部门列表	序号	部门列表
1	农林牧渔产品和服务	11	金属冶炼和压延加工品、金属制品
2	采矿业	12	交通运输设备
3	食品和烟草	13	设备和仪器
4	纺织品	14	其他制造产品、废品废料及修理
5	纺织服装鞋帽皮革羽绒及其制品	15	电热、燃气、水的生产和供应
6	木材加工品和家具	16	建筑
7	造纸印刷和文教体育用品	17	批发零售和住宿餐饮
8	石油、炼焦产品和核燃料加工品	18	交通运输、仓储和邮政
9	化学产品	19	其他服务业
10	非金属矿物制品		

表8-2 国家和地区列表

序号	国家和地区	序号	国家和地区	序号	国家和地区	序号	国家和地区
1	澳大利亚	6	瑞士	11	美国	16	印度
2	欧盟（不包括德国）	7	俄罗斯	12	中国	17	日本
3	德国	8	巴西	13	中国台北	18	韩国
4	英国	9	加拿大	14	中国香港	19	世界其他地区
5	挪威	10	墨西哥	15	东盟（未含缅甸）		

第三节 研究结果

一、各省份碳排放流动的结构特征

（一）按贸易类型划分

考察各省份碳排放流动的结构特征有助于抓住各省份碳排放的主要矛盾。本章从贸易类型和最终去向两个维度对其进行分解。如前面所述，一个省份的碳排放总量按照贸易类型可以分为三部分：未贸易的碳排放，即纯本地生产本地消费的产品所含碳排放；传统贸易隐含碳排放，即纯本地生产作为最终产品被他地消费的产品中所含碳排放；以及跨境生产贸易隐含碳排放。表8-3展示了2017年各省份按贸易类型划分的碳排放结构。总体上，我国省份碳排放主要由未贸易产品（纯本地生产本地消费）和跨境生产贸易产品所引起，从全国平均水平看，内含于未贸易产品和跨境生产贸易产品中的碳排放最高，分别为3902.4百万吨二氧化碳（Mt CO_2）和4658.4百万吨二氧化碳，分别占总二氧化碳排放量的41.88%和49.99%。而传统贸易产品（纯本地生产他地消费）所隐含的碳排放仅为756.9百万吨二氧化碳，占碳排放总量的8.12%。分省份来看，未贸易品碳排放量占比最高的省份为湖北，高达81.57%[①]；跨境生产贸易隐含碳排放流动占比最高的为宁夏，高达81.16%；而各省份传统贸易隐含碳排放的最高占比仅38.30%（海南）。

表8-3 按贸易类型划分的各省碳排放结构 单位:%

省份	未贸易碳排放	传统贸易隐含碳排放	跨境生产贸易隐含碳排放
北京	12.68	15.29	72.03
天津	40.66	9.53	49.81
河北	41.96	2.90	55.14
山西	48.89	-10.23	61.35
内蒙古	31.92	-5.88	73.96
辽宁	35.74	9.99	54.27
吉林	32.32	13.60	54.07

---

① 云南的这一比例为98.60%，但考虑其传统贸易隐含碳排放为负，对比例高低的判断有一定影响，故取湖北的值。下面遇到类似的情况，原因同。

续表

省份	未贸易碳排放	传统贸易隐含碳排放	跨境生产贸易隐含碳排放
黑龙江	31.85	7.91	60.24
上海	21.18	30.70	48.12
江苏	38.11	4.40	57.50
浙江	17.88	25.56	56.56
安徽	34.59	26.72	38.69
福建	56.40	15.15	28.46
江西	62.22	19.84	17.94
山东	42.56	−11.89	69.33
河南	49.44	31.47	19.10
湖北	81.57	6.31	12.12
湖南	61.55	15.02	23.42
广东	23.42	23.42	53.16
广西	64.38	13.32	22.31
海南	11.08	38.30	50.63
重庆	2.92	34.24	62.84
四川	79.98	2.71	17.31
贵州	56.84	−2.55	45.71
云南	98.60	−11.69	13.09
陕西	11.61	11.64	76.76
甘肃	52.95	−7.08	54.12
青海	78.60	−20.67	42.07
宁夏	11.29	7.55	81.16
新疆	45.93	8.98	45.09
全国平均	41.88	8.12	49.99

注：表中负值是由于最终需求的存货变动可能为负所致，其小范围存在是合理的。

　　各省份所呈现的结构特征又有所不同。大多数东部和东北部省份的跨境生产贸易隐含碳排放比例较高，且在其碳排放总量中占主导地位。从表 8 - 3 数据可以看到，除福建外的其他东部及东北部省份跨境生产贸易隐含碳排放流动几乎均占其碳排放总量的一半以上。这反映了东部和东北部省份参与价值链分工的程度更深。西部省份隐含于跨境生产贸易的碳排放比例也相对较高，但省份之间这一比例的差异较东部更大。如前所述，占比最高的宁夏达到81.16%，而占比最小的四川仅占 17.31%。这反映出部分西部省份参与价值链分工的比例也较高，具体路径特征仍有待挖掘。西部省份隐含于跨境生产贸易的碳排放与未贸易碳排放呈现一定的互补关系，即跨境生产贸易隐含碳排放占比较低的省份，其未贸易碳排放占比往往较高，反之亦然。例如，四川的跨境生产贸易隐含碳排放占比不足1/5，其未贸易碳排放占比则几乎达到4/5；陕西省的跨境生产贸易隐含碳排放为76.76%，其未贸易碳排放比例则仅有11.61%。相比较而言，除山西省以外的中部各省份的跨境生产贸易隐含碳排放在其碳排放总量中的占比普遍较低，最高的安徽也仅有不足四成。未贸易碳排放在江西、湖北和湖南的碳排放总量中占主导地位，安徽和河南的未贸易碳排放和传统贸易隐含碳排放的比例则相对均衡。

从部门层面来看，各省份碳排放的主导部门具有相当程度的同质性。对于跨境生产贸易隐含碳排放流动而言，各省份主要碳排放来源为"电热、燃气、水的生产和供应""金属冶炼和压延加工品、金属制品"两大部门，前者主要是发电供热产生的碳排放，后者主要是钢铁冶炼产生的碳排放。各省份传统贸易隐含碳排放的主要来源仍以"电热、燃气、水的生产和供应""金属冶炼和压延加工品、金属制品"两大部门为主，不同于跨境生产贸易隐含碳排放的是，"交通运输、仓储和邮政"的传统贸易隐含碳排放的份额与"金属冶炼和压延加工品、金属制品"相当，这反映了"交通运输、仓储和邮政"的部门属性，作为服务业，其可贸易性较低，虽然价值链活动中内含了可观的"交通运输、仓储和邮政"服务，但其相对其他部门来说更接近最终需求。毋庸置疑，对于非贸易碳排放来说，"电热、燃气、水的生产和供应""金属冶炼和压延加工品、金属制品"两大部门仍占主导地位，除此以外，"交通运输、仓储和邮政""化学产品""非金属矿物制品"的比例也相对较高。

由上述分析可见，未贸易碳排放和跨境生产贸易隐含碳排放在我国省份碳排放中占比较高。由于参与价值链分工程度不同，隐含于跨境生产贸易的碳排放在东部、东北部省份和西北部省份的碳排放中占主导地位，而在中部省份和大多数西南部省份的碳排放中占比较低。各省份碳排放的主导部门具有相当程度的同质性，但区分贸易方式来看，部门构成也与产品的可贸易性有关。

（二）按最终去向划分

各省份碳排放内含于产品中，进而借由产品的流动流向不同的区域，对此，最终去向的分析有助于把握最终需求对各省份碳排放的拉动效应。按照最终去向也可以将一个省份的碳排放划分为三部分：流向本省份的碳排放、流向其他省份的碳排放以及流向国际地区的碳排放。由表8-4数据可以看出，总体上，2017年我国各省份碳排放的主要去向为本省份和大陆其他省份，去往国际地区的相对较少。从全国平均值来看，流向本省份和大陆其他省份的碳排放量相当，分别为3974.2百万吨二氧化碳和3715.6百万吨二氧化碳占全国碳排放总量的42.65%和39.88%；流向国际地区为1628.0百万吨二氧化碳，仅占全国碳排放总量的17.47%。从理论上来说，流向本省份的碳排放与上一小节按照贸易类型划分的未贸易碳排放非常接近，前者比后者多了流向其他省份或国际地区，又通过多次跨境生产网络回流本省份的碳排放。对比表8-3和表8-4可以看出，从全国平均值来看，流向本省份的碳排放比未贸易碳排放在碳排放总量中的占比高0.77个百分点，即经多次跨境生产网络回流本省份的碳排放占碳排放总量的0.77%，所占份额较小，约为71.8百万吨二氧化碳，相当于北京2017年的碳排放总量。

表 8 - 4　　　　　　　　　按最终去向划分的各省份碳排放结构　　　　　　单位:%

省份	流向本省份	流向其他省份	流向国际地区
北京	13.75	64.77	21.48
天津	40.97	42.72	16.32
河北	43.04	40.50	16.45
山西	49.38	41.91	8.71
内蒙古	32.59	65.60	1.81
辽宁	36.22	53.89	9.89
吉林	33.34	53.17	13.49
黑龙江	33.15	59.73	7.13
上海	22.06	40.23	37.71
江苏	39.72	32.68	27.61
浙江	19.22	47.43	33.35
安徽	35.12	42.41	22.47
福建	56.58	20.99	22.43
江西	62.30	13.63	24.07
山东	43.05	30.77	26.18
河南	49.89	14.69	35.42
湖北	81.63	13.37	5.00
湖南	61.72	24.78	13.51
广东	25.19	36.60	38.21
广西	64.62	24.61	10.77
海南	11.38	81.46	7.16
重庆	4.25	76.70	19.04
四川	80.09	24.49	−4.59
贵州	57.51	23.50	18.98
云南	98.78	11.20	−9.99
陕西	13.21	65.60	21.18
甘肃	53.28	42.20	4.52
青海	78.87	35.10	−13.97
宁夏	12.85	65.98	21.17
新疆	46.32	51.37	2.31
全国平均	42.65	39.88	17.47

注：表中负值是由于最终需求的存货变动可能为负所致，其小范围存在是合理的。

在总体特征之下，各省份按最终去向划分的碳排放结构又有所不同。各省份流向本省份的碳排放比例特征与上一小节中未贸易碳排放的比例特征相似，比例接近或超过50%的省份有中部的湖北、江西、湖南和山西，东部的福建，以及西部的广西、四川、云南、甘肃和青海，可见东部及东北部省份的碳排放多流向其他省份和国际地区，流向本省份的较少。观察经多次跨境生产网络回流本省份的碳排放比例，即流向本省份的碳排放比例与未贸易碳排放比例之差发现，出口碳排放比例较高的省份其回流碳排放的比例也往往较高，如广东、江苏、浙江和陕西等，这与其接入全球价值链的程度有关。总体来看，东部、东北部以及西北部省份的碳排放流向其他省份的比例较高。例如，东部的北京、上海、浙江、海南等省份以及西北部的陕西、宁夏等省份，流向其他省份的碳排放约占其碳排放总量的一半及以上。相比较而言，大多数中部省份和西南部省份流向其他省份的碳排放占比则较低，其碳排放流向主要集中在本省份。如中部的江西、河南、湖北、湖南等省份，西南部的四川、贵州、云南等省份，流向其他省份的碳排放仅占各自碳排放总量的1/5左右。出口在东部沿海省份的经济产出占有更为重要的地位，这也使得其流向国际地区的碳排放量在其碳排放总量中的占比更为突出。广东、上海、江苏、浙江等省份流向国际地区的碳排放占各自碳排放总量的比例均达到1/3左右，显著高于全国平均水平。此外，中部的安徽和江西，西部的重庆、陕西、贵州和宁夏等省份流向国际地区的碳排放在各自碳排放总量中的占比也在1/5左右，略高于全国平均水平。

在部门层面进一步细分发现，各省份碳排放的主要来源部门仍然是"电热、燃气、水的生产和供应""金属冶炼和压延加工品、金属制品"两大部门。分类来看，特征略微有所不同。流向本省份的碳排放以上述两大部门为主，同时含有较多来自"交通运输、仓储和邮政"部门的碳排放；西南的贵州和云南两省与建筑业相关的"非金属矿物制品"的碳排放也较为突出。各省份流向其他省份的碳排放以"电热、燃气、水的生产和供应""金属冶炼和压延加工品"为主。流向其他国家的碳排放仍以上述两大部门为主，"交通运输、仓储和邮政"部门也较为突出。"电热、燃气、水的生产和供应"部门和"金属冶炼"部门的碳排放以江苏、山东和广东等东部省份为高地，而"交通运输、仓储和邮政"部门的碳排放则在上海和广东两省市更为突出。

由此可见，各省份参与省际贸易和国际贸易的特征不同，其碳排放的流向结构也不同。东部省份流向其他份省和国际地区的碳排放量占比较高，东北部省份和部分西部省份流向其他省份的比例较高，而中部省份和部分西部省份流向本省份的碳排放量占比较高。"电热、燃气、水的生产和供应"部门和"金属冶炼"为碳排放的主要来源部门，"交通运输、仓储和邮政"的碳排放也值得关注。

二、各省份沿价值链路径的碳流动

（一）价值链碳流动的结构特征

本章进一步根据价值链的不同路径对各省份隐含于跨境生产贸易的碳排放进行分解，以此识别贸易方式差异对各省份碳排放的影响。我们将各省份跨境生产贸易隐含碳排放分解为两类14项，一类是单次跨境生产贸易隐含碳排放，另一类是多次跨境生产贸易隐含碳排放。各类细项如表8-5所示。

表 8 – 5　　　　　　　　　省份跨境生产贸易隐含碳排放的分解

类别	环节一：中间品	环节二：生产网络	环节三：最终需求
单次跨境生产隐含碳排放	其他省份	其他省份的纯当地生产	其他省份（当地）
	国际地区	国际地区的纯当地生产	国际地区（当地）
多次跨境生产贸易隐含碳排放	其他省份	我国省份的多次跨境生产网络	本省份
			其他省份
			国际地区
		国际地区的多次跨境生产网络	本省份
			其他省份
			国际地区
	国际地区	我国省份的多次跨境生产网络	本省份
			其他省份
			国际地区
		国际地区的多次跨境生产网络	本省份
			其他省份
			国际地区

　　图 8 – 1 详细展示了各省份跨境生产贸易隐含碳排放的构成。从两大类别来看，除福建和湖北外，各省份隐含于多次跨境生产贸易的碳排放普遍高于隐含于单次跨境生产贸易的碳排放。各省份多次跨境生产贸易隐含碳排放平均占跨境生产贸易隐含碳排放量的 61.28%，高出单次跨境生产贸易隐含碳排放 23 个百分点。可见，在跨境生产贸易隐含碳排放中，多次跨境生产贸易对我国大多数省份碳排放的拉动作用较的单次跨境贸易更胜一筹，也从一个侧面反映了我国各省份参与多次跨境生产贸易的程度更高。

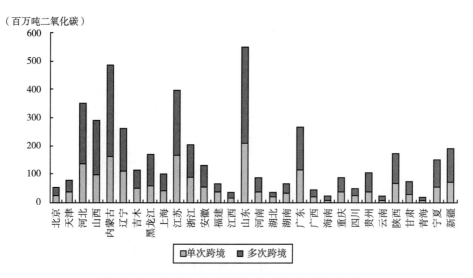

图 8 – 1　跨境生产贸易隐含碳排放路径分解

（二）单次跨境生产贸易隐含碳排放路径分解

将单次跨境生产贸易隐含碳排放分解到其他省份和国际地区发现，我国各省份单次跨境生产贸易隐含碳排放流动的主要路径为其他省份所引领的单次跨境生产贸易，即主要内含于流向我国其他省份的中间品，进而参与流入地的纯当地生产，并最终流向当地最终需求。各省份这部分碳排放平均占其跨境生产贸易隐含碳排放的近1/3，且各省份比例相近，占比最高的吉林省流向其他省份的单次跨境生产贸易隐含碳排放占其价值链排放总量的42.24%，占比最低的江苏也达到了25.99%。从绝对量来看，流向其他省份的单次跨境生产贸易隐含碳排放主要来自山东、内蒙古、河北、江苏等省份，这些省份流向其他省份的单次跨境生产贸易隐含碳排放均达到了100百万吨二氧化碳以上。单次跨境生产贸易隐含碳排放的流入省份主要是广东、江苏、河南、河北等，均达到了100百万吨二氧化碳以上。

本章进一步在部门层面提取了单次跨境生产贸易隐含碳排放的主要流动路径，观察了单次跨境生产贸易隐含碳排放流出量排前5位的省份与各自前5个主要流向省份的主要流动路径（排名前5位的碳流动路径）。为节省篇幅，仅在本章中展示上述两省份之间最主要的碳流动路径，如表8-6所示。从中不难发现，各省份单次跨境生产贸易隐含碳排放的主要流出部门是"电热、燃气、水的生产和供应"和"金属冶炼和压延加工品、金属制品"两个高碳排放部门，"非金属矿物制品""采矿业""石油、炼焦产品和核燃料加工品"也占有一定比例。大多数省份的单次跨境生产贸易隐含碳流出部门是电热生产部门，河北较为特殊，占比最大的流出部门是金属冶炼，这与各省份的产业结构密切相关。单次跨境生产贸易隐含碳排放最主要的流入部门则为建筑业，建筑业的生产过程中消耗了大量的电力、钢铁和水泥，是高碳排放产品最大的消耗需求部门。除建筑业以外，交通运输设备、设备和仪器的制造以及其他服务业也吸收了大量的单次跨境生产贸易隐含碳排放。

表8-6　　　　　　省际单次跨境生产贸易隐含碳排放的主要路径

序号	碳流动路径
1	山东的"电热、燃气、水的生产和供应"部门—江苏的"建筑"部门
2	山东的"电热、燃气、水的生产和供应"部门—河南的"建筑"部门
3	山东的"电热、燃气、水的生产和供应"部门—广东的"建筑"部门
4	山东的"电热、燃气、水的生产和供应"部门—河北的"建筑"部门
5	山东的"电热、燃气、水的生产和供应"部门—浙江的"建筑"部门
6	内蒙古的"电热、燃气、水的生产和供应"部门—广东的"建筑"部门
7	内蒙古的"电热、燃气、水的生产和供应"部门—河南的"建筑"部门
8	内蒙古的"电热、燃气、水的生产和供应"部门—湖南的"建筑"部门
9	内蒙古的"电热、燃气、水的生产和供应"部门—河北的"建筑"部门
10	内蒙古的"电热、燃气、水的生产和供应"部门—江苏的"建筑"部门

序号	碳流动路径
11	河北的"金属冶炼和压延加工品、金属制品"部门—北京的"建筑"部门
12	河北的"金属冶炼和压延加工品、金属制品"部门—陕西的"建筑"部门
13	河北的"电热、燃气、水的生产和供应"部门—江苏的"建筑"部门
14	河北的"电热、燃气、水的生产和供应"部门—广东的"建筑"部门
15	河北的"金属冶炼和压延加工品、金属制品"部门—浙江的"建筑"部门
16	江苏的"电热、燃气、水的生产和供应"部门—河南的"建筑"部门
17	江苏的"电热、燃气、水的生产和供应"部门—广东的"建筑"部门
18	江苏的"电热、燃气、水的生产和供应"部门—安徽的"建筑"部门
19	江苏的"电热、燃气、水的生产和供应"部门—浙江的"建筑"部门
20	江苏的"电热、燃气、水的生产和供应"部门—湖南的"建筑"部门
21	山西的"电热、燃气、水的生产和供应"部门—河北的"建筑"部门
22	山西的"电热、燃气、水的生产和供应"部门—江苏的"建筑"部门
23	山西的"电热、燃气、水的生产和供应"部门—湖南的"建筑"部门
24	山西的"电热、燃气、水的生产和供应"部门—河南的"建筑"部门
25	山西的"电热、燃气、水的生产和供应"部门—江西的"建筑"部门

　　各省份与国际地区相关的单次跨境生产贸易隐含碳排放平均仅占其隐含于跨境生产贸易的碳排放量的 7.71%。分省份来看，这一比例最高的湖北也仅达到 23.18%，最低的黑龙江和宁夏甚至不足 1%。与流向其他省份的单次跨境生产贸易隐含碳排放相比，流向国际地区的单次跨境生产贸易隐含碳排放的地区集中性更强：综合比例和绝对量来看，东部沿海的江苏、山东、浙江、广东、河北以及东北的辽宁等省份通过简单价值链流向国际地区的碳排放量较高，这显然与这些省份出口量较大的事实相关。吸收我国单次跨境生产贸易隐含碳排放流动的国际地区则主要是美国、欧盟、东盟、日本、韩国以及世界其他地区[①]。

　　进一步在部门层面提取单次跨境生产贸易隐含碳排放路径主要路径，如表 8-7 所示。类似地，表中展示了碳排放流出量显著较大的省份（前 6 位）与其主要单次跨境生产贸易伙伴（前 5 位）的最主要的碳排放流动路径。从主要路径分析不难看出，各省份流向国际地区的单次跨境生产贸易隐含碳排放的主要来源部门依然是"电热、燃气、水的生产和供应"和"金属冶炼和压延加工品、金属制品"两大部门。不同于流向其他省份的单次跨境生产贸易隐含碳排放的是，"交通运输、仓储和邮政"部门在流向国际地区的单次跨境生产贸易隐含碳排放中具有相当大的分量，可见国际贸易所引起的交通运输碳排放值得关注。不出意料地，吸收各省份国际单次跨境生产贸易隐含碳排放的最大部门也是建筑业，此外，其他服务业、批发零售和住宿餐饮以及设备和仪器生产等部门所吸收的碳排放也较为显著。

---

　　① 本章所采用的内嵌中国省份的国际投入产出表中，"世界其他地区"所包含的国家和地区较多，故该地区在分析结果中较为突出。

表 8 - 7　　　　　　　国际单次跨境生产贸易隐含碳排放的主要路径

序号	碳流动路径
1	江苏的"电热、燃气、水的生产和供应"部门—世界其他地区的"建筑"部门
2	江苏的"电热、燃气、水的生产和供应"部门—美国的"其他服务业"部门
3	江苏的"电热、燃气、水的生产和供应"部门—东盟（未含缅甸）的"建筑"部门
4	江苏的"电热、燃气、水的生产和供应"部门—欧盟（不包括德国）的"其他服务业"部门
5	江苏的"电热、燃气、水的生产和供应"部门—日本的"建筑"部门
6	广东的"交通运输、仓储和邮政"部门—世界其他地区的"其他服务业"部门
7	广东的"交通运输、仓储和邮政"部门—美国的"其他服务业"部门
8	广东的"电热、燃气、水的生产和供应"部门—东盟（未含缅甸）的"建筑"部门
9	广东的"交通运输、仓储和邮政"部门—欧盟（不包括德国）的"其他服务业"部门
10	广东的"电热、燃气、水的生产和供应"部门—中国香港的"其他服务业"部门
11	山东的"电热、燃气、水的生产和供应"部门—世界其他地区的"建筑"部门
12	山东的"电热、燃气、水的生产和供应"部门—美国的"其他服务业"部门
13	山东的"电热、燃气、水的生产和供应"部门—韩国的"建筑"部门
14	山东的"电热、燃气、水的生产和供应"部门—东盟（未含缅甸）的"建筑"部门
15	山东的"电热、燃气、水的生产和供应"部门—欧盟（不包括德国）的"其他服务业"部门
16	辽宁的"电热、燃气、水的生产和供应"部门—世界其他地区的"建筑"部门
17	辽宁的"金属冶炼和压延加工品、金属制品"部门—东盟（未含缅甸）的"建筑"部门
18	辽宁的"金属冶炼和压延加工品、金属制品"部门—日本的"建筑"部门
19	辽宁的"金属冶炼和压延加工品、金属制品"部门—韩国的"建筑"部门
20	辽宁的"电热、燃气、水的生产和供应"部门—美国的"其他服务业"部门
21	河北的"金属冶炼和压延加工品、金属制品"部门—世界其他地区的"建筑"部门
22	河北的"金属冶炼和压延加工品、金属制品"部门—东盟（未含缅甸）的"建筑"部门
23	河北的"金属冶炼和压延加工品、金属制品"部门—美国的"其他服务业"部门
24	河北的"金属冶炼和压延加工品、金属制品"部门—韩国的"建筑"部门
25	河北的"金属冶炼和压延加工品、金属制品"部门—欧盟（不包括德国）的"建筑"部门
26	浙江的"电热、燃气、水的生产和供应"部门—世界其他地区的"建筑"部门
27	浙江的"电热、燃气、水的生产和供应"部门—美国的"其他服务业"部门
28	浙江的"电热、燃气、水的生产和供应"部门—欧盟（不包括德国）的"其他服务业"部门
29	浙江的"电热、燃气、水的生产和供应"部门—东盟（未含缅甸）的"建筑"部门
30	浙江的"电热、燃气、水的生产和供应"部门—印度的"交通运输、仓储和邮政"部门

（三）多次跨境生产贸易隐含碳排放路径分解

将沿复杂价值链流动的碳排放分解为 12 条不同的路径发现，复杂跨境生产贸易隐含碳排放主要流动路径是"其他省份中间产品—国内省份引领的多次跨境生产网络—其他省份"

（以下简称"省份—省份—省份"）、"其他省份中间产品—国内省份引领的多次跨境生产网络—其他国家"（以下简称"省份—省份—国际"）、"其他省份中间产品—国际地区引领的多次跨境生产网络—国际地区"（以下简称"省份—国际—国际"）以及"国际地区中间产品—国际地区引领的多次跨境生产网络—国际地区"（以下简称"国际—国际—国际"）四类，分别占价值链碳流动总量的 35.31%、10.82%、8.82% 和 3.84%。从中可以看出，流向我国省份引导的多次跨境生产网络的碳排放多流向了国内省份，而流向国际地区所引导的多次跨境生产网络的碳排放则多流向了国际地区，这从侧面反映了生产网络多靠近最终消费市场。此外，我们也发现，一旦在环节一（见表 8-5）中某省的中间产品所含碳排放流向了国际地区，则进而回流至我国省份所引领的多次跨境生产网络的比例很小，一定程度上反映出我国省份在全球价值链中的位置偏中低端。

1. "省份—省份—省份"路径分解

将上述 4 条主要碳流动路径进一步展开，以考察各路径的核心碳流动渠道。各省份"其他省份中间产品—国内省份引领的多次跨境生产网络—其他省份"这一路径碳排放流动的占比普遍较高，其中以山西、内蒙古、黑龙江、甘肃、新疆、贵州等省份最为突出，均达到了 40% 以上。从绝对值看，该路径碳流动量最大的省份是内蒙古、山东、河北、山西、江苏等，排放量均达到了 100 百万吨二氧化碳以上。在部门层面追溯该路径的详细碳流动渠道，可以提取主要碳流动路径。具体地，通过"省份—省份—省份"这一路径追踪的碳流出量排名前 5 的省份的前五大主要碳流出部门，与各自排名前 5 位的主要碳流动最终去向省份之间，所有产品流通渠道中碳流动量最大的前 10 个路径，共计 1250 条多次跨境生产贸易隐含碳排放路径。囿于篇幅，仅在文中展示其中最主要的 25 条路径（见表 8-8）。从中可以发现，我国各省份在"省份—省份—省份"这一跨境生产链条上的碳流动主要来源部门依然是"电热、燃气、水的生产和供应"和"金属冶炼和压延加工品、金属制品"，此外，"石油、炼焦产品和核燃料加工品""采矿业"也占有较大份额。"交通运输、仓储和邮政"部门也是"省份—省份—省份"这一链条的主要碳排放来源部门。可见，多次跨境生产经过多次跨省份、跨境贸易，对交通运输的使用量更多，是多次跨境生产对各省份碳排放的一大影响。"省份—省份—省份"多次跨境生产贸易隐含碳排放的最终去向部门仍是建筑、其他服务以及交通运输设备、设备和仪器等。观察分环节的碳流动路径发现：

表 8-8　　多次跨境生产贸易隐含碳排放的主要路径（省份—省份—省份）

序号	碳流动路径
1	内蒙古的"电气水"部门—重庆的中间品—重庆的"建筑"部门的多次跨境生产网络—江苏
2	内蒙古的"电气水"部门—陕西的中间品—广东的"建筑"部门的多次跨境生产网络—广东
3	内蒙古的"电气水"部门—重庆的中间品—重庆的"建筑"部门的多次跨境生产网络—河南
4	内蒙古的"电气水"部门—重庆的中间品—重庆的"建筑"部门的多次跨境生产网络—浙江
5	内蒙古的"电气水"部门—重庆的中间品—重庆的"建筑"部门的多次跨境生产网络—河北
6	山东的"电气水"部门—广东的中间品—江苏的"建筑"部门的多次跨境生产网络—江苏
7	山东的"电气水"部门—陕西的中间品—广东的"建筑"部门的多次跨境生产网络—广东
8	山东的"电气水"部门—重庆的中间品—重庆的"建筑"部门的多次跨境生产网络—河南

续表

序号	碳流动路径
9	山东的"电气水"部门—江苏的中间品—江苏的"设备和仪器"部门的多次跨境生产网络—浙江
10	山东的"电气水"部门—重庆的中间品—重庆的"建筑"部门的多次跨境生产网络—河北
11	河北的"金属冶炼和制品"部门—重庆的中间品—重庆的"建筑"部门的多次跨境生产网络—江苏
12	河北的"金属冶炼和制品"部门—重庆的中间品—重庆的"建筑"部门的多次跨境生产网络—河南
13	河北的"金属冶炼和制品"部门—重庆的中间品—重庆的"建筑"部门的多次跨境生产网络—浙江
14	河北的"金属冶炼和制品"部门—重庆的中间品—重庆的"交通运输设备"部门的多次跨境生产网络—广东
15	河北的"金属冶炼和制品"部门—重庆的中间品—重庆的"建筑"部门的多次跨境生产网络—上海
16	山西的"电气水"部门—陕西的中间品—广东的"建筑"部门的多次跨境生产网络—广东
17	山西的"电气水"部门—河北的中间品—江苏的"建筑"部门的多次跨境生产网络—江苏
18	山西的"电气水"部门—陕西的中间品—河南的"建筑"部门的多次跨境生产网络—河南
19	山西的"电气水"部门—河北的中间品—浙江的"建筑"部门的多次跨境生产网络—浙江
20	山西的"电气水"部门—陕西的中间品—河北的"建筑"部门的多次跨境生产网络—河北
21	江苏的"电气水"部门—浙江的中间品—浙江的"纺织品"部门的多次跨境生产网络—广东
22	江苏的"电气水"部门—广东的中间品—河南的"建筑"部门的多次跨境生产网络—河南
23	江苏的"电气水"部门—广东的中间品—浙江的"建筑"部门的多次跨境生产网络—浙江
24	江苏的"电气水"部门—上海的中间品—上海的"建筑"部门的多次跨境生产网络—重庆
25	江苏的"电气水"部门—广东的中间品—河北的"建筑"部门的多次跨境生产网络—河北

注:"电热、燃气、水的生产和供应"简称"电气水";"金属冶炼和压延加工品、金属制品"简称"金属冶炼和制品"。

第一,2017年,重庆是建筑服务省外输出大省份,在多条省际多次跨境生产贸易隐含碳排放中扮演引领作用。与其他大多数省份不同,重庆输出的建筑服务所用到的中间产品多由自身生产,也就是说,重庆的建筑服务所拉动的上游产能多位于其本省份,而这些中间品的生产又消耗了内蒙古、山东、河北等碳流出大省份的电力或钢铁,从而形成了其所引领的多次跨境生产贸易隐含碳排放。重庆以外的其他大多数省份的建筑业,无论其建筑服务是否输出到其他省份,均用到了较多来自其他省份的中间品,如江苏和广东的建筑业就消耗了来自陕西及河北等省份的中间品。

第二,由于服务业的跨区域贸易性较低,几乎所有经由"其他服务业"所引领的多次跨境生产贸易隐含碳排放,最终均流向了当地。而"设备和仪器"则出现了较多的跨省份流动,例如,经由江苏的"设备和仪器"所引领的复杂价值链的碳流动,最终除流向江苏之外,还流向了广东、浙江、河南等省份。

第三,江苏、陕西、广东、上海、重庆等省份是"含碳量"较高的中间品的供应者,但这些中间品中所含的碳排放却主要来自内蒙古、山东、河北等省份。这在一定程度上反映了这两类省份在跨境生产链条中的分工不同,江苏、陕西、广东、上海、重庆等省份更靠近产业链中下游和价值链中高端,而内蒙古、山东、河北等省份则多处于产业链上游、价值链中低端。

2. "省份—省份—国际"路径分解

如前面所述，各省份隐含于多次跨境生产贸易的碳排放中，第二大碳流动路径是"其他省份中间产品—国内省份引领的多次跨境生产网络—其他国家"。从流出省份来看，内蒙古、浙江、安徽、山东等省份隐含于"省份—省份—国际"这一多次跨境生产链条的碳排放占各自跨境生产贸易隐含碳排放的比例较高，高于所有省份的平均值。从绝对量来看，沿"省份—省份—国际"这一路径碳排放流量最为突出的省份是山东和内蒙古，达到了 60 百万吨二氧化碳以上，接近北京市 2017 年的总碳排放量。其次是江苏、河北等省份，达到了 30 百万吨二氧化碳以上。最终吸收这部分碳排放的国际地区主要是世界其他地区、东盟（未含缅甸）、美国、欧盟（不包括德国）以及日本等。

基于与"省份—省份—省份"路径同样的方法，我们在部门层面提取了该路径碳排放流动的主要渠道共 1250 条，并在文中展示最主要的 25 条路径，如表 8 - 9 所示。观察表 8 - 9 所示路径可以发现，主要流出部门仍然是几大高碳排放部门，不再赘述。从具体路径来看，由于最终产品的流动跨越了国境，因而建筑业和其他服务业不再是吸收这部分碳排放流动的主要部门。"设备和仪器"成为最主要的碳流动吸收部门，此外，"交通运输设备"和"纺织业"等也具有一定地位。从中间环节来看，向国际地区直接出口最终产品并间接出口其他省份碳排放的主要省份是广东、江苏、上海、陕西、浙江、河南及重庆等，其所引领的复杂生产网络中用到的中间品也多来源于自身生产。

表 8 - 9　　多次跨境生产贸易隐含碳排放的主要路径（省份—省份—国际）

序号	碳排流动路径
1	山东的"电气水"部门—广东的中间品—广东的"设备和仪器"部门的多次跨境生产网络—世界其他地区
2	山东的"电气水"部门—广东的中间品—广东的"电气水"部门的多次跨境生产网络—东盟（未含缅甸）
3	山东的"电气水"部门—江苏的中间品—江苏的"设备和仪器"部门的多次跨境生产网络—美国
4	山东的"电气水"部门—江苏的中间品—江苏的"设备和仪器"部门的多次跨境生产网络—欧盟（不包括德国）
5	山东的"电气水"部门—江苏的中间品—江苏的"设备和仪器"部门的多次跨境生产网络—日本
6	内蒙古的"电气水"部门—广东的中间品—广东的"电气水"部门的多次跨境生产网络—东盟（未含缅甸）
7	内蒙古的"电气水"部门—广东的中间品—广东的"设备和仪器"部门的多次跨境生产网络—世界其他地区
8	内蒙古的"电气水"部门—广东的中间品—广东的"设备和仪器"部门的多次跨境生产网络—美国
9	内蒙古的"电气水"部门—广东的中间品—广东的"设备和仪器"部门的多次跨境生产网络—欧盟（不包括德国）
10	内蒙古的"电气水"部门—河南的中间品—河南的"设备和仪器"部门的多次跨境生产网络—日本
11	江苏的"电气水"部门—浙江的中间品—浙江的"设备和仪器"部门的多次跨境生产网络—世界其他地区
12	江苏的"电气水"部门—广东的中间品—广东的"电气水"部门的多次跨境生产网络—东盟（未含缅甸）

续表

序号	碳排流动路径
13	江苏的"电气水"部门—上海的中间品—上海的"设备和仪器"部门的多次跨境生产网络—美国
14	江苏的"电气水"部门—上海的中间品—上海的"设备和仪器"部门的多次跨境生产网络—欧盟(不包括德国)
15	江苏的"电气水"部门—上海的中间品—上海的"设备和仪器"部门的多次跨境生产网络—日本
16	河北的"金属冶炼和制品"部门—广东的中间品—广东的"设备和仪器"部门的多次跨境生产网络—世界其他地区
17	河北的"金属冶炼和制品"部门—广东的中间品—广东的"设备和仪器"部门的多次跨境生产网络—美国
18	河北的"金属冶炼和制品"部门—陕西的中间品—陕西的"交通运输设备"部门的多次跨境生产网络—东盟(未含缅甸)
19	河北的"金属冶炼和制品"部门—广东的中间品—广东的"设备和仪器"部门的多次跨境生产网络—欧盟(不包括德国)
20	河北的"金属冶炼和制品"部门—广东的中间品—广东的"设备和仪器"部门的多次跨境生产网络—日本
21	辽宁的"电气水"部门—广东的中间品—广东的"设备和仪器"部门的多次跨境生产网络—世界其他地区
22	辽宁的"电气水"部门—河南的中间品—河南的"金属冶炼和制品"部门的多次跨境生产网络—东盟(未含缅甸)
23	辽宁的"电气水"部门—江苏的中间品—江苏的"设备和仪器"部门的多次跨境生产网络—美国
24	辽宁的"电气水"部门—江苏的中间品—江苏的"设备和仪器"部门的多次跨境生产网络—欧盟(不包括德国)
25	辽宁的"电气水"部门—江苏的中间品—江苏的"设备和仪器"部门的多次跨境生产网络—日本

注："电热、燃气、水的生产和供应"简称"电气水";"金属冶炼和压延加工品、金属制品"简称"金属冶炼和制品"。

这些信息体现了我国各省份在跨境生产网络分工中的不同:山东、内蒙古、江苏、河北、辽宁等省份的碳排放内含于电力、钢铁等高碳排放产品,经由广东、江苏、上海、陕西、浙江、河南及重庆等省份所引领的复杂生产网络,以"设备和仪器""交通运输设备""纺织品"等产品形式,流向美国、欧盟、东盟、日本等国际地区,供其最终使用。除江苏省既直接产生了较多碳排放又间接向国际地区传送了较多碳排放外,其他省份在产业链、价值链中的角色显示出明显差异:山东、内蒙古、河北、辽宁等碳排放大省份位于产业链上游,提供基础的高碳排放产品,广东、上海、陕西、浙江、河南及重庆等省份则位于产业链中下游,提供技术含量相对较高的低碳排放产品。显然,不同的产业分工将对各省份碳排放产生不同的影响。

3. "省份—国际—国际"路径分解

"其他省份中间产品—国际地区引领的多次跨境生产网络—国际地区"是我国省份隐含于多次跨境生产贸易的第三大碳流动路径。从该路径占各省份跨境生产贸易隐含碳排放总量的比例来看,较为突出的是河北、山西、安徽、重庆、贵州等省份,均达到了10%以上。从绝对量来看,沿"省份—国际—国际"这一路径碳排放流量最大的省份是山东、内蒙古、河北、江苏、山西等,均达到了30百万吨二氧化碳以上。与"省份—省份—国际"类似地，沿"省份—国际—国际"这一路径碳排放流出的最终吸收国也主要是世界其他地区、美国、欧盟（不包括德国）、东盟（未含缅甸）、日本等。

从部门层面的具体路径来看（见表 8 – 10），各省份沿"省份—国际—国际"这一路径的碳排放仍然主要来自电热生产、钢铁冶炼、石油炼焦、化工、交通运输等高碳排放部门。与"省份—省份—国际"不同的是，由于从复杂生产网络到最终产品两个环节均发生在国际地区，因而建筑业再次成为最主要的碳排放吸收部门，其次是"其他服务业""交通运输设备""设备和仪器"等部门。观察主要路径可以发现，各省份的碳排放主要经由广东、江苏、浙江、上海、北京等沿海省份的中间品参与美国、欧盟、东盟、日本等国际地区的多次跨境复杂生产网络，进而流向国际地区的最终需求。同时也发现，这部分碳排放经由国内省份的中间产品流向国际地区的生产网络之后，几乎未再次发生跨境，即多留在相应地区当地，供当地最终需求所用。

表 8 – 10 多次跨境生产贸易隐含碳排放的主要路径（省份—国际—国际）

序号	碳流动路径
1	山东的"电气水"部门—广东的中间品—世界其他地区的"建筑"部门的多次跨境生产网络—世界其他地区
2	山东的"电气水"部门—江苏的中间品—美国的"其他服务业"部门的多次跨境生产网络—美国
3	山东的"电气水"部门—广东的中间品—欧盟（不包括德国）的"其他服务业"部门的多次跨境生产网络—欧盟（不包括德国）
4	山东的"电气水"部门—广东的中间品—东盟（未含缅甸）的"建筑"部门的多次跨境生产网络—东盟（未含缅甸）
5	山东的"电气水"部门—江苏的中间品—日本的"其他服务业"部门的多次跨境生产网络—日本
6	内蒙古的"电气水"部门—广东的中间品—世界其他地区的"建筑"部门的多次跨境生产网络—世界其他地区
7	内蒙古的"电气水"部门—广东的中间品—美国的"其他服务业"部门的多次跨境生产网络—美国
8	内蒙古的"电气水"部门—广东的中间品—欧盟（不包括德国）的"其他服务业"部门的多次跨境生产网络—欧盟（不包括德国）
9	内蒙古的"电气水"部门—广东的中间品—东盟（未含缅甸）的"建筑"部门的多次跨境生产网络—东盟（未含缅甸）
10	内蒙古的"电气水"部门—广东的中间品—日本的"建筑"部门的多次跨境生产网络—日本
11	河北的"金属冶炼和制品"部门—浙江的中间品—世界其他地区的"建筑"部门的多次跨境生产网络—世界其他地区
12	河北的"金属冶炼和制品"部门—浙江的中间品—美国的"其他服务业"部门的多次跨境生产网络—美国
13	河北的"金属冶炼和制品"部门—浙江的中间品—欧盟（不包括德国）的"其他服务业"部门的多次跨境生产网络—欧盟（不包括德国）
14	河北的"金属冶炼和制品"部门—广东的中间品—东盟（未含缅甸）的"建筑"部门的多次跨境生产网络—东盟（未含缅甸）
15	河北的"金属冶炼和制品"部门—广东的中间品—日本的"建筑"部门的多次跨境生产网络—日本

续表

序号	碳流动路径
16	江苏的"电气水"部门—广东的中间品—世界其他地区的"建筑"部门的多次跨境生产网络—世界其他地区
17	江苏的"电气水"部门—浙江的中间品—美国的"其他服务业"部门的多次跨境生产网络—美国
18	江苏的"电气水"部门—浙江的中间品—欧盟（不包括德国）的"其他服务业"部门的多次跨境生产网络—欧盟（不包括德国）
19	江苏的"电气水"部门—广东的中间品—东盟（未含缅甸）的"建筑"部门的多次跨境生产网络—东盟（未含缅甸）
20	江苏的"电气水"部门—广东的中间品—日本的"建筑"部门的多次跨境生产网络—日本
21	山西的"电气水"部门—河北的中间品—世界其他地区的"建筑"部门的多次跨境生产网络—世界其他地区
22	山西的"电气水"部门—河北的中间品—美国的"其他服务业"部门的多次跨境生产网络—美国
23	山西的"电气水"部门—河北的中间品—欧盟（不包括德国）的"其他服务业"部门的多次跨境生产网络—欧盟（不包括德国）
24	山西的"电气水"部门—河北的中间品—东盟（未含缅甸）的"建筑"部门的多次跨境生产网络—东盟（未含缅甸）
25	山西的"电气水"部门—河北的中间品—日本的"建筑"部门的多次跨境生产网络—日本
26	辽宁的"电气水"部门—江苏的中间品—江苏的"设备和仪器"部门的多次跨境生产网络—日本

注："电热、燃气、水的生产和供应"简称"电气水"；"金属冶炼和压延加工品、金属制品"简称"金属冶炼和制品"。

从"省份—省份—国际"和"省份—国际—国际"两类路径的分解可以看出，无论是通过中间品还是最终品出口碳排放，广东、江苏、浙江、上海等经济较发达省份均位于产业链中下游，其产品作为碳排放的载体，将内蒙古、山东、山西、河北等排放大省的碳排放出口到国际地区。这两类省份参与全球价值链分工的方式显然不同，资源和能源的提供省份多通过经济较发达省份间接参与全球价值链，前者因此排放了较高的碳排放，后者则获得了更多的增加值。这两类省份的发展方式如何协调，尤其是前者的低碳发展之路如何规划，是值得深入探讨的问题。

4. "国际—国际—国际"路径分解

"国际地区中间产品—国际地区引领的多次跨境生产网络—国际地区"是我国各省份多次跨境生产贸易隐含碳排放的第四大路径。湖北省沿"国际—国际—国际"这一路径流出的碳排放占其跨境生产贸易隐含碳排放量的比例最高，达到 12.77%，其次是江西、江苏、福建、天津等省份，约在 8%。从绝对量来看，沿"国际—国际—国际"路径出口碳排放最多的省份是江苏，达到约 32.65 百万吨二氧化碳，显著高于排放量次之的山东、辽宁、广东、河北等省份。不难发现，沿这一路径的主要碳流出省份有所不同，广东这一非典型意义上的碳排放大省也位于主要碳排放流出省份之列，而河北、山西、内蒙古等典型的碳排放大省并未出现在前列。这显然与跨境生产路径有关，以各省份为起点的"国际—国际—国际"这一路径中，提供最初中间品的省份主要是我国出口量较大的省份。吸收这些碳排放的国际地区也略有不同，主要是世界其他地区、美国、欧盟（不包括德国）、德国、东盟和日本。可见，由于国际地区参与生产的比例的提高，"国际—国际—国际"这一路径更多地体现了国际地区之间的产品流动网络，从而德国也成为这部分碳排放的主要吸收国。

进一步观察具体的碳排放流动路径（见表 8 - 11）发现，除了典型的"电热、燃气、水的生产和供应""金属冶炼和压延加工品、金属制品""化学产品""采矿业""交通运输、仓储和邮政"等高碳排放部门外，山东、广东和浙江等省份的"批发零售和住宿餐饮"以及江苏的"设备和仪器"也成为较为主要的碳排放流出部门。这说明，虽然这类部门的碳排放量不高，但由于其接入国际价值链分工的程度更高，从而经由"国际—国际—国际"这条路径出口了一定量的碳排放。由于生产链条多次跨境、生产环节更为复杂，这部分碳排放的主要吸收部门则主要是"设备和仪器""其他服务业""交通运输设备"等，"建筑业"仍有出现，但频次较低。

表 8 - 11　　　多次跨境生产贸易隐含碳排放的主要路径（国际—国际—国际）

序号	碳流动路径
1	江苏的"电气水"部门—欧盟（不包括德国）的中间品—欧盟（不包括德国）的"设备和仪器"部门的多次跨境生产网络—世界其他地区
2	江苏的"电气水"部门—墨西哥的中间品—墨西哥的"设备和仪器"部门的多次跨境生产网络—美国
3	江苏的"电气水"部门—世界其他地区的中间品—欧盟（不包括德国）的"其他服务业"部门的多次跨境生产网络—欧盟（不包括德国）
4	江苏的"电气水"部门—欧盟（不包括德国）的中间品—欧盟（不包括德国）的"设备和仪器"部门的多次跨境生产网络—德国
5	江苏的"电气水"部门—世界其他地区的中间品—世界其他地区的"设备和仪器"部门的多次跨境生产网络—东盟（未含缅甸）
6	山东的"电气水"部门—韩国的中间品—韩国的"交通运输设备"部门的多次跨境生产网络—世界其他地区
7	山东的"电气水"部门—世界其他地区的中间品—美国的"其他服务业"部门的多次跨境生产网络—美国
8	山东的"电气水"部门—世界其他地区的中间品—欧盟（不包括德国）的"其他服务业"部门的多次跨境生产网络—欧盟（不包括德国）
9	山东的"电气水"部门—世界其他地区的中间品—东盟（未含缅甸）的"其他服务业"部门的多次跨境生产网络—东盟（未含缅甸）
10	山东的"电气水"部门—世界其他地区的中间品—日本的"其他服务业"部门的多次跨境生产网络—日本
11	辽宁的"金属冶炼与制品"部门—韩国的中间品—韩国的"交通运输设备"部门的多次跨境生产网络—世界其他地区
12	辽宁的"金属冶炼与制品"部门—日本的中间品—日本的"交通运输设备"部门的多次跨境生产网络—美国
13	辽宁的"电气水"部门—世界其他地区的中间品—欧盟（不包括德国）的"其他服务业"部门的多次跨境生产网络—欧盟（不包括德国）

续表

序号	碳流动路径
14	辽宁的"金属冶炼与制品"部门—韩国的中间品—东盟（未含缅甸）的"建筑"部门的多次跨境生产网络—东盟（未含缅甸）
15	辽宁的"金属冶炼与制品"部门—东盟（未含缅甸）的中间品—日本的"建筑"部门的多次跨境生产网络—日本
16	广东的"电气水"部门—中国香港的中间品—中国香港的"批发零售和住宿餐饮"部门的多次跨境生产网络—世界其他地区
17	广东的"电气水"部门—墨西哥的中间品—墨西哥的"设备和仪器"部门的多次跨境生产网络—美国
18	广东的"交通运输、仓储和邮政"部门—世界其他地区的中间品—欧盟（不包括德国）的"其他服务业"部门的多次跨境生产网络—欧盟（不包括德国）
19	广东的"交通运输、仓储和邮政"部门—世界其他地区的中间品—东盟（未含缅甸）的"其他服务业"部门的多次跨境生产网络—东盟（未含缅甸）
20	广东的"交通运输、仓储和邮政"部门—世界其他地区的中间品—德国的"其他服务业"部门的多次跨境生产网络—德国
21	浙江的"电气水"部门—欧盟（不包括德国）的中间品—欧盟（不包括德国）的"设备和仪器"部门的多次跨境生产网络—世界其他地区
22	浙江的"电气水"部门—世界其他地区的中间品—世界其他地区的"纺织品"部门的多次跨境生产网络—美国
23	浙江的"电气水"部门—世界其他地区的中间品—欧盟（不包括德国）的"其他服务业"部门的多次跨境生产网络—欧盟（不包括德国）
24	浙江的"电气水"部门—世界其他地区的中间品—世界其他地区的"纺织品"部门的多次跨境生产网络—德国
25	浙江的"电气水"部门—世界其他地区的中间品—东盟（未含缅甸）的"其他服务业"部门的多次跨境生产网络—东盟（未含缅甸）

注："电热、燃气、水的生产和供应"简称"电气水"；"金属冶炼和压延加工品、金属制品"简称"金属冶炼和制品"。

观察主要碳流动路径的中间环节可以发现，虽然世界其他地区是各省份"国际—国际—国际"碳排放的主要最终吸收地区，但其引导的多次跨境生产网络却较少出现在主要碳排放路径之列，而是较多地出现在第二环节（见表8-5），即承接中国省份的中间品生产。也就是说，世界其他地区虽然有较高的最终需求，其生产最终产品的能力却较弱，在全球产业链中位于中上游的位置。从表8-11中可以看到，最终流向世界其他地区的碳排放主要借由欧盟、韩国、中国香港等地生产的"设备和仪器""交通运输设备"等最终产品。

欧盟（不包括德国）、墨西哥、东盟（未含缅甸）、韩国、日本、德国以及中国香港和台北地区的中间品是我国各省份"国际—国际—国际"碳排放流动中的主要中间载体；美国的中间品则几乎未出现在主要碳流动路径中。此外还发现，主要碳流动路径显示出全球生产网络具有一定的区域性，最终流向美国的碳排放主要经由墨西哥、韩国、日本等地区的中间品和跨境生产网络；而欧盟国家之间的生产网络则交织较多，欧盟其他国家与德国之间有着高频的贸易往来。

第四节　结论和政策启示

本章借助价值链分解方法研究了 2017 年我国各省份碳排放的结构特征，分析了各省碳排放沿不同贸易路径流动的特征。得出了以下几点主要结论：

第一，东部省份流向其他省份和国际地区的碳排放量占比较高，东北省份和部分西部省份流向其他省份的比例较高，而中部省份和部分西部省份流向本省份的碳排放量占比较高，反映了我国各省份参与国内外生产网络的方式不同。

第二，未贸易碳排放和跨境生产贸易隐含碳排放在我国省份碳排放中占比较高。由于参与价值链分工程度不同，隐含于跨境生产贸易的碳排放在东部、东北省份和西北部省份的碳排放中占主导地位，而在中部省份和大多数西南部省份的碳排放中占比较低。多次跨境生产贸易对我国大多数省份碳排放的拉动作用较单次跨境生产贸易更胜一筹。

第三，不同的价值链分工将对各省碳排放产生不同的影响。山东、内蒙古、河北、辽宁等碳排放大省份位于产业链上游，提供基础的高碳排放产品；而广东、江苏、浙江、上海、陕西、河南及重庆等省份则位于产业链中下游，提供技术含量相对较高的低碳排放产品；但后者的低碳排放产品中隐含了大量来自前者的碳排放，作为碳排放的载体，将前者的碳排放"传递"至其他省份或出口到国际地区。江苏省较为特殊，既是碳排放大省，也是中间品贸易的隐含碳排放大省。

第四，欧盟（不包括德国）、墨西哥、东盟（未含缅甸）、韩国、日本、德国以及中国香港和台北地区的中间品是我国各省份"国际—国际—国际"碳排放流动中的主要中间载体；美国的中间品则几乎未出现在主要碳流动路径中，可见从全球范围来看，美国是位于产业链下游的主要碳排放吸收国。世界其他地区虽然有较高的最终需求，其生产最终产品的能力却较弱，在全球产业链中位于中上游的位置。多次跨境的国际碳流动路径具有一定的区域性。

第五，各省份主要碳排放流出部门多为碳排放较高的典型部门，包括"电热、燃气、水的生产和供应""金属冶炼和压延加工品、金属制品""化学产品""采矿业""交通运输、仓储和邮政"等。碳排放吸收部门则因贸易方式而异，大多数情况下，"建筑业"是最主要的碳排放吸收部门，"其他服务业""设备和仪器""交通运输设备"等部门的碳吸收量也较大。但经由我国省份所引导的多次跨境生产网络最终流向国际地区的碳排放则主要内含于"设备和仪器""交通运输设备"等技术含量较高的产品中。

这些结论对我国碳达峰和碳中和具有以下几点启示：

第一，省份在生产网络中的分工角色不同、产业结构也不同，应采取不同的减排路径。位于产业链中下游的经济较发达省份是经济欠发达省份碳排放的"传递者"，大量外购电力、金属冶炼品等高碳排放产品用于其中间生产。显然，前者的碳排放减排难度较小，可能的主要减排方式以生产工艺改善、终端能源结构调整为主；而后者减排难度更大，可能的主要减排方式以电力结构调整与生产技术改进、产业结构调整与价值链分工方式提升等为主。

第二，我国碳减排可从生产和消费双侧同时发力。在生产侧，大力推进电力结构改善、金属冶炼工艺改善、交通运输方式转变等，对于难以改善或转变的环节，可配合以碳捕集和存储技术。在消费侧，鼓励建筑业实行全产业链碳排放控制；服务业、设备制造等看似低碳的产业，其产业链碳排放却十分可观，同样必要进行全产业链的低碳管理。必要时可引入跨行业碳排放调节机制，即由高碳排放产品消费方购买碳消费配额等，从而对产业链碳排放进行动态管理。

第三，本章的主要结论也启示我们，未来如果欧盟正式加征碳边界调节税，将对我国不同省份产生不同的影响。对于处于产业链上游提供电力、金属冶炼、化工品等加征清单范围内产品的省份，其成本将大幅增加，更加不利于其发展；对间接"传递"碳排放的经济较发达省份反而影响较小。这已经成为一个十分值得关注的问题，有必要对该问题进行系统、深入的探讨。

（本章作者：潘晨）

参考文献：

［1］李善同，齐舒畅，许召元．2002 年中国地区扩展投入产出表：编制与应用［M］. 北京：经济科学出版社，2010.

［2］刘红光，范晓梅．区域间投入产出技术在碳足迹空间分布中的应用［J］. 统计与信息论坛，2014，29（3）：59－64.

［3］庞军，高笑默，石媛昌等．基于 MRIO 模型的中国省级区域碳足迹及碳转移研究［J］. 环境科学学报，2017，37（05）：2012－2020.

［4］孙立成，程发新，李群．区域碳排放空间转移特征及其经济溢出效应［J］. 中国人口：资源与环境，2014，24（8）：17－23.

［5］Chen M，Wu S，Lei Y，et al. Study on embodied CO_2 transfer between the Jing-Jin-Ji region and other regions in China：a quantification using an interregional input-output model［J］. Environmental Science and Pollution Research，2018，25（14）：14068－14082.

［6］Cheng H，Dong S，Li F，et al. Multiregional Input-Output Analysis of Spatial-Temporal Evolution Driving Force for Carbon Emissions Embodied in Interprovincial Trade and Optimization Policies：Case Study of Northeast Industrial District in China［J］. Environmental Science & Technology，2018，52（1）：346－358.

［7］Feng K，Davis S J，Sun L，et al. Outsourcing CO_2 within China［J］. Proc Natl Acad Sci USA，2013，110（28）：11654－11659.

［8］Feng K，Hubacek K，Sun L，et al. Consumption-based CO_2 accounting of China's megacities：The case of Beijing，Tianjin，Shanghai and Chongqing［J］. Ecological Indicators，2014（47）：26－31.

［9］Guo J E，Zhang Z，Meng L. China's provincial CO_2 emissions embodied in international and interprovincial trade［J］. Energy Policy，2012，42（Supplement C）：486－497.

［10］Mi Z，Meng J，Guan D，et al. Chinese CO_2 emission flows have reversed since the global financial crisis［J］. Nature Communications，2017，8（1）：1712.

［11］Pan C，Peters G P，Andrew R M，et al. Structural changes in provincial emission transfers within China［J］. Environmental Science & Technology，2018，52（22）：12958－12967.

［12］Wang Z，Yang Y，Wang B. Carbon footprints and embodied CO_2 transfers among provinces in China [J]. Renewable & Sustainable Energy Reviews, 2018 (82): 1068 – 1078.

[13] Wu S, Wu Y, Lei Y, et al. Chinese provinces' CO_2 emissions embodied in imports and exports [J]. Earth's Future, 2018, 6 (6): 867 – 881.

[14] Xiao H, Meng B, Ye J, et al. Are global value chains trulyglobal? [J]. Econ Systems Res, 2020, 32 (4): 540 – 564.

[15] Zhang B, Chen Z M, Xia X H, et al. The impact of domestic trade on China's regional energy uses: A multi-regional input-output modeling [J]. Energy Policy, 2013, 63 (Complete): 1169 – 1181.

[16] Zhang Y. Interregional carbon emission spillover-feedback effects in China [J]. Energy Policy, 2017 (100): 138 – 148.

[17] Zhong Z, Huang R, Tang Q, et al. China's provincial CO_2 emissions embodied in trade with implications for regional climate policy [J]. Frontiers of Earth Science, 2015, 9 (1): 77 – 90.

[18] Zhou D, Zhou X, Xu Q, et al. Regional embodied carbon emissions and their transfer characteristics in China [J]. Struct Change Econ Dynam, 2018, 46: 180 – 193.

第九章 贸易隐含的虚拟水消耗与经济收益不公平性分析
——以黄河流域为例

黄河流域面临严重的水资源短缺，如何有效缓解黄河流域水资源危机和实现可持续发展是当前社会广泛关注的问题。本章利用 2002 年、2007 年、2012 年、2017 年中国省级多区域投入产出表，首先分析了黄河流域基于生产端和消费端的水消耗和增加值，其次研究了黄河流域贸易隐含的虚拟水与增加值的转移。在此基础上，本章利用区域不平等指数，进一步对黄河流域与其他地区之间贸易隐含的虚拟水消耗与经济收益的不公平性进行分析，并从部门及区域贸易两个视角提出既缓解黄河流域水资源危机，又实现黄河流域经济可持续发展的策略。

第一节 研究基础

黄河流域总面积 79.5 万平方公里，流经青海、四川、甘肃、宁夏、内蒙古、陕西、山西、河南、山东九省（区）（黄河水利委员会，2020）。改革开放 40 多年来，工业化、城市化的快速推进使得黄河流域内各行业的用水需求显著增加（金凤君，2019），尤其是依赖自然资源的行业，例如以煤炭发电为主的电力行业（Zhang et al，2017）和农业。但是，气候变化、人类活动又使黄河流域水资源量逐渐减少（Wang et al，2006；Wang et al，2017；Omer et al，2020；Chen et al，2020）。2004～2019 年，黄河流域人均水资源量占全国的比重由 40.2% 下降至 37.9%。黄河流域水资源短缺日益严重（Xu et al，2005；Zhang et al，2009；Ringler et al，2010；Liu and Yang，2012；Cai et al，2017），对生态环境和社会的可持续发展产生不利影响（Zhang et al，2011）。在这一背景下，我国于 2012 年、2013 年相继颁布了《关于实行最严格水资源管理制度的意见》及《实行最严格水资源管理制度考核办法》，针对各个区域明确提出了水资源总量控制红线。但是，它们仅仅从生产角度管理水资源，忽视了区域外的用水者。实际上，黄河流域通过省际贸易向其他地区出口了大量水密集型的产品（Feng et al，2012）。这些产品大多位于产业链的上游，含有的增加值较低，黄河流域面临严重的贸易隐含虚拟水消耗与经济收益的不公平。因此，如何缓解黄河流域水资源危机并实现经济可持续发展是亟须解决的问题。本章的不公平分析有助于厘清黄河流域与其他地区之间贸易隐含虚拟水与增加值的转移关系，为黄河流域经济发展与缓解水资源危机提供科学依据。

目前，关于地区不平等的研究主要从三个方面展开：一是从研究对象来看，较多学者集中于不同国家之间生态不平等交换的研究。他们认为尽管国际贸易遵循等价交换，但以货币计量的同等贸易量在发达和发展中经济体对应的环境成本不同（Hornborg，1998）。发达国家的环境改善以发展中国家环境恶化为代价，这种生态不平等交换使发展中国家背负了严重的生态债务（Roberts and Parks，2009；Hornborg and Martinez-Alier，2016；Frey et al，2019）。其中，我国生态不平等交换水平显著高于其他经济体（冯志轩和刘凤义，2019），面临较为严重的不平等。实际上，随着省际贸易日益频繁、区域经济差异不断扩大，我国不同区域之间也存在贸易隐含的不公平问题。众多学者也对此进行了研究（Feng et al，2013；Zhang et al，2018；Wei et al，2020）。上述研究对象主要集中于世界不同国家之间以及我国不同省份之间，但由于黄河流域水资源日益短缺，对其贸易中隐含的经济收益和虚拟水转移不平等的研究也日益重要。

二是从研究视角来看，有的研究聚焦于地区实际用水的不平等（Babuna et al，2020）。有的研究则聚焦于贸易隐含的资源以及污染物转移的不平等。其研究范围包括贸易中隐含的二氧化碳转移（Guo et al，2012；Wang et al，2018）、空气污染物转移（Zhao et al，2015；Liang et al，2014）、虚拟水转移（Zhao et al，2010；Chen et al，2017a；Liao et al，2018）以及能源的转移（Chen et al，2017b）等。上述研究均发现我国发达地区与欠发达地区之间、内陆与沿海之间、东部与中西部地区之间通过贸易实现了大量隐含资源以及污染物的转移，发达地区的最终需求加剧了欠发达地区的资源与环境负担。张超和阿纳登（Zhang C and Anadon，2014）计算了中国省际间的虚拟水贸易和水足迹，发现我国直辖市的水足迹严重依赖来自其他省份的虚拟水流入。考虑虚拟水流对中国水资源短缺地区的影响，冯奎双等（Feng K et al，2014）将水消耗、水短缺和生态系统影响纳入省际虚拟水转移分析，发现虚拟水净流入省份牺牲了欠发达缺水省份的水资源。沿海省份的出口较多地牺牲了欠发达地区的生态系统质量。考虑虚拟水流的水质影响，蔡北溟等（Cai B et al，2017）将与水量相关的蓝色水足迹和与水质相关的灰色水足迹纳入虚拟水流分析，发现省际虚拟灰水流比虚拟蓝水流大 8.65 倍，但是，实际上，欠发达地区在区域贸易的过程中获得的经济收益是对其资源消耗与承担环境代价的适当补偿。学者们通过分析我国省际贸易中隐含 APE、CO_2、水污染与增加值的净转移，发现我国发达地区与欠发达地区之间存在严重的不公平现象（Zhang et al，2018；Wei et al，2020；Xiong et al，2021）。从上述分析可以看出，以往关于区域贸易中隐含的温室气体排放、虚拟水和污染物转移的核算研究较多，但对于贸易中隐含的经济收益与虚拟水消耗之间的不公平分析研究较少。

三是从研究方法来看，一方面，当仅涉及实际用水与虚拟水的不平等研究时，学者通常用基尼系数与洛伦兹曲线来对其进行分析。巴布纳等（Babuna et al，2020）采用基尼系数和全球莫兰指数计算了长江三角洲城市的不平等以及不平等的空间分布，发现长江三角洲城市用水不平等正在减少，没有城市表现为高度不平等。根据莫兰指数，城市被分为九种类型。塞克尔等（Seekell et al，2011）绘制了水足迹的洛伦兹曲线，并以此计算基尼系数，发现虚拟水使用是高度不平等的，目前虚拟水的转移并不足以减少这种不平等现象。王建琴等（Wang J et al，2019）利用基尼系数和不平衡指数，对吉林省水足迹的时空不平等性进行了评价，发现吉林省的水足迹处于“相对平等”的状态。另一方面，当研究将贸易的经济效益和资源消耗或环境成本结合起来考虑时，通常用地区环境不平等（REI）指数来进行量化（Zhang et al，2018；Wei et al，2020）。陈炜明等（Chen W et al，2021）计算了水不平等指数，发现水的不平等明显高于土地的不平等，且全球贸易加剧了各国之间水资源的分配不均与环境经济不平等。通过上述分析发现，基尼系数等一些统计指标适用于对实际用水分配与虚拟水不平等的相关研究，REI 指数适用于省份对或国家对之间经济效益和资源消耗或环境成本的不平等研究。但是，对于具体区域而言，REI 指数并不能让我们准确了解该区域在贸易中的地位以及面临的不平等。

本章的创新之处在于，对黄河流域与其他地区贸易隐含的虚拟水与增加值转移进行分析，且改进了 REI 指数，用区域不平等指数定量评估了这种不公平。通过 RI 指数，我们可以明确黄河流域在省际贸易中的地位，并将其分为四种类型。同时，本章聚焦于黄河流域各行业的不公平，带来了更多有关黄河流域行业虚拟水与增加值空间转移的发现，并提出了黄河流域具体行业的优化措施。

第二节　方法和数据

一、方法

（一）基于生产端与消费端的水消耗与增加值核算

本章的研究基础是多区域投入产出模型（基本形式见表 9 - 1）。多区域投入产出模型刻画了地区之间的贸易关系，可以进一步系统分析地区尺度和行业尺度上伴随产品流动的隐含虚拟水的来源与去向（Zhang and Anadon，2014；Chen et al，2017a；Wang et al，2021）。其次，多区域投入产出模型也建立了完整的区域间生产和消费的关系（Liu and Wang，2017），从中可以获得最终使用所需的完全水消耗，包括直接水消耗和间接水消耗。除此之外，本章研究的省际贸易是双向的，基于该模型可以计算净流动（Fan et al，2019）。因此，我们用这个模型追踪了黄河流域与其他地区之间贸易隐含虚拟水与增加值的净转移。但是，由于本章研究重点聚焦于黄河流域参与省际贸易的影响分析，故本章中多区域投入产出模型忽视了国际贸易。同时，为了避免较多部门合并所带来的计算误差，本章保留了 28 个部门。尽管多区域投入产出表每 5 年出版一次，但基于投入产出表计算的各种系数长期有效且稳定（Guan and Hubacek，2007）。因此，本章使用的最新表为 2017 年中国省级多区域投入产出表。

表 9 - 1　　　　　　　　中国省级多区域投入产出表基本形式

投入＼产出			中间需求				最终需求		总产出
			地区 1		……	地区 m		地区 1 …… 地区 m	
			部门 1 …… 部门 n			部门 1 …… 部门 n			
中间投入	地区 1	部门 1	z_{11}^{11} ……	z_{1n}^{11}	……	z_{11}^{1m} ……	z_{1n}^{1m}	f_1^{11} …… f_1^{1m}	x_1^1
		⋮	……		……	……		……	⋮
		部门 n	z_{n1}^{11} ……	z_{nn}^{11}	……	z_{n1}^{1m} ……	z_{nn}^{1m}	f_n^{11} …… f_n^{1m}	x_n^1
	……	……	……			……		……	⋮
	地区 m	部门 1	z_{11}^{m1} ……	z_{1n}^{m1}	……	z_{11}^{mm} ……	z_{1n}^{mm}	f_1^{m1} …… f_1^{mm}	x_1^m
		⋮	……		……	……		……	⋮
		部门 n	z_{n1}^{m1} ……	z_{nn}^{m1}	……	z_{n1}^{mm} ……	z_{nn}^{mm}	f_n^{m1} …… f_n^{mm}	x_n^m
增加值			v_1^1 ……	v_n^1	……	v_1^m ……	v_n^m		
总投入			x_1^1 ……	x_n^1	……	x_1^m ……	x_n^m		

假定有 m 个地区和 n 个部门，r 和 s 分别代表出口和进口地区，i 和 j 分别代表出口和进口部门。其中，$z_{ij}^{rs}(r,s=1,\cdots,m;i,j=1,\cdots,n)$ 表示 s 地区 j 部门的产出中所需要 r 地区 i 部门的中间投入量，f_i^{rs} 代表 r 地区 i 部门向 s 地区提供的最终产品，x_i^r 表示 r 地区 i 部门的总产出。

根据表 9 - 1 我们可以得出投入产出表的行向平衡关系式为：

$$x_i^r = \sum_{s=1}^{m} \sum_{j=1}^{n} a_{ij}^{rs} x_j^s + \sum_{s=1}^{m} f_i^{rs} (r,s=1,2,\cdots,m;i,j=1,2,\cdots,n) \tag{9.1}$$

其中，a_{ij}^{rs} 是直接消耗系数。将式（9.1）写成矩阵形式为：$X = AX + F$，变形可得：

$$X = (I - A)^{-1} F \tag{9.2}$$

在式（9.2）中，A 为 $mn \times mn$ 矩阵；X、F 均为 $mn \times 1$ 向量。$(I-A)^{-1}$ 为列昂惕夫逆矩阵。

某地区生产端水消耗和增加值是指该地区在生产产品和服务的过程中消耗的水资源和实现的增加值；消费端水消耗和增加值是指满足该地区最终需求的产品和服务中包含的水资源消耗和增加值。首先我们需要计算直接用水系数和直接增加值系数。直接用水系数 k_j^r 是指 r 地区 j 部门生产一单位产出所消耗的水资源量，用式（9.3）来计算。直接增加值系数 d_j^r 反映了 r 地区 j 部门生产一单位产出所获得的增加值，可用式（9.4）来计算。其中，w_j^r 和 v_j^r 表示 r 地区 j 部门的水消耗和增加值。

$$k_j^r = \frac{w_j^r}{x_j^r} (r=1,2,\cdots,m;j=1,2,\cdots,n) \tag{9.3}$$

$$d_j^r = \frac{v_j^r}{x_j^r} (r=1,2,\cdots,m;j=1,2,\cdots,n) \tag{9.4}$$

令 $\tilde{K}^r$ 和 $\tilde{D}^r$ 分别为 r 地区对应部门的用水强度和直接增加值系数而其他地区该值为 0 的对角阵，f^r 为 $f_i^{sr}(s=1,2,\cdots,m;i=1,2,\cdots,n)$ 组成的 $mn \times 1$ 向量，$\hat{f}^r$ 为 f^r 的对角阵，$\bar{K}$ 和 $\bar{D}$ 为 k_j^r 和 $d_j^r(r=1,2,\cdots,m;j=1,2,\cdots,n)$ 组成的 $1 \times mn$ 向量。则 r 地区生产端的水消耗 W_P 和增加值 V_P 可以用式（9.5）和式（9.6）计算；消费端的水消耗 W_c 和增加值 V_c 可以用式（9.7）和式（9.8）计算。其中，r 地区 i 部门消费端的水消耗和增加值为 s 从地区 1 到地区 m 的加总。

$$W_p = \tilde{K}^r (I - A)^{-1} F \tag{9.5}$$

$$V_p = \tilde{D}^r (I - A)^{-1} F \tag{9.6}$$

$$W_c = \bar{K} (I - A)^{-1} \hat{f}^r \tag{9.7}$$

$$V_c = \bar{D} (I - A)^{-1} \hat{f}^r \tag{9.8}$$

（二）虚拟水和增加值转移的核算

虚拟水的概念首先由艾伦（Allan，1993）提出，它是指商品和服务生产过程中需要的水资源（Yang and Zehnder，2007）。令 $\hat{f}^s$ 和 $\hat{f}^r$ 分别为 s 和 r 地区最终使用量的对角阵，$\tilde{K}^s$ 和 $\tilde{K}^r$ 分别为 s 和 r 地区对应部门的用水强度而其他地区该值为 0 的对角阵。我们可以得到如下等式：

$$C^{rs} = \tilde{K}^r (I - A)^{-1} \hat{f}^s \qquad (9.9)$$

$$C^{sr} = \tilde{K}^s (I - A)^{-1} \hat{f}^r \qquad (9.10)$$

$$CN^{rs} = C^{rs} - C^{sr} \qquad (9.11)$$

其中，C^{rs} 表示由 s 地区的最终需求所拉动的 r 地区的水资源消耗，即 r 地区向 s 地区转移的虚拟水；C^{sr} 表示由 r 地区的最终需求所拉动的 s 地区的水资源消耗，即 s 地区向 r 地区转移的虚拟水。CN^{rs} 表示 r 地区向 s 地区的虚拟水净转移量，其可正可负。若 CN^{rs} 大于 0，则 r 地区通过贸易向 s 地区净流出虚拟水；若 CN^{rs} 小于 0，则 r 地区通过贸易从 s 地区净流入虚拟水。

同样，令 $\tilde{D}^s$ 和 $\tilde{D}^r$ 分别为 s 和 r 地区对应部门的直接增加值系数而其他地区该值为 0 的对角阵。我们可以得到如下等式：

$$V^{rs} = \tilde{D}^s (I - A)^{-1} \hat{f}^r \qquad (9.12)$$

$$V^{sr} = \tilde{D}^r (I - A)^{-1} \hat{f}^s \qquad (9.13)$$

$$VN^{rs} = V^{rs} - V^{sr} \qquad (9.14)$$

其中，V^{rs} 表示由 r 地区的最终需求所拉动的 s 地区的增加值，即 r 地区向 s 地区转移的增加值；V^{sr} 表示由 s 地区的最终需求所拉动的 r 地区的增加值，即 s 地区向 r 地区转移的增加值。VN^{rs} 表示 r 地区向 s 地区的增加值净转移量。若 VN^{rs} 大于 0，则说明 r 地区通过贸易向 s 地区净流出增加值；若 VN^{rs} 小于 0，则说明 r 地区通过贸易从 s 地区净流入增加值。

（三）区域不平等指数

本章在 REI 指数的基础上稍做改进，提出了区域不平等（RI）指数来量化贸易隐含的虚拟水消耗和经济收益的不平等。值得注意的是，这里的经济收益即为增加值收益。

令 $\bar{c}^{rs}$、$\bar{v}^{rs}$ 分别为 CN、VN 中的元素。同时，为便于数据的比较分析，本章假设对于任意一个矩阵 B，我们都可以根据 $f(b) = \dfrac{b - b_{min}}{b_{max} - b_{min}}$ 将其中的任一元素 b 归一化为 0~1 的值。则 r 地区与 s 地区之间的区域不平等指数 q^{rs} 可以用式（9.15）来计算。

$$q^{rs} = \begin{cases} f\left(\dfrac{\bar{c}^{rs}}{\bar{v}^{rs}}\right) & if\,\bar{c}^{rs} > 0,\ \bar{v}^{rs} < 0 \qquad ① \\[3mm] -f\left(\dfrac{\bar{c}^{rs}}{\bar{v}^{rs}}\right) & if\,\bar{c}^{rs} < 0,\ \bar{v}^{rs} > 0 \qquad ② \\[3mm] f(\bar{c}^{rs}) + f(\bar{v}^{rs}) + 1 & if\,\bar{c}^{rs} > 0,\ \bar{v}^{rs} > 0 \qquad ③ \\[3mm] -f(\bar{c}^{rs}) - f(\bar{v}^{rs}) - 1 & if\,\bar{c}^{rs} < 0,\ \bar{v}^{rs} < 0 \qquad ④ \end{cases} \qquad (9.15)$$

根据式（9.15），RI 指数被分为四种类型。类型一用式①计算，表示 r 地区向 s 地区净流出虚拟水，而 s 地区向 r 地区净流出增加值。类型二用式②计算，表示 r 地区向 s 地区净流出增加值，而 s 地区向 r 地区净流出虚拟水。类型三用式③计算，表示虚拟水和增加值均由 r 地区净流向 s 地区。类型四用式④计算，表示虚拟水和增加值均由 s 地区净流向 r 地区。且 q^{rs} 的绝对值越大，r 地区与 s 地区虚拟水消耗和经济收益的不公平性越强。

二、数据

虽然黄河流经九省（区），但由于四川省大部分属于长江流域，故本章提到的黄河流域仅包括青海、甘肃、宁夏、内蒙古、陕西、山西、河南、山东八省（区）。为保证本章的分析更有说服力，本章所使用的数据为 2002 年、2007 年、2012 年、2017 年的中国省级多区域投入产出表。且 2017 年是最新的数据来源。需注意的是，2002 年和 2007 年我国省级多区域投入产出表中缺乏西藏的数据，而中国香港、澳门和台湾历年缺乏数据。为便于比较分析，本章对现有省级多区域投入产出表进行处理，只包含剩余 30 个省份。本章是对黄河流域与其他地区的不公平性进行分析，故将 30 个省份合并为 23 个地区。如表 9-2 所示，每个地区包括 28 个部门。

表 9-2　　　　　　　　　　　　合并后的部门分类

部门名称	部门代码
农林牧渔产品和服务	S01
煤炭采选产品	S02
石油和天然气开采产品	S03
金属矿采选产品	S04
非金属矿及其他矿采选产品	S05
食品和烟草	S06
纺织品	S07
纺织服装鞋帽皮革羽绒及其制品	S08
木材加工品和家具	S09
造纸印刷和文教体育用品	S10
石油、炼焦产品和核燃料加工品	S11
化学产品	S12
非金属矿物制品	S13
金属冶炼和压延加工品	S14
金属制品	S15
通用、专用设备	S16
交通运输设备	S17

部门名称	部门代码
电气机械和器材	S18
通信设备、计算机和其他电子设备	S19
仪器仪表	S20
其他加工品	S21
电力、热力的生产和供应	S22
燃气生产和供应	S23
水的生产和供应	S24
建筑	S25
运输、仓储、邮电服务	S26
批发、零售和餐饮	S27
其他服务业	S28

由于本章对黄河流域虚拟水净转移进行测算，故我们需要各地区分行业的用水数据。对于第一产业而言，其用水量可以直接从 2003 年、2008 年、2013 年和 2018 年的《中国统计年鉴》中获得。

对于 2002 年、2007 年、2012 年各省份第二产业分行业用水，本章用 w_i 表示全国第二产业 i 部门的水消耗（分别可从 2003 年《中国环境年鉴》，2007 年、2012 年《中国环境统计年报》中获得），用 x_i 表示全国第二产业 i 部门的产出。将 w_i 除以 x_i 可以得出全国第二产业 i 部门生产一单位产出的耗水量，用 e_i 表示。其中，第二产业的平均用水系数矩阵为 $E = (e_1, e_2, \cdots, e_n)$。以 r 地区为例，其产出矩阵为 $x^r = (x_1^r, x_2^r, \cdots, x_n^r)'$。用 E 与 x^r 相乘可以计算得出 r 地区第二产业总的耗水量，用 $w^{r'}$ 表示。而第二产业的实际用水总量 w^r 可以直接从 2003 年、2008 年和 2013 年的《中国统计年鉴》中获得。由于各地区之间用水效率不同，实际与计算得出的第二产业总耗水量会存在差距。故本章用 w^r 除以 $w^{r'}$ 得到 r 地区的修正系数 δ^r，则该地区第二产业 i 部门的用水量可以用 $\delta^r \times e_i \times x_i^r$ 来计算。该方法具有一定的科学性，已得到较多学者的使用（王雪妮，2014；Chen et al，2017a）。由于 2017 年全国第二产业各行业的水消耗暂无直接数据，故本章假定 2017 年二产各行业单位增加值用水量与 2015 年相同，按照可比价格对其进行估算（水的生产和供应按 2012 年估算）。其中，分行业增加值来自 2015 年全国投入产出延长表和 2017 年全国投入产出表。2012~2017 年分行业价格指数来自《中国统计年鉴》，建筑业价格指数来自国家统计局。2015 年全国第二产业分行业水消耗来自 2015《中国环境统计年报》。接着，本章通过上述方法计算出了 2017 年各省份第二产业分行业用水数据。

就第三产业而言，为了得出其水消耗总量，需先得知各地区的家庭用水总量。这可以通过全国家庭用水总量乘以各地区人口比例获得（前者可从 2002 年、2007 年、2012 年、2017 年《中国城乡建设统计年鉴》中获得，后者可通过 2003 年、2008 年、2013 年、2018 年《中国统计年鉴》简单计算得出）。则各地区第三产业的耗水量可以由各地区总的用水量减去第一产业用水量、第二产业用水量、家庭用水总量计算得出。为了计算第三产业各行业的用水量，本章假定 2007 年、2012 年、2017 年第三产业分行业用水量占第三产业总用水量的比重与 2002 年相同。故各地区第三产业各行业用水量可通过各地第三产业总耗水量乘以 2002 年三产各行业用水占比计算得出（中国投入产出学会课题组，2007）。

第三节　研究结果及讨论

一、黄河流域生产端与消费端的水消耗与增加值比较分析

（一）生产端与消费端水消耗比较分析

在 2002 年、2007 年、2012 年和 2017 年，黄河流域消费端水消耗分别是生产端的 0.99、1.18、1.28 与 1.004 倍（见图 9 – 1）。可见，2002 ~ 2017 年，黄河流域的水消耗实现了从生产端大于消费端向消费端大于生产端的转变，黄河流域在经济发展过程中通过国内贸易缓解了水资源紧张的局面。

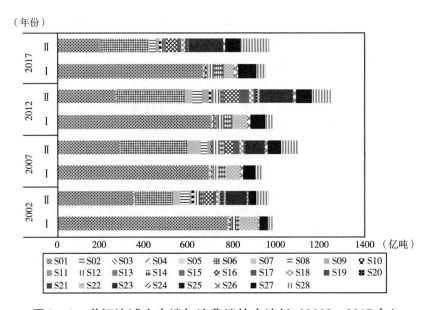

图 9 – 1　黄河流域生产端与消费端的水消耗（2002 ~ 2017 年）

注：Ⅰ表示生产端；Ⅱ表示消费端。

从生产角度看，2002 ~ 2017 年，黄河流域水消耗最多的三个部门分别是：农林牧渔产品和服务，电力、热力的生产和供应，批发、零售和餐饮。其中，农林牧渔产品和服务在所有行业的水消耗中占有绝对比重，历年均在 70% 以上。这首先是由于黄河流域（特别是黄淮海平原、汾渭平原和河套灌区）是我国重要的粮食集聚区，大量的粮食产出导致了较高的生产端水消耗。其次，灌溉过程中部分水蒸发、输水渠道渗漏严重、灌溉水利用率低也导致了黄河流域第一产业大量的生产耗水。然而，随着我国技术不断进步，用水效率不断提升。2002 ~ 2017 年，黄河流域农林牧渔产品和服务及电力、热力的生产和供应生产端水消耗占比分别从 79.3% 和 8.1% 下降至 70.1% 和 5.2%。

从消费角度看，历年黄河流域水消耗较多的部门分别是：建筑业、其他服务业、农林牧渔产品和服务以及食品制造和烟草加工业。其中，食品制造和烟草加工业历年均占有较大比重。2002~2017年，建筑业和其他服务业水消耗分别从94亿吨和56亿吨增加至157亿吨和130亿吨，而农林牧渔产品和服务的水消耗却从350亿吨逐渐下降至198亿吨。

从生产与消费角度对比分析可知，黄河流域农林牧渔产品和服务与电力、热力的生产和供应历年生产端水消耗均显著大于消费端水消耗。这表明黄河流域通过省际贸易向全国各地提供农产品和电力热力供应时，加剧了当地的水资源压力。同时，黄河流域建筑业、其他服务业及食品和烟草业历年消费端水消耗均显著大于生产端水消耗。黄河流域通过消费上述部门的产品缓解了当地水资源紧张局面。

（二）生产端与消费端增加值比较分析

2002年和2007年，黄河流域消费端增加值均小于生产端增加值，且差距逐渐增大，表明黄河流域在发展过程利用其丰富的煤炭、有色金属、石油和天然气等资源，通过国内贸易改善了其经济状况。但2012年之后，黄河流域消费端增加值大于生产端增加值（见图9-2）。这是由于党的十八大之后，部分发达省份率先实施创新驱动战略（Chen et al，2017c）。黄河流域大量进口这些地区高技术产业部门以及其他服务业的高附加值产品，而出口的采矿业产品以及石油、炼焦产品和核燃料加工品附加值较低，导致了黄河流域在省际贸易中增加值的净流出。

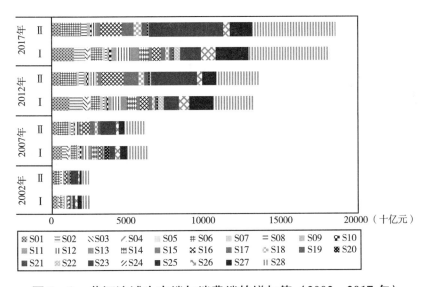

图9-2 黄河流域生产端与消费端的增加值（2002~2017年）

注：Ⅰ表示生产端；Ⅱ表示消费端。

从生产角度看，历年黄河流域增加值获利最多的三个部门分别是：其他服务业、批发、零售和餐饮以及农林牧渔产品和服务。2002~2017年，这三个行业生产端增加值均逐渐增加。其中，其他服务业的产品和服务附加值较高，故其有最高的增加值获利。从消费角度看，建筑业和其他服务业历年均有较高的增加值。2002~2017年，上述两行业消费端增加值占比之和从40.9%上升至56.9%。

2002～2017 年，黄河流域建筑业与其他服务业消费端增加值几乎均大于生产端增加值，表明黄河流域通过消费这两个部门的产品和服务，实现了增加值的净流出。相反，黄河流域农林牧渔产品和服务业以及资源型工业部门（如煤炭采选产品、石油和天然气开采产品、金属冶炼和压延加工品等）历年生产端增加值均大于消费端增加值。黄河流域利用其资源禀赋，通过省际贸易实现了上述部门增加值的净流入。

（三）生产端水消耗与增加值比较分析

我们通过构建 PV 指数来衡量黄河流域获得一单位增加值需要消耗的水资源。2002～2017 年，随着经济的发展，黄河流域的 PV 指数从 39 千克/元逐年减少至 5.2 千克/元，下降率高达 86.7%（见图 9－3）。这表明黄河流域的用水方式正由粗放低效向节约集约转变。

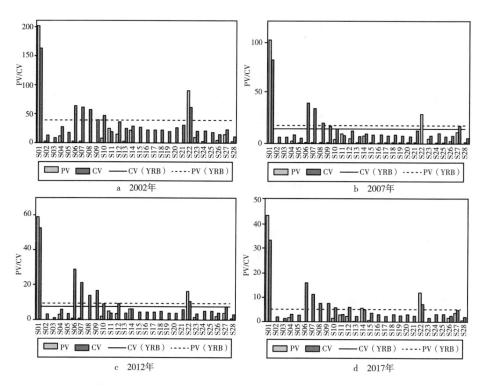

图 9－3　黄河流域 PV 指数与 CV 指数（2002～2017 年）（千克/元）

注：图例中 YRB 指黄河流域。

从图 9－3 还可以看出，历年 PV 指数最高的部门是农林牧渔产品和服务，其次是电力、热力的生产和供应，均高于黄河流域行业平均水平。以 2017 年为例，黄河流域农林牧渔产品和服务与电力、热力的生产和供应的 PV 值分别是行业平均水平的 8.38 倍和 2.35 倍。与其他部门相比，上述两个部门获得相同的增加值却消耗了黄河流域更多的水资源，加剧了黄河流域的水资源紧张，不利于黄河流域的可持续发展。2002～2017 年，除金属制品业外，黄河流域各行业 PV 指数都在下降。其中，煤炭采选产品（S02）、通用、专用设备（S16）、交通运输设备（S17）以及建筑业（S25）等行业 PV 指数下降率均快于黄河流域行业平均下降率。上述行业 PV 指数的大幅改善使得黄河流域在生产这些产业的产品时面临的水资源压力大大减小。

（四）消费端水消耗与增加值比较分析

CV 指数可以用来衡量黄河流域支付一单位增加值获得的水资源。2002～2017 年，黄河流域的 CV 指数由 39.5 千克/元逐渐减小至 5.2 千克/元（见图 9-3）。这一方面表明黄河流域通过国内贸易进口越来越多高增加值且低耗水的产品和服务；另一方面表明各地区都在不断地提高用水效率，节约了我国大量的水资源。

同时，2002～2017 年，黄河流域各行业 CV 指数都在下降（见图 9-3）。历年中 CV 指数最高的部门是农林牧渔产品和服务，其次是食品和烟草，均高于黄河流域行业平均水平。2017 年，黄河流域农林牧渔产品和服务及食品和烟草 CV 值分别是行业平均水平的 6.4 倍和3.1 倍。黄河流域上述部门通过国内贸易进口产品和服务会获得大量水资源，缓解黄河流域水资源的紧张局面。对于黄河流域而言，大多数行业历年 CV 指数均大于 PV 指数，仅有农林牧渔产品和服务与电力、热力的生产和供应历年 PV 指数大于 CV 指数，用水效率亟须提高。

二、黄河流域贸易隐含虚拟水与增加值转移的时空演变及行业特征

（一）黄河流域与其他地区之间的虚拟水转移

2002～2017 年，黄河流域在省际贸易中虚拟水净流出的目标省份数量呈波动态势。2002 年目标省份有 13 个，2007 年有 6 个，2012 年有 7 个，2017 年有 10 个（见图 9-4）。2002 年，目标省份主要分布在东北地区、东部沿海地区以及直辖市（见图 9-4a）。2007 年进一步集中于发达的东南沿海地区以及四大直辖市（见图 9-4b）。2012 年与 2017 年，虚拟水净流出的目标省份较 2007 年向西部地区有所扩展，但仍主要分布在发达的京津地区以及广东、浙江、上海这些发达的东南沿海地区（见图 9-4c、图 9-4d）。例如，2017 年，黄河流域向上述地区总共净流出 72.2 亿吨虚拟水，占黄河流域省际贸易中虚拟水总净流出的比重高达 78.9%。

同时，2002～2017 年，黄河流域净流入虚拟水的目标省份总体呈波动上升趋势。2002年有 9 个，2007 年有 16 个，2012 年有 15 个，2017 年有 12 个（见图 9-4）。2002 年黄河流域净流入虚拟水的目标省份主要分布在欠发达的西北地区以及中部地区（见图 9-4a），2007 年进一步扩展到东北地区以及西南地区（见图 9-4b）。2012 年与 2017 年，目标省份主要集中在欠发达的中西部地区（见图 9-4c、图 9-4d）。在这些省份中，新疆在缓解黄河流域水资源压力中贡献最大。2017 年，新疆向黄河流域净流出 24.7 亿吨虚拟水，占黄河流域在省际贸易中虚拟水净流入总量的 24.7%。

总体而言，黄河流域与东部地区历年虚拟水流入流出量均较大（见图 9-4）。以2017 年为例，黄河流域向东部地区流出 180.2 亿吨虚拟水，占虚拟水总流出量的64.1%；同时，其从东部地区流入虚拟水 123.1 亿吨，占黄河流域总流入量的 43.0%，这说明黄河流域与东部地区联系紧密。且 2002～2017 年，这种虚拟水的联系呈波动加强的趋势。需要注意的是，黄河流域与广东省、京津冀、江浙沪地区联系更为密切。然而，

黄河流域与中部地区、西南地区历年来虚拟水流入流出量均较小。2017 年，黄河流域向中部、西南地区虚拟水流出量分别占总流出量的 6.8% 和 17.1%；从中部、西南地区虚拟水流入量分别占总流入量的 12.7% 和 15.4%，这说明与东部地区相比，黄河流域与中部地区、西南地区联系较少。

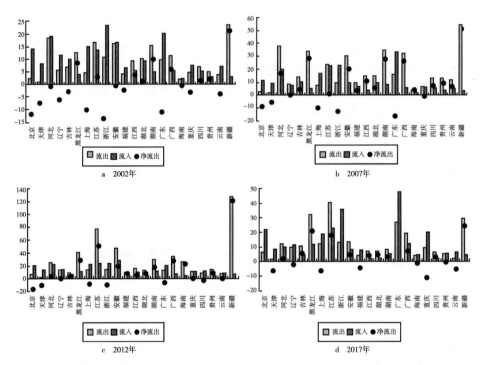

图 9 - 4　黄河流域与其他地区之间的虚拟水转移（2002~2017 年）（亿吨）

注：图例中流出指各地向黄河流域虚拟水的流出，流入指各地接收来自黄河流域虚拟水的流入，净流出指各地向黄河流域虚拟水的净流出。

（二）黄河流域与其他地区之间的增加值转移

2002~2017 年，黄河流域净流入增加值的目标省份基本呈下降趋势。2002 年有 16 个，2007 年有 13 个，2012 年有 9 个，2017 年有 11 个（见图 9 - 5）。2002 年，目标省份主要分布在西北地区及南部地区（见图 9 - 5a）。2007 年进一步集中于西北地区、东南沿海以及中部地区（见图 9 - 5b）。2012 年，目标省份进一步减少且分布较为分散，既包括发达的浙江、广东等省份，也包括欠发达的吉林、新疆、云南、江西等地（见图 9 - 5c）。到 2017 年，目标省份主要集中在西北以及长江以南地区（见图 9 - 5d），黄河流域通过省际贸易从上述地区获利。2002~2017 年，黄河流域从浙江和广东两省净流入增加值的比重由 36.4% 增加至 48.9%。黄河流域是化工、原材料和基础工业基地，主要生产电力、焦炭、煤气、化工产品、水泥等上中游产品，这些产品是制造业产品生产过程中必不可少的中间投入。黄河流域通过大量向广东、浙江等发达省份销售中间品而获得净经济收益。

同时，2002~2017 年，黄河流域在省际贸易中增加值净流出的目标省份基本呈上升趋势。

2002 年目标省份有 6 个，2007 年有 9 个，2012 年有 13 个，2017 年有 11 个（见图 9 - 5）。2002 年，黄河流域增加值净流出的目标省份主要分布在东北以及华北地区（见图 9 - 5a），2007 年进一步扩展至西南地区省份（见图 9 - 5b）。2012 年，目标省份进一步向东北方向转移，主要集中在中部地区和东部地区省份及直辖市（见图 9 - 5c）。到 2017 年，目标省份主要集中于东北地区、京津冀以及长江沿岸地区（见图 9 - 5d）。东部地区省份通过省际贸易从黄河流域净获利最大。2017 年，黄河流域向东部地区净流出增加值为 6320.4 亿元，占黄河流域省际贸易中增加值总净流出的比重达 74.3%。

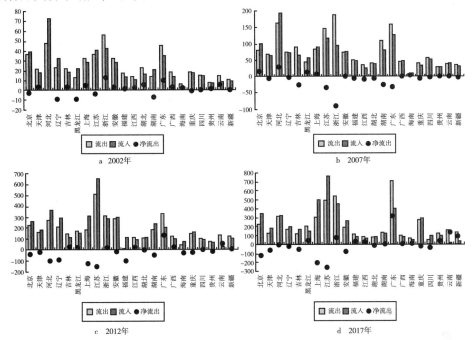

图 9 - 5　黄河流域与其他地区之间的增加值转移（2002 ~ 2017 年）（十亿元）

注：图例中流出指各地向黄河流域增加值的流出，流入指各地接收来自黄河流域增加值的流入，净流出指各地向黄河流域增加值的净流出。

总体而言，黄河流域与东部地区历年增加值流入流出量均较大。以 2017 年为例，黄河流域向东部地区流出 31191.7 亿元增加值，占增加值总流出量的 64.0%；同时，其从东部地区流入增加值 29309.7 亿元，占黄河流域总流入量的 60.8%，这说明黄河流域与东部地区有较为紧密的经济联系。然而，黄河流域与中西部以及东北地区历年增加值流入流出量均较小。2017 年，黄河流域向中部、西部、东北地区增加值流出量分别占总流出量的 11.3%、13.8% 和 10.9%；从中部、西部、东北地区增加值流入量分别占总流入量的 10.4%、18.2% 和 10.6%，这说明黄河流域与中西部以及东北地区经济联系较少。

（三）黄河流域贸易隐含虚拟水与增加值转移的行业特征

从行业虚拟水转移来看，历年黄河流域在省际贸易中虚拟水净流出较多的三个部门分别为：农林牧渔产品和服务（S01）、电力、热力的生产和供应（S22）以及金属冶炼和压延加工品（S14）（见图 9 - 6a）。2002 年，黄河流域上述部门虚拟水净流出量分别为 139.5 亿吨、

20.3 亿吨和 1.2 亿吨，分别占净流出总额的 82.1%、14.3% 和 0.7%；2017 年，黄河流域上述三个部门虚拟水净流出量变为 165.1 亿吨、22.2 亿吨和 18.9 亿吨，分别占虚拟水净流出总量的 71.4%、9.6% 和 8.2%。2002~2017 年，黄河流域农林牧渔产品和服务占虚拟水总净流出的比重有所下降。这是由于从 20 世纪 90 年代开始，受生产要素成本的影响，一些农作物（如棉花等）的生产已经从黄河流域逐渐转向其他的优势产区（如新疆等）。同时，黄河流域农林牧渔产品和服务部门主要向广东省、长三角与京津地区净流出虚拟水，占黄河流域该部门虚拟水净流出总额的比重由 2002 年的 56.4% 增加至 2017 年的 68.2%（见图 9-7a）。

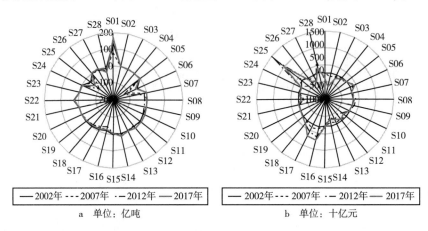

图 9-6　黄河流域与其他省份分行业虚拟水 a 与增加值 b 净转移（2002~2017 年）

历年黄河流域在省际贸易中虚拟水净流入较多的部门分别为：食品和烟草（S06）、建筑业（S25）、通用、专用设备（S16）以及其他服务业（S28）（见图 9-6a）。以 2017 年为例，黄河流域上述部门虚拟水净流入量占总净流入量的 80.2%。2002~2017 年，上述行业虚拟水净流入量分别从 46.0 亿吨、44.0 亿吨、14.9 亿吨和 11.8 亿吨增加至 61.9 亿吨、66.5 亿吨、24.8 亿吨和 36.0 亿吨。其中，S25、S16 和 S28 所占比重均分别由 21.8%、9.6%、7.6% 增加至 28.2%、10.5%、15.3%，但 S06 所占比重略有下降。同时，黄河流域建筑业虚拟水主要从广东、江苏、河北、安徽、黑龙江、广西等地净流入（见图 9-7b）。

从行业增加值转移来看，2017 年黄河流域增加值净流入最多的三个部门为煤炭采选产品、农林牧渔产品和服务与金属冶炼和压延加工品（见图 9-6b）。2002~2017 年，黄河流域煤炭采选产品净流入增加值由 310.5 亿元增至 5507.2 亿元，所占比重由 11.5% 增至18.7%。同时，煤炭采选产品主要从江苏、浙江、广东、河北等地区净流入增加值，占比已由 2002 年的 46.9% 上升至 2017 年的 51.1%（见图 9-7d）。总体而言，黄河流域增加值净流入主要以金属冶炼、上游的矿采选业以及农林牧渔产品和服务为主。作为我国重要的能源、原材料工业基地以及粮食产区，黄河流域通过省际贸易为国内其他地区，尤其是发达省份提供能源产品和农产品的同时实现了净经济获利。

历年黄河流域在省际贸易中增加值净流出的主要行业为建筑业（S25）、通用、专用设备（S16）、交通运输设备（S17）（见图 9-6b）。2002~2017 年，建筑业增加值净流出从1087.4 亿元增加至 12931.6 亿元，所占份额由 41.2% 波动上升至 43.1%，净流出省份主要为广东、江苏、浙江、河北、辽宁（见图 9-7c）。其中，江苏、浙江、广东均为建筑业大省，2019 年建筑业产值位列全国前 5 位。

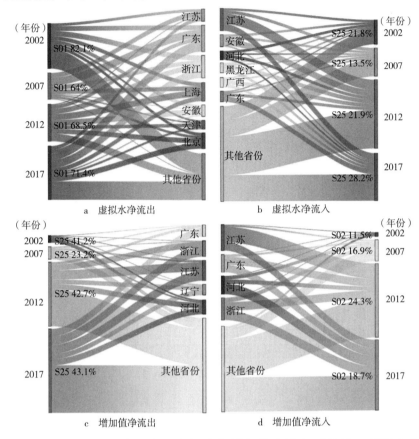

图 9-7　黄河流域主要行业虚拟水与增加值净流向（2002~2017 年）

三、黄河流域与其他地区之间虚拟水消耗与经济收益的不公平

　　根据黄河流域与其他地区的虚拟水与增加值净转移，我们可以获得黄河流域与其他地区之间总体以及各行业的不平等指数（见图 9-8、图 9-9），来反映黄河流域与其他地区之间的相对不公平程度。RI 指数的绝对值越大，相对不公平程度越严重。2002~2017 年，指数绝对值大于 1 的省份对个数较为稳定。2002 年有 9 对，2007 年与 2012 年有 10 对，2017 年有 11 对。黄河流域在与这些省份的贸易中面临着"双赢"或"双输"的局面。使黄河流域在省际贸易中面临"双输"局面的省份主要为发达的东部地区，尤其是北京、上海等超大城市。这些地区不仅从黄河流域净流入了虚拟水，还由于产业结构和竞争力上的比较优势获得了净经济收益。2017 年，这一类型中区域不平等指数最高的为黄河流域→北京（RI = 2.55），表明黄河流域与北京之间相对不公平程度最严重，且北京是唯一历年从黄河流域净流入虚拟水和增加值的省份。2002~2017 年，上述省份从 3 个波动上升至 5 个。使黄河流域在省际贸易中面临"双赢"局面的省份主要集中在欠发达的中西部地区以及东北地区。这些地区同时向黄河流域净流出虚拟水和增加值。2017 年，这一类型中区域

不平等指数最低的为新疆→黄河流域（RI = - 3.00），表明黄河流域与新疆的相对不公平程度最严重。

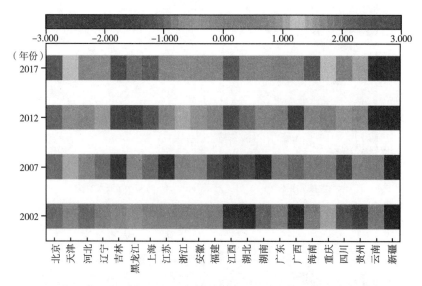

图 9 - 8　黄河流域与其他地区之间的区域不平等指数（2002～2017 年）

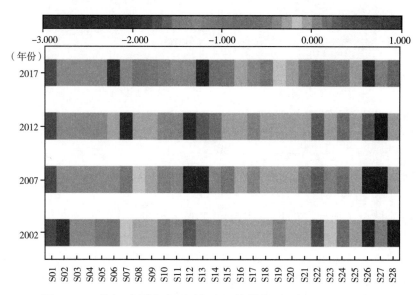

图 9 - 9　黄河流域各行业的不平等指数（2002～2017 年）

　　除此之外，黄河流域与各个省份的区域不平等指数还表现为 - 1～1，表明黄河流域与其他地区之间虚拟水与增加值净流向相反。在黄河流域虚拟水净流出而增加值净流入的省份对中（RI 指数为 0～1），2017 年区域不平等指数最高的是黄河流域→浙江（RI = 1.00）。黄河流域在贸易过程中向浙江净流出了 22.3 亿吨虚拟水，占黄河流域总虚拟水净流出的 23.9%，但仅从浙江获得了 823.3 亿元净增加值收益，只占黄河流域总增加值净流入的 10.3%。这表明黄河流域所收到的经济补偿并不等价于虚拟水的净流出。2002～2017 年，此类省份由 10 个波动下降至 5 个。其中，浙江和广东历年均属于此类。在黄河流域虚拟水净流入而增加值净流出的省份对中（RI 指数为 -1 ~ 0），2017 年指数最低的是河北→黄河流域（RI = -1.00）。黄河流域在贸易过程中从河北净流入了 1.6 亿吨虚拟水，占黄河流域总虚拟水净流入的 1.6%，但仅向河北净流出 10.5 亿元增加值，只占黄河流域总增加值净流出的 0.1%。2002 ~ 2017 年，此类省份由 3 个波动上升至 6 个。越来越多的省份向黄河流域净流出虚拟水，有利于缓解黄河流域水资源紧张的局面，但黄河流域也因此向更多的省份净转移了增加值。

图 9 - 9 反映了黄河流域各行业的不平等指数。2002 ~ 2017 年，黄河流域不平等指数小于 -1 的行业从 8 个波动下降至 4 个，黄河流域呈"双赢"局面的行业在减少。其中，造纸印刷和文教体育用品（S10）历年不平等指数小于 -1，它通过省际贸易净流入了虚拟水与增加值，既缓解了黄河流域的水资源紧张，也为黄河流域带来了净经济收益。除上述情况外，行业不平等指数还可能为 -1 ~ 1，表现为虚拟水与增加值相反的净流向。2002 ~ 2017 年，黄河流域虚拟水净流入而增加值净流出的行业（不平等指数为 -1 ~ 0）由 13 个降至 11 个，主要集中于食品和烟草（S06）、纺织服装鞋帽皮革羽绒及其制品（S08）、木材加工品和家具（S09）、高端制造业（S16 - S20）以及建筑业（S25）等。2002 ~ 2017 年，黄河流域虚拟水净流出而增加值净流入的行业（不平等指数为 0 ~ 1）由 7 个波动上升至 13 个，主要集中于农林牧渔产品和服务、矿采选业、电力和热力的生产供应业、金属冶炼和压延加工品等行业。上述行业均为黄河流域的支柱行业，具有高耗水的特征。其中，农林牧渔产品和服务的相对不公平程度最严重，历年不平等指数值均为 1。2017 年，黄河流域农林牧渔产品和服务业向其他地区净流出了 165.1 亿吨虚拟水，占虚拟水净流出的 71.4%；而该行业仅净流入 3499.3 亿元增加值，仅占增加值净流入的 11.9%。对于黄河流域而言，农林牧渔产品和服务部门在虚拟水与增加值转移中面临着极大的不公平，亟须采取措施减少水消耗。

四、政策启示

（一）部门分类视角下缓解黄河流域水资源危机策略

黄河流域各部门在省际贸易过程中均面临着虚拟水和增加值净转移的不一致。不同行业的不平等指数各不相同（见图 9 - 9）。因此，应优化黄河流域的产业结构，尽可能在维持其省际贸易规模和经济发展的同时减少虚拟水的净流出。本章根据黄河流域 2017 年各行业虚拟水与增加值净转移的测算结果，将部门分成三类，实行不同的产业政策。

具体而言，第一类为虚拟水与增加值均净流入的行业（不平等指数小于 -1）。2017 年，这类行业主要包括 S07、S10、S23、S24。黄河流域需要重点发展上述行业，实行一定的优惠措施，引导该类行业增加投资，扩大省际贸易规模，提高其在省际贸易中的市场占有率。第二类为虚拟水净流出而增加值净流入的行业（不平等指数为 0 ~ 1）。2017 年，这类行业主要包括 S01、S02、S03、S04、S05、S11、S12、S13、S14、S21、S22、S26 和 S27。上述行业对自然资源的依赖性极强，具有高耗水低增加值的特征。黄河流域需引导此类行业适当减少投资，缩小省际贸易的规模，增加从其他相对优势区域的进口量，以减少虚拟水的净流出，但同时此类行业又是黄河流域的支柱行业，黄河流域更需要提高用水效率，引进先进节水技术和设备，降低其 PV 值。其中，农林牧渔产品和服务历年不平等指数均为 1，面临的不公平最为严重。黄河流域需因地制宜推广节水灌溉技术和设备，减少引黄灌区的灌溉面积，大力推进农业节水。同时，黄河流域要积极进行农业结构的优化调整，延伸农业产业链，提高产品附加值，在减少虚拟水消耗的基础上发挥原有的比较优势。第三类为虚拟水净流入而增加值净流出的行业（不平等指数为 −1 ~ 0）。2017 年，这类行业包括 S06、S08、S09、S15、S16、S17、S18、S19、S20、S25 和 S28。黄河流域需适度引导此类行业的发展，适当增加与相对技术水平较低的省份的贸易规模，缩小与相对技术水平较高的省份的贸易规模。

（二）区域贸易视角下缓解黄河流域水资源危机策略

在省际贸易的过程中，虚拟水和增加值净转移的不一致引起了黄河流域与其他地区的不平等。实际上，这种不平等与我国自改革开放以来出现的地区经济发展不平衡息息相关。随着区域经济一体化过程的加快，人才流、资金流、技术流、信息流等在全国市场内更加自由流动，提升了各地区的专业化水平但也加剧了我国区域经济发展不平衡的局面。黄河流域的优势产业处于产业链的低端，在参与省际贸易的过程中面临着极大的不公平。在省际贸易日益频繁、黄河流域水资源日益短缺的今天，应调整黄河流域与各地区的贸易规模，以缓解黄河流域水资源危机。

由于黄河流域与其他地区之间区域不平等指数各不相同，故应采取差异化的政策来有效缓解黄河流域的水资源危机。对于 RI 指数小于 −1 的省份，黄河流域应实行贸易优惠政策，积极调整扩大与该类省份的贸易规模，以更多地实现虚拟水和增加值净流入。2017 年，此类省份包括黑龙江、江西、湖南、广西、贵州和新疆。同时，由于黄河流域与新疆的 RI 指数最低，黄河流域应积极引导调整扩大与新疆的贸易规模。对于 RI 指数为 −1 ~ 0 的省份，黄河流域可引导适度扩大与该类省份的贸易规模。2017 年，此类省份包括河北、吉林、江苏、安徽、湖北和四川。对于 RI 指数为 0 ~ 1 的省份，其用较低的进口价格成本换取了黄河流域更高的水资源投入，使黄河流域也面临着一定的不公平。同时，像黄河流域上游原本就缺水的后发地区（如青海、宁夏、甘肃等地），经济发展意愿强烈，较容易以牺牲水资源为代价促进经济增长。然而，它们又是黄河流域生态保护的重点区域，有较大的控水压力。因此，黄河流域应完善水权交易市场，在积极发挥市场决定性作用的同时，可引导适度减小与该类省份的贸易规模，以减少虚拟水的净流出。2017 年，这类省份包括浙江、广东、福建、海南和云南。对于 RI 指数大于 1 的省份，黄河流域在省际贸易中同时向其净流出了虚拟水与增加值。2017 年，这类省份包括北京、天津、上海、重庆和辽宁，基本均为发达地区。黄河流域可适度调整缩小与该类省份的贸易规模。但由于这些地区日益增加的产品需求，上述地区与黄河流域还应在综合考虑虚拟水与增加值净转移的前提下，共同承担用水责任。具体而言，可以由国家或省级政府协调，建立跨区域的联合机制，上述发达地区对黄河流域提供一些资金、技术上的支持以及先进设备来提高黄河流域整体的用水效率。

（三）针对特定行业和主要目标省份的优化策略

1. 农林牧渔产品和服务业优化策略

2002 ~ 2017 年，黄河流域在省际贸易中隐含虚拟水净流出最多的行业是农林牧渔产品和服务，且占有绝对比重。2017 年，黄河流域农林牧渔产品和服务隐含虚拟水净流出前五位的目标省份分别为：广东、浙江、北京、重庆和上海，贡献率分别为 18.9%、15.0%、

10.3%、8.7%和8.1%。同时，上述省份正好是黄河流域农林牧渔产品和服务增加值净流入前5位的省份，贡献率分别为18.7%、15.1%、9.9%、8.2%和7.0%（见图9-10a）。其中，黄河流域农林牧渔产品和服务在与广东、北京、重庆、上海的贸易中，虽然净流入增加值，但却净流出了相对更多的虚拟水，加剧了黄河流域的水资源压力，造成了负面影响。因此，黄河流域应引导适度减小与上述省份在农林牧渔产品和服务上的贸易规模。除此之外，黄河流域农林牧渔产品和服务在与江苏、天津、河北、辽宁、吉林、安徽、四川等11个省份的交易中也存在类似的情况。同时，黄河流域农林牧渔产品和服务部门还应积极提高用水效率，减小用水强度，以减少贸易隐含虚拟水的净流出。而黄河流域在与云南、广西、福建、浙江、黑龙江的农林牧渔产品和服务贸易中，净流出虚拟水的比重小于净流入增加值的比重（见图9-10a）。黄河流域与这些省份的贸易中具有相对优势，可适度增加从这些地区的农产品进口。

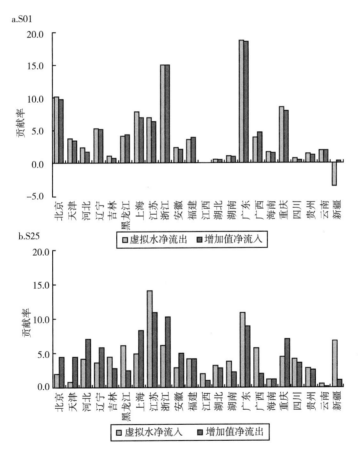

图9-10 2017年黄河流域农林牧渔产品和服务业a、建筑业b
各省份之间贸易隐含虚拟水与增加值净转移的比重（%）

2017年，黄河流域与江西在农林牧渔产品和服务的贸易中，净流出虚拟水与净流入增加值的比重分别为-0.08%与-0.07%（见图9-10a）。黄河流域可引导适度扩大与江西的贸易规模。2017年，黄河流域与新疆在农林牧渔产品和服务的贸易中，净流出虚拟水的比重为-3.6%，净流入增加值的比重为0.3%（见图9-10a）。这表明黄河流域从新疆同时净流入了虚拟水与增加值，既获得了净经济收益，也缓解了黄河流域的水资源压力。黄河流域应积极扩大与新疆的贸易规模，增加农产品进口量。

2. 建筑业优化策略

2017 年，黄河流域在省际贸易中隐含虚拟水净流入最多的行业是建筑业。向黄河流域建筑业净流出虚拟水最多的三个省份分别为江苏、广东和新疆，贡献率分别为 14.3%、10.9% 和 6.9%。黄河流域增加值净流出最多的三个目标省份分别为江苏、浙江和广东，贡献率分别为 10.9%、10.4% 和 9.0%（见图 9－10b）。其中，黄河流域在与江苏、广东的建筑业贸易中，净流入虚拟水的比重大于净流出增加值的比重。这表明黄河流域以更小的贸易成本获得了相对更多的虚拟水净流入，有助于缓解黄河流域的水资源压力。因此，黄河流域要引导适度扩大与江苏、广东的贸易规模。类似的还有与广西、吉林、四川、黑龙江、新疆等 10 个省份的贸易。而黄河流域与浙江在建筑业的贸易中，净流入虚拟水的比重为 6.2%（见图 9－10b），净流出增加值的比重远大于虚拟水净流入的比重。这意味着黄河流域技术水平相对落后，处于劣势地位。北京、天津、上海、河北、重庆等 9 个省份也属于此类情况。因此，黄河流域应引导适当缩小与这些省份的贸易规模，减少相关产品的进口。

第四节　研究结论

本章基于 2002 年、2007 年、2012 年、2017 年中国省级多区域投入产出表，从生产和消费角度分析了黄河流域的水消耗与增加值，同时对黄河流域与其他地区之间虚拟水与增加值的净转移进行测算，并进一步揭示了由此所引发的不公平现象。得出如下几点结论：

第一，2002～2017 年，黄河流域的虚拟水和增加值实现了从生产端大于消费端向消费端大于生产端的转变，总体而言其通过国内贸易缓解了水资源紧张的局面，但经济状况有所恶化。同时，黄河流域仅有农林牧渔产品和服务与电力、热力的生产和供应历年 PV 指数大于 CV 指数，说明其用水效率亟待提高。

第二，2002～2017 年，黄河流域净流出虚拟水的目标省份数量由 13 个降至 10 个，更加集中于京津地区以及广东、浙江、上海等发达的东南沿海省份。在所有部门之中，黄河流域农林牧渔产品和服务历年净流出虚拟水最多，且主要流向京津、长三角和广东等地。同时，一些欠发达的中西部地区也向黄河流域净流出虚拟水。2002～2017 年，黄河流域净流入增加值的目标省份数量由 16 个降至 11 个。黄河流域通过省际贸易既从浙江、广东等发达省份获利，也从新疆等欠发达地区获利。黄河流域历年增加值净流出最多的行业是建筑业，且主要向广东、江苏、浙江、河北、辽宁等地净流出。

第三，根据虚拟水与增加值净转移流向的不同，黄河流域与其他地区的不平等有四种类型。第一类是 RI 指数大于 1，黄河流域面临着"双输"局面。2002～2017 年，该类省份呈波动上升趋势，主要包括北京、上海等超大城市。第二类是 RI 指数小于 -1，黄河流域面临"双赢"局面。该类省份主要集中于新疆、江西等欠发达中西部地区。第三类是 RI 指数为0～1，黄河流域净流出虚拟水较多而净流入增加值较少，处于相对劣势地位。2002～2017年，该类省份呈波动下降趋势，主要包括浙江、广东等地。第四类是 RI 指数为 -1～0，黄河流域净流入虚拟水较多而净流出增加值较少，处于相对优势地位。2002～2017 年，该类省份由 3 个波动上升至 6 个。就行业而言，2002～2017 年，黄河流域越来越多的行业表现为虚拟水净流出和增加值净流入。其中，农林牧渔产品和服务面临最严重的不公平。

本章旨在揭示省际贸易过程中黄河流域面临的不公平现象，为区域间的政策制定提供一定的科学基础，更好地缓解黄河流域在经济快速发展过程中面临的水资源压力。但是，研究也存在以下不足：首先，对于黄河流域与其他地区不公平的研究只涉及了水资源这一种要素。实际上，生态系统中包含多种要素，各要素之间存在着复杂的相互作用关系，而单一要素所代表的公平具有局限性和片面性（武翠芳等，2009）。在未来可以对包含水资源在内的多种要素进行耦合分析，综合评价黄河流域与其他地区之间的不公平。其次，黄河流域既进行省际贸易，也参与全球贸易，而本章的分析仅仅集中于国内贸易，未涉及黄河流域与世界其他国家的虚拟水和增加值转移分析。在未来的研究中可以将黄河流域纳入全球投入产出表中，分析其在全球面临的不公平。最后，未来还可以进一步建立黄河流域省际贸易中虚拟水净流出变化与增加值净流出变化的关系模型，深入研究黄河流域应该如何减少水的消耗，同时维持良好经济发展态势。

（本章作者：安琪、吴三忙）

参考文献：

［1］黄河水利委员会．黄河水资源公报 2019［R］．2020. http：//www. yrcc. gov. cn/other/hhgb/.

［2］金凤君．黄河流域生态保护与高质量发展的协调推进策略［J］．改革，2019（11）：33－39.

［3］冯志轩，刘凤义．生态不平等交换、价值转移与发展中经济体的环境问题［J］．世界经济，2019，42（4）：3－28.

［4］王雪妮．基于区域间投入产出模型的中国虚拟水贸易格局及趋势研究［J］．管理评论，2014，26（7）：46－54.

［5］中国投入产出学会课题组．国民经济各部门水资源消耗及用水系数的投入产出分析——2002 年投入产出表系列分析报告之五［J］．统计研究，2007（3）：20－25.

［6］武翠芳，姚志春，李玉文，等．环境公平研究进展综述［J］．地球科学进展，2009，24（11）：1268－1274.

［7］Zhang X，Liu J，Tang Y，et al. China's coal-fired power plants impose pressure on water resources［J］．Journal of Cleaner Production，2017（161）：1171－1179.

［8］Wang H，Yang Z，Saito Y，et al. Interannual and seasonal variation of the Huanghe（Yellow River）water discharge over the past 50 years：connections to impacts from ENSO events and dams［J］．Global and Planetary Change，2006，50（3－4）：212－225.

［9］Wang G，Zhang J，Jin J，et al. Impacts of climate change on water resources in the Yellow River basin and identification of global adaptation strategies［J］．Mitigation and Adaptation Strategies for Global Change，2017，22（1）：67－83.

［10］Omer A，Elagib N A，Zhuguo M，et al. Water scarcity in the Yellow River Basin under future climate change and human activities［J］．Science of the Total Environment，2020（749）：141446.

［11］ Chen Y, Fu B, Zhao Y, et al. Sustainable development in the Yellow River Basin： Issues and strategies ［J］. Journal of Cleaner Production, 2020 (263): 121223.

［12］ Xu Z, Takeuchi K, Ishidaira H, et al. An overview of water resources in the Yellow River Basin ［J］. Water International, 2005, 30 (2): 225 – 238.

［13］ Zhang Q, Xu C Y, Yang T. Variability of water resource in the Yellow River basin of past 50 years, China ［J］. Water Resources Management, 2009, 23 (6): 1157 – 1170.

［14］ Ringler C, Cai X, Wang J, et al. Yellow River basin: living with scarcity ［J］. Water International, 2010, 35 (5): 681 – 701.

［15］ Liu J, Yang W. Water sustainability for China and beyond ［J］. Science, 2012, 337 (6095): 649 – 650.

［16］ Cai J, Varis O, Yin H. China's water resources vulnerability: a spatio-temporal analysis during 2003 – 2013 ［J］. Journal of Cleaner Production, 2017 (142): 2901 – 2910.

［17］ Zhang J, Chen G C, Xing S, et al. Water shortages and countermeasures for sustainable utilisation in the context of climate change in the Yellow River Delta region, China ［J］. International Journal of Sustainable Development & World Ecology, 2011, 18 (2): 177 – 185.

［18］ Feng K, Siu Y L, Guan D, et al. Assessing regional virtual water flows and water footprints in the Yellow River Basin, China: A consumption based approach ［J］. Applied Geography, 2012, 32 (2): 691 – 701.

［19］ Hornborg A. Towards an ecological theory of unequal exchange: articulating world system theory and ecological economics ［J］. Ecological Economics, 1998, 25 (1): 127 – 136.

［20］ Roberts J T, Parks B C. Ecologically unequal exchange, ecological debt, and climate justice: The history and implications of three related ideas for a new social movement ［J］. International Journal of Comparative Sociology, 2009, 50 (3 – 4): 385 – 409.

［21］ Hornborg A, Martinez-Alier J. Ecologically unequal exchange and ecological debt ［J］. Journal of Political Ecology, 2016, 23 (1): 328 – 333.

［22］ Frey R S, Gellert P K, Dahms H F. Introduction: Ecologically unequal exchange in comparative and historical perspective ［M］ //Ecologically Unequal Exchange. Palgrave Macmillan, Cham, 2019: 1 – 10.

［23］ Feng K, Davis S J, Sun L, et al. Outsourcing CO_2 within china ［J］. Proceedings of the National Academy of Sciences, 2013, 110 (28): 11654 – 11659.

［24］ Zhang W, Liu Y, Feng K, et al. Revealing environmental inequality hidden in China's inter-regional trade ［J］. Environmental Science & Technology, 2018, 52 (13): 7171 – 7181.

［25］ Wei W, Hao S, Yao M, et al. Unbalanced economic benefits and the electricity-related carbon emissions embodied in China's interprovincial trade ［J］. Journal of Environmental Management, 2020 (263): 110390.

［26］ Babuna P, Yang X, Bian D. Water use inequality and efficiency assessments in the Yangtze River Economic Delta of China ［J］. Water, 2020, 12 (6): 1709.

［27］ Guo J, Zhang Z, Meng L. China's provincial CO_2 emissions embodied in international and interprovincial trade ［J］. Energy Policy, 2012 (42): 486 – 497.

[28] Wang Z, Yang Y, Wang B. Carbon footprints and embodied CO_2 transfers among provinces in China [J]. Renewable and Sustainable Energy Reviews, 2018 (82): 1068 – 1078.

[29] Zhao H Y, Zhang Q, Guan D B, et al. Assessment of China's virtual air pollution transport embodied in trade by using a consumption-based emission inventory [J]. Atmospheric Chemistry and Physics, 2015, 15 (10): 5443 – 5456.

[30] Liang S, Zhang C, Wang Y, et al. Virtual atmospheric mercury emission network in China [J]. Environmental Science & Technology, 2014, 48 (5): 2807 – 2815.

[31] Zhao X, Yang H, Yang Z, et al. Applying the input-output method to account for water footprint and virtual water trade in the Haihe River basin in China [J]. Environmental Science & Technology, 2010, 44 (23): 9150 – 9156.

[32] Chen W, Wu S, Lei Y, et al. China's water footprint by province, and inter-provincial transfer of virtual water [J]. Ecological Indicators, 2017a, 74: 321 – 333.

[33] Liao X, Zhao X, Hall J W, et al. Categorising virtual water transfers through China's electric power sector [J]. Applied Energy, 2018 (226): 252 – 260.

[34] Chen W, Wu S, Lei Y, et al. Interprovincial transfer of embodied energy between the Jing-Jin-Ji area and other provinces in China: a quantification using interprovincial input-output model [J]. Science of the Total Environment, 2017b (584): 990 – 1003.

[35] Zhang C, Anadon L D. A multi-regional input-output analysis of domestic virtual water trade and provincial water footprint in China [J]. Ecological Economics, 2014 (100): 159 – 172.

[36] Feng K, Hubacek K, Pfister S, et al. Virtual scarce water in China [J]. Environmental Science & Technology, 2014, 48 (14): 7704 – 7713.

[37] Cai B, Wang C, Zhang B. Worse than imagined: unidentified virtual water flows in China [J]. Journal of Environmental Management, 2017 (196): 681 – 691.

[38] Xiong Y, Zhang Q, Tian X, et al. Environmental inequity hidden in skewed water pollutant-value flows via interregional trade in China [J]. Journal of Cleaner Production, 2021 (290): 125698.

[39] Seekell D A, D'odorico P, Pace M L. Virtual water transfers unlikely to redress inequality in global water use [J]. Environmental Research Letters, 2011, 6 (2): 024017.

[40] Wang J, Qin L, He H. Assessing temporal and spatial inequality of water footprint based on socioeconomic and environmental factors in Jilin Province, China [J]. Water, 2019, 11 (3): 521.

[41] Chen W, Kang J N, Han M S. Global environmental inequality: Evidence from embodied land and virtual water trade [J]. Science of The Total Environment, 2021 (783): 146992.

[42] Wang F, Cai B, Hu X, et al. Exploring solutions to alleviate the regional water stress from virtual water flows in China [J]. Science of The Total Environment, 2021 (796): 148971.

[43] Liu Q, Wang Q. Sources and flows of China's virtual SO_2 emission transfers embodied in interprovincial trade: a multiregional input-output analysis [J]. Journal of Cleaner Production, 2017 (161): 735 – 747.

[44] Fan X, Wu S, Li S. Spatial-temporal analysis of carbon emissions embodied in interpro-

vincial trade and optimization strategies: A case study of Hebei, China [J]. Energy, 2019 (185): 1235 – 1249.

[45] Guan D, Hubacek K. Assessment of regional trade and virtual water flows in China [J]. Ecological Economics, 2007, 61 (1): 159 – 170.

[46] Allan J A. Fortunately there are substitutes for water otherwise our hydro-political futures would be impossible [J]. Priorities for water resources allocation and management, 1993, 13 (4): 26.

[47] Yang H, Zehnder A. "Virtual water": an unfolding concept in integrated water resources management [J]. Water Resources Research, 2007, 43 (12) W: 12301.

[48] Chen X, Liu Z, Ma C. Chinese innovation-driving factors: regional structure, innovation effect, and economic development—empirical research based on panel data [J]. The Annals of Regional Science, 2017c, 59 (1): 43 – 68.

扫码下载 "2017 年中国省际间投入产出模型"